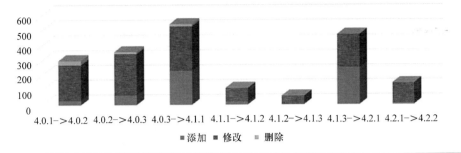

图 4.18　添加、修改、删除的类的数量变化（TPS）

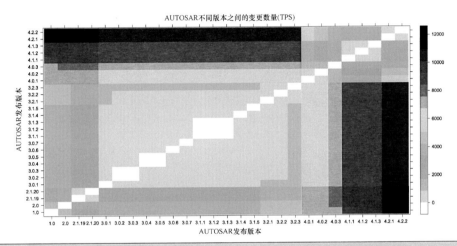

图 4.19　AUTOSAR 发布版本间的变更数量（TPS）

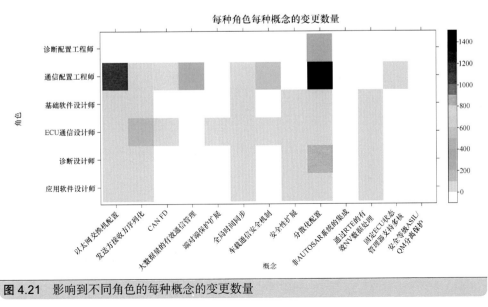

图 4.21　影响到不同角色的每种概念的变更数量

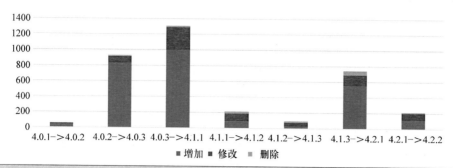

图 4.23 需求增加、修改、删除数量的变化（TPS）

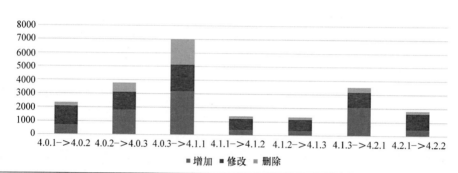

图 4.24 需求增加、修改、删除数量的变化（BSW）

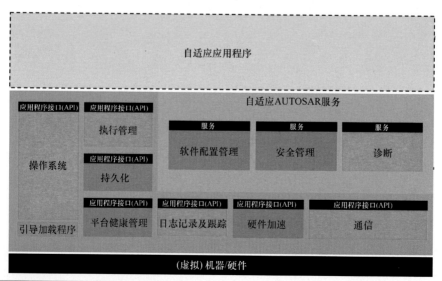

图 4.26 AUTOSAR 自适应 ECU 架构［AUT16b］

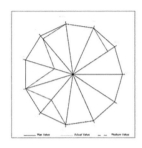
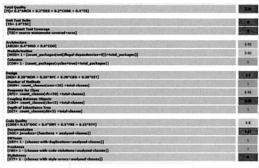

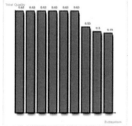

图 5.35 XRadar 静态分析软件截图

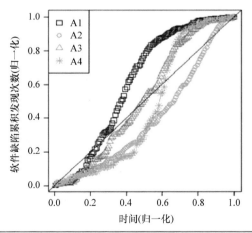

图 6.2 汽车领域中三个不同软件系统的可靠性增长曲线

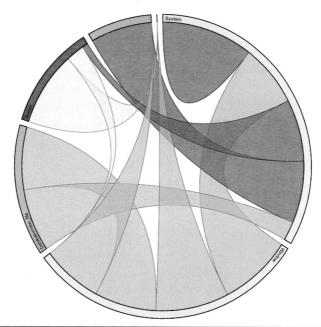

图 7.6 架构技术负债 / 风险组别的度量可视化表达：隐式

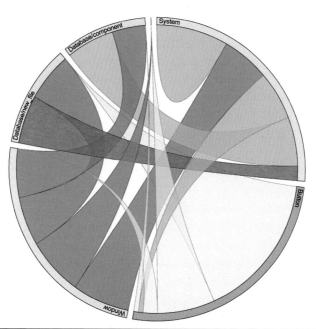

图 7.7 架构技术负债 / 风险组别的度量可视化表达：显式

汽车先进技术译丛　汽车创新与开发系列

汽车软件架构

[瑞典] 米罗斯拉夫·斯塔隆（Miroslaw Staron） 著

王驷通　欧阳紫洲　译

机 械 工 业 出 版 社

本书主要内容包括现代汽车软件的发展历史、软件的主要架构视图与架构风格及其在汽车软件中的应用、汽车软件开发过程、汽车软件中的重要架构 AUTOSAR、汽车软件的详细设计过程、软件架构的定位分析（ATAM 法）与定量（软件变量）分析方法、汽车功能安全以及未来趋势。本书适合汽车软件专业人员以及软件工程或相关领域的学生阅读使用。

序

"毫无疑问，我们必须以持续改善现状为目标。我们必须一致努力做到更好，而不是安于现状"。汽车行业巨头罗伯特·博世集团在发出这一宣言之时，世界汽车工业尚处在萌芽时期。但这一豪言壮语放在今日仍未过时——在汽车领域，我们确实从未满足于现状。

无论从字面意思还是从市场角度看，软件和信息科学确实是现代汽车技术进步的主要驱动力。一个典型的现代汽车可以拥有超过 50 个 ECU，而在一辆豪华汽车上，这种嵌入式计算系统的数量可以高达上百个。这其中的一些功能，例如发动机和动力总成控制，是硬实时（hard real – time）系统，要求响应精确，运算周期可以短至几毫秒。而其他的一些功能，例如车载信息娱乐系统，至少也要具备软实时（soft real – time）的行为要求。

如今，汽车软件的长足发展也正在引领着 IT 领域的创新。车辆系统的软件工程包含了现代嵌入式技术和云技术、分布式计算、实时系统，融合了车辆安全和信息安全的系统，以及将这些元素联结在一起的长期可持续的商业模式。汽车软件与当代软件工程师的日常工作具有高度的相关性，这也是本书希望向相关从业者传递的最重要信息——嵌入式软件与高度复杂的分布式 IT 系统是如何结合的。

汽车上的每个部位都对自身的计算速度、稳定性、安全性、保密性、灵活性和可拓展性有独立的要求。汽车电子系统将诸如制动、动力总成或灯光控制等功能映射到各个独立的软件和物理硬件系统中。随着功能的增多，这一电子系统已经愈发复杂，我们不得不对电子系统的架构进行重建。而另一方面，一些车辆创新功能的出现，诸如车辆与外部基础设施的连接、车与车间通信等，也需要引入 IT 云技术等基于面向服务的架构（Service – Oriented Architecture，SOA）的解决方案。

汽车中的软件和软件运行环境正在快速地演变。多模式交通系统可以将原先分散的轿车和公共交通有机结合。诸如共享汽车等面向移动的服务，创造了全新的出行生态和商业模式，它与传统的"自己买自己的车"的理念截然不同。而自动驾驶技术也对交互服务提出了更高的要求，多传感器间必须高度融合，这也远不同于当前在功能上互相独立配置的控制单元。随着车内互联技术和车载娱乐装置的发展，汽车已经成为一个分布式 IT 系统——它可以访问云端，支持远程功能刷新，可以高带宽地访问地图服务、媒体内容、其他车辆以及周围环境设置。而在另一个维度上，人类对汽车能效的追求也促进了传统的动力总成系统向高压混动系统和纯电动系统演变。

当这些由软件驱动的车辆创新技术井喷式出现时，汽车也不可避免地变得越来越复杂，而由此引发的影响在某些情况下已经变得不可控，如最近报道的车辆遭受黑客攻击事件等。在下图中，我们展示了汽车软件驱动的创新的快速增长以及未来的发展方向。

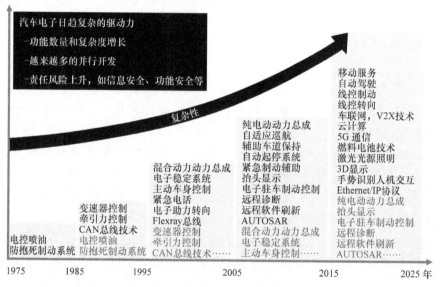

汽车的软件和 IT 创新及其复杂度变化

要避免复杂性"野蛮"增长，汽车软件需要一个清晰的架构。正因如此，架构的演变也成了如今各大车企的关注焦点。本书的出现恰逢其时。架构的影响是多方位的，比如，它会影响系统建模、测试、模块在环模拟的过程；当我们需要将多种关乎车辆品质的要求（例如车辆安全性）相结合时，架构又会影响分析过程。再来看新技术领域：面向服务的高级操作系统的普及离不开一个安全的通信平台；AUTOSAR 自适应平台、自动驾驶和高级驾驶辅助系统（Advanced Driver Assistance System，ADAS）的普及需要多传感器融合技术以及图像识别技术；软件通过远程操作灵活地刷入车载硬件需要分布式端对端的安全性为保障；为车辆提供车载娱乐、在线 App、远程诊断、紧急呼叫处理服务又需要云技术和 IT 骨干网，将数以亿计的车辆实时连接；这些关键技术都受到了架构的影响。

本书全面介绍了汽车软件架构的概念，由业内知名专家 Miroslaw Staron 撰写。他将带着大家俯瞰汽车软件架构的方法论和使用方法。书中首先简要介绍了软件架构范式，然后介绍了汽车当前使用的软件架构，如 AUTOSAR。作者进一步向大家介绍了软件架构的分析方法，如卡内基梅隆大学软件工程学院（SEI）提出的架构权衡分析法（ATAM），这为汽车软件架构的设计从传统的网络节点范式向未来的三层模型范式的快速转变提供了切实可行的行动指南。

  Miroslaw Staron 和他的共同作者将这本书瞄准了汽车电子和 IT 领域的工程师和决策者。他们想通过本书告诉工程师、开发人员和管理者，如何才能将 IT 和嵌入式系统两个领域融合——毕竟，这种融合在我们的传统知识体系中是十分罕见的。商业模式将向灵活的面向服务的架构和生态系统演变。而一些工业标准，诸如三层云架构、AUTOSAR 自适应平台以及以太网连接设备等将作为参考在业内被反复使用。经典的功能划分将被更加面向服务的架构和交付模型所取代。未来的开发将是一个持续的过程，它将使汽车上非常稳定的硬件和由与时俱进的、由功能需求驱动的软件更新完全分离。从系统角度对商业过程、功能和架构进行分层建模可以在确保软件鲁棒性和安全性的同时，在车辆开发的初期就对其进行充分模拟论证；结合了开发运维、微服务和云解决方案的敏捷服务交付模型将赋予车辆更大的功能变更的可行性，远远超过了传统的 V 方法。

  本书所展示的各项技术都不是"终极答案"，但它为这一快速变革的领域指明了方向，它将帮助您和您的团队走向成熟。我们的社会和我们每个人都依赖于无缝的移动性，因此我们也需要信任这背后的基础设施和车辆组成的系统。我希望我们能够朝着越来越好的方向去发展有价值的技术、方法和能力，以便"控制住"愈发复杂的汽车软件，避免它再犯一些传统 IT 领域已经犯过的错误。基于上述原因，我希望这本书一切顺利，圆满成功。正如独立于各个领域的架构一样，我们不应该忘记那位伟大的领导者——英国前首相丘吉尔先生那句睿智的话："无论策略多么美妙，你都应该时不时地看看结果。"

赫里斯托夫·艾伯特（Christof Ebert）
2017 年 2 月于德国，斯图加特

译者的话

本书是国内第一本专门研究汽车软件架构的书籍。我们相信，这是一份献给"软件定义汽车"时代的礼物。

近年来，随着汽车智能化、网联化的蔚然成风以及以特斯拉的软件服务为首的造车新理念的出现，汽车已经从硬件驱动的机器逐渐成为依靠软件驱动的电子消费品。消费者对什么是一辆"好"车的评价标准也在悄然改变。"软件定义汽车"概念的提出让越来越多的人意识到，汽车行业即将迎来百年未遇的变革。这场变革与本书的主题——"汽车软件架构"有何关联？要想回答这个问题，我们有必要先了解一下这场变革背后的驱动因素。

可以说，"软件定义汽车"是历史的必然。从技术角度看，汽车作为人类先进使能技术的集成应用载体有着优良的传统。因此当5G通信、数据科学、人工智能、云计算、认知科学等新兴使能技术开始崭露头角，它们与汽车的融合所带来的无限可能自然会让人们浮想联翩，而软件恰恰是这种融合得以实现的核心要素之一。从产业和市场发展角度看，我国汽车产业增长放缓，整车产品的市场议价能力逐渐式微。车企亟须为传统汽车注入更多的消费属性来谋求突破，而天然拥有高附加值的软件产品自然成为行业的"新宠"。

然而我们不难察觉，一如人类历史上的众多行业变革，"软件定义汽车"绝非一次简单的技术上水到渠成的迭代升级。它是一场在人类迈向数字化和智能化的大背景下，由各方市场驱动、行业内利益相关者面临着"不接招就被淘汰"的具有颠覆意义的革命。要想完成这场变革，我们需要在整车电子电气器件、传感、计算平台这些汽车的"骨肉"之上，为汽车架设一个真正面向未来的"灵魂框架"——这正是作为"顶层设计"的汽车软件架构的使命所在。这就意味着，在这场"软件定义汽车"的行业转型中，软件架构将起到决定性作用。

汽车软件架构的重要性，首先体现在软件特性方面。"软件定义汽车"的理念将导致汽车软件特性的改变，而由此带来的技术挑战则必须由软件架构设计来承担。尽管业界对这种挑战提出了见仁见智的观点，但其本质都可以归于"碰撞"与"拓展"两个方面。

"拓展"指的是数字化、智能化时代背景下出现的新技术与汽车的融合，让消费者逐渐对车辆产生了如电子消费品般的期许，进而推动了一系列依赖于状态估计和主动决策的功能出现。这些功能的实现离不开靠数据驱动的非确定性（non–deterministic）软件组件。同时，汽车功能与消费者诉求间的复杂性自我强化循环（self–reinforcing complexity cycle）也因为数据的加入不断提速。如何将传统的车辆驾控模型和非确定性概率估计模型在汽车软件中有机结合并应对不断加快的迭代进化，这无疑会给未来的软件架构设计工作带来巨大挑战。

而"碰撞"指的是"软件定义汽车"时代下，汽车和其他以软件为主导的产业（如桌面及移动互联终端、信息技术等）在工程化方面的冲突。一方面，过去汽车软件在整车价值中所占的比重较小，所实现的用户可直接感知的功能十分有限。与那些以软件为主导的，已在开发范式、大数据应用、代码库上有着成熟积累的产业相比，汽车软件在面对即将到来的迭代迅速、数据驱动、智能化和以消费者为导向的产品开发时，仍略显稚嫩。但另一方面，汽车的软件又与其他行业软件有质的不同，汽车必须将人身安全放在首位，因此嵌入车辆的安全关键软件必须以硬实时的方式进行调度。这又意味着，当其他领域已经非常成熟的、"更轻便"的软件开发范式应用于似乎"更笨拙"，却对安全性要求异常严格的汽车软件开发场景时，可能会有一段"水土不服"的阵痛期。汽车对安全性的强调注定会带来开发理念上的冲突。以我国第一款满足国六 B 排放法规的发动机控制器为例，它实际运行的软件代码达到 600 万行，其中用于诊断、安全冗余、多核同步、多级监控的代码占比超过三分之一，研发人员宁可拉长研发周期，也不敢承担将车辆置于危险境地的后果。未来的汽车软件最终会将保守且强调安全的传统汽车软件和相对激进且强调体验的其他软件统一，形成如 Apple Store 一样由消费者决策、"无门槛"购买的商业生态吗？还是会向更传统的医药行业看齐，将软件划分为"安全关键"（处方药）及"非安全关键"（非处方药），前者必须经过专家问诊、参考驾驶人的习惯及过往驾驶数据、问诊后"对症下药"，后者才可以"无门槛"售卖？行业暂时没有形成共识。但不管结果怎样，在顶层的软件架构设计上，一定需要形成让安全和非安全软件和谐共处的技术方案。

汽车软件架构重要性的另一个体现，还来自于为了确保架构设计能够成功应对上述软件特性变化带来的挑战，我们在其他"保障工作"上必须做出的改变。这些工作虽然与软件自身因素无关，但同样具有"统领全局"的意义，甚至见微知著，关系到整个行业生态。它们体现在行业发展、企业开发模式以及研发人员能力体系的革新三个层面——挑战仍然巨大。

从行业层面看，汽车行业为社会提供了大量的就业岗位，仍以劳动密集型制造业为主要特征。而软件定义汽车，则意味着汽车将具备一部分知识密集型服务业的属性。两者基因不同，这就要求行业在工作方式、战略方向乃至关键绩效指标上都做出调整。另一方面，汽车产品的价值也从依赖于看得到、成本明确、一次性交付的机械装置，转到隐形的、价值增值的、持续性的软件服务上。如何评估软件的价值，量化其市场贡献度，从而指导汽车产品的客户价格模式，也是一项新的挑战。

从研发组织体系上看，我们需要思考，该如何优化企业间合作以及企业内研发体系，以保障"软件定义汽车"时代下的软件架构设计工作。首先，传统的制造商、一级供应商、二级供应商之间的合作模式将被打破，不同层面的企业开始跨级竞争，以抢占"数据"的高地和"计算平台"的话语权。这为企业间合作带来了极大的不可预测性。不同的流程如何在交互时无缝衔接？售后的责任如何划分？技术是保密还是共享？产品是合作以构建生态圈还是竞争以谋求垄断？这些问题都将是企业间反复拉锯和思考的。而从企业内部看，"平台化"和"客户化"在软件工程范式下的关系将被反复探讨。有数据表明，脱胎于传统动力汽车平台的电动汽车在市场和技术表现上均落后于"另起炉灶"的全新电动汽车平台。这让我们不禁思考，传统的"平台化"＋"软件配置变体"方法尽管可以提升研发效率，但未必是软件定义汽车时代的最佳选择。而一个软件开发组织究竟以客户为导向还是以平台为导向来构建？是按照产品线进行盈利核算，还是按照 AUTOSAR 架构的理念，将组织划分为基础软件的成本中心和应用软件的利润中心？数据如何自由通畅地在组织内流通？哪些业务可以外包，甚至离岸外包？组织改革的实施是渐变的还是重构的？这些问题将关系到软件架构变革的实施效果和成本。

最后，再说说"人"。面对未来的汽车软件架构也给软件开发者带来了挑战，主要体现在两方面。首先是研发者思路的转变。传统的"由专业人士制定需求再逐级分解实施"的开发模式是先验主义的，对工程师的能力要求往往是诸如热力学、轮胎动力学、机械原理等经典知识体系，设计方式是基于原理的演绎、推理。而"软件定义汽车"则将在很大程度上打破这种规则，企业将更多地直接从需求程度各异、性格各异的消费者群体获取相应数据，主动引领并创造需求。这种开发模式是经验（后验）主义的，对工程师的能力要求是统计学、人因工程学等。研发人员不能再钻逻辑的牛角尖，而应该走出办公室，用数据的归纳总结得到结论。其次，对用人单位而言，将面临传统工程范式下的人才过剩，而具备架构思维的人才极度缺失的窘境。随着我国近二十年来汽车电子行业的快速成长，传统汽车软件的研发逐渐形成了工程化体系，用人单位原先设置的人才高门槛可适当降低，以优化经营成本。而另一方面，具备顶层设计思维的人才又极度缺失，只见个别"树木"、不见整体"森林"的问题突出。在面对新时代更复杂的汽车软件架构时，这种缺失于开发者而言会降低开发合作中的沟通效率，于架构设计者而言则可能引发严重的技术负债风险。但要想具备顶层设计思维并不容易。首先，在面对自动驾驶等自身尚未成熟的技术应用时，设计人员需要掌握相当的基础科学知识；其次，设计人员还需要对汽车越来越异质化的软件、执行、传感功能有全面的了解，有时甚至还需要辅以一些所谓的"直觉"。这种"直觉"是无法在书本中习得的，势必需要从小耳濡目染地坐车、开车，通过数以百万计千米的出行旅程中与车辆的"交流"，去观察、去体验、去热爱才能建立。可以说，在软件定义汽车时代，培养一位优秀的汽车软件架构师的难度远超过其他领域。

幸运的是，我们在翻译中发现，本书对上述的各种挑战都或多或少给出了洞察。本书共有10章，除第10章总结外，每章的内容相对独立。具体内容原作序中已有体现，这里不再赘述。但译者仍希望对不同的阅读群体给出一定的阅读建议。对于有志于从事汽车研发工作的学生而言，建议按顺序全书阅读。对于具备一定汽车软件开发经验，希望进一步学习架构知识的工程师而言，建议重点阅读第1、2、6、8章；对于有志于进入汽车领域的其他行业软件从业者而言，建议重点阅读第3～5、8章，它们分别讲述了汽车软件特有的流程、架构和编码要求。本书是具有启发性的，作者在有限篇幅内提纲挈领式地介绍了汽车软件架构的系统知识，若想深入学习，建议读者按照本书各章的"拓展阅读"做进一步探索。

本书由瑞典哥德堡大学信息科学系主任Miroslaw Staron博士撰写，他是学术界少有的站在软件工程维度研究汽车软件的学者之一，也是汽车软件工程领域的知名专家。因书中所涉知识极广，且英语并不是作者的母语，语言较晦涩。两位译者合计花费了超过3000小时，以确保将最正确、易懂的表达呈现给读者。两位译者日常工作繁重，因此本书从翻译到出版历时整整两年。翻译共进行了五轮，由王驷通和欧阳紫洲分别进行了全书的英汉对照翻译，并由王驷通完成统稿校对和语言完善。翻译期间，我们也多次与原作者进行沟通交流，完成了三十余处原书问题的勘误和四十余处语言的澄清，以便真实反映出作者的思想。同时，两位译者根据经验，对一些读者可能感兴趣的概念，以译者注的形式进行了进一步解释说明，以期待将本书严谨、完美、高质量地呈现给读者。

最后，译者要感谢原书作者Miroslaw Staron先生的鼎力支持！感谢上汽集团项党博士在本书翻译过程中给予的关心和建议！感谢智能网联国际标准功能安全专家组专家郑岩先生对第8章的建议！感谢同济大学解桂林先生对第8章翻译的协助！本书的顺利出版有赖于各位专家的辛勤付出，在此一并表达深深谢意！衷心希望本书可以帮助到大家。欢迎读者通过邮箱sitong.wang@mail.utoronto.ca与我们进行技术交流。

回顾历史，随着基础科学的发展，人类在追求更快、更安全、更舒适的出行体验上从未停止过脚步。两个世纪前，汽车的问世摧枯拉朽般地淘汰了马车，即使有人因失去了"策马踏斜晖"的情怀而感到遗憾，我们终究也不愿再回到那个"著鞭跨马涉远道"的年代——骑马已经成为一项奢侈的运动，而我们也在取代它的汽车驾驶中找到了新的乐趣。如今，行业又迎来了新的发展机遇，当智能网联和自动驾驶技术将人的双手和大脑从驾驶中解放出来，我们或许也只能将驾驶汽车的快感留在赛车场了。未来的汽车是否还会如同今天这般，让我们拭目以待吧。

英国著名作家罗伯特·斯蒂文森说："只有知道了通往今天的路，我们才能清楚而明智地规划未来"。汽车软件架构，你准备好了吗？

王驷通、欧阳紫洲
2020 年 3 月写于上海

前　言

　　自从学会了开车，我就成了一个狂热的汽车和驾驶爱好者。驾驶让我拥有了"去一个地方"的能力，而能够主宰带着我们去这些地方的机器也让我倍感愉悦。回忆过去，在我刚进入计算机科学和软件工程领域时，软件在车辆中的应用并不丰富。事实上，那时的汽车软件只存在于控制发动机的点火系统中。尽管如此，我已经预见了软件在汽车中应用的无限潜能。

　　这种无限潜能激发了我研究汽车软件架构的兴趣。2015 年，出版商联系我，提议撰写一本关于这一主题的书籍。我成功地说服了我的同事们协助我一起完成书中的一些章节。他们是沃尔沃乘用车公司的 Darko Durisic，AB VOLVO 集团的 Per Johannessen，以及爱立信公司的 Wilhelm Meding。

　　2017 年，我们完成了这本书，我们希望它能为从事汽车软件设计的读者打下坚实的基础，为设计出更美妙也更安全的汽车做贡献。我们很喜欢这本书，希望亲爱的读者们也喜欢它。

　　本书的主题是介绍软件架构的概念，它是现代汽车软件的基石。书中的内容是我在软件工程领域工作多年的成果，其中特别关注了安全系统和软件方法两个方面。我曾与汽车和通信领域的多家企业合作，一个有趣的现象是，随着时间的推移，这两个领域正变得越来越相似。这种相似性不仅在于软件开发过程和工具上，更体现在了软件架构中——起初非常不同，时至今日却已经在架构风格、编程范式和架构模式方面愈发趋同。

　　本书第 1 章概述了现代汽车软件的发展历程以及驱动变革中遇到的主要挑战。第 2 章介绍了汽车软件的主要架构风格及其应用。第 3 章介绍了汽车制造商进行汽车软件开发的流程。第 4 章介绍了 AUTOSAR——一个汽车软件的重要标准。第 5 章中，我们不再讨论架构问题，而是进一步描述了使用 Simulink 工具进行汽车软件设计的详细过程，这有助于我们了解详细设计如何与高层设计相关联。第 6 章介绍了一种评估架构质量的方法——架构权衡分析法，并提供了一个使用案例。第 7 章介绍了另一种采用量化方式和指标评估架构的方法。第 8 章我们深入研究了第 6 章中提到的一个汽车软件最为关键的属性——安全性，并简要解读了该领域中的一个重要标准 ISO/IEC 26262。最后，在第 9 章中，我们展望了在不久的将来重塑汽车软件行业的可能趋势。

米罗斯拉夫·斯塔隆（Miroslaw Staron）
2017 年 1 月于瑞典，哥德堡

译者简介

王驷通，毕业于多伦多大学机械工程学院。曾就职于麦格纳动力总成，负责智能四驱系统的功能定义。现就职于某合资汽车零部件供应商。负责了第一代荣威 RX5 和荣威 950 混合动力发动机控制器的软件产品设计。他曾为百余款车型开发了四百余项各类软件功能。由其开发和维护的自动起停功能软件，被应用在了国内半数以上满足国六法规的车型中。作为公司软件配置管理平台负责人，实现了各产品线软件全架构层级的配置、复用、版本管理、缺陷预警、评审检查以及代码数据统计的线上一体化。他还曾担任公司新一代发动机控制器的 Pilot 项目经理，对接某知名合资车企，带领团队完成了软硬件技术攻关、验证及生产工作。目前，他担任控制器研发部的代理质量主管及功能开发质量专员，参与十余个产品线的质量策略制定、质量问题横展、数字化及流程改进、产品线及技术管理、审核及人力负荷分析等事宜。他还对道路交通中的驾驶行为心理和人机交互有较为深入的研究，曾出版译著《汽车人因工程学》。

欧阳紫洲，毕业于清华大学汽车工程系。现就职于某智能网联汽车研发机构，负责智能感知及融合定位产品和技术研发。曾参与并负责了多代空间感知和定位软硬件产品的预研和设计，获得多项专利。他带领团队开发和维护的高精度定位软件被应用在了国内首个商业运营的 L4 级别自动驾驶商用车型中。作为某感知和定位集成功能开发团队的主要牵头人，实现了多个功能的架构分析与设计以及组件的复用。他还对车用动力系统有较为深入的研究，曾在该领域发表过多篇论文。

目　录

第1章 概　述

摘要：现代汽车已经从一个机械设备演变成为一个依赖软件正确运行的分布式信息物理系统。在 20 世纪 70 年代，一辆汽车中只有一个简单的 ECU[一]，而到了 2015 年，一辆车拥有 150 个 ECU 也已经不足为奇。但软件架构的发展趋势却与之相反——企业一直努力的方向是降低车辆的中央计算节点数量，并通过更多的 I/O 节点连接取而代之。在本章中，我们将会简单概述本书的内容，并对全书使用的一些规定、示例进行说明。我们将以现代汽车电子和软件的市场演变作为线索进行历史回顾。在本章的最后，我们将与读者探讨深化汽车软件知识的方向。

1.1　软件与现代汽车

从利用软件来优化车辆表现到车载娱乐系统的编程，软件为汽车行业的发展带来了大量的新机遇。现代汽车中分布着各类电子设备，而一个遍布着各类软件产品的汽车平台，也一定是消费者喜闻乐见的。一个典型的例子就是特斯拉，它以软件驱动创新而闻名，它的制造商持续地向车辆推送软件更新，使车主每天都可以享受到最新的车辆功能。

密集的软件系统给我们带来了新的机遇，但我们也必须要意识到，在将这些软件发布给用户之前，必须要经过更细致的设计（Design）、实施（Implementation）、验证（Verification）和确认（Validation）工作[二]。并且，尽管软件工程中的方法论和工具已经能满足汽车软件对安全性和稳定性的要求，我们还是要用汽车行业专有的方式来完成这些工作。

我们可以明显地发现，机械工程对汽车工业发展的主导性正在逐渐降低，而电

[一] 译者注：ECU 既可指代 Engine Control Unit，发动机控制系统，也可指代 Electronic Control Unit，电子控制单元。在本书中，凡出现 "ECU" 均泛指车载电子控制单元。同时为考虑行业习惯，后文将直接使用英文缩写表示。

[二] 译者注：软件的验证（Verification）和确认（Validation）在本书中多次提到。两者含义不同。在汽车行业背景下，前者认定的是结果是否满足设计要求，而后者认定的是所实现的结果是否满足预期（用户）的需求。

子和软件工程正在逐渐掌握话语权。回顾历史，从 1970 年的简单发动机控制算法，到 2000 年的先进安全系统，再到 2010 年的先进车联网技术，我们可以发现汽车软件的数量在明显增加，而这一趋势还将继续。

随着软件在现代汽车中的数量和重要性不断增加，引入专业的软件工程方法势在必行。严格的软件工程流程可以在保证不额外增加系统复杂性的前提下提升软件质量，并确保这些代码不会在交通场景下导致致命的危害。在软件工程中，一个重要的环节是软件系统的高级设计（high – level design，或称高层设计），也常被称为软件架构（software architecture）。一个软件的架构可以为软件设计者提供一个规范框架，告诉他们一个软件功能是怎样拆分为各个软件组件以及这些组件之间又是怎样交互的。软件架构的设计通常在软件开发的早期阶段完成，并将其作为软件被拆分为组件以及功能被分配（也被称为"系统化"）至不同组件的基础依据。

1.2　汽车软件的历史

在上一节中提到，如今的汽车中分布着大量的软件，但在汽车工业的早期，车辆中并不存在任何电子产品。直到 20 世纪 70 年代，为了顺应市场对提升燃油效率的诉求，电子喷油装置被率先应用在了汽车上[⊖]，拉开了汽车电子化的序幕［CC11］。由于这些电子装置必须通过软件来控制，汽车软件也应运而生。在最初的 10 年中，绝大多数汽车软件都是深度嵌入某单一功能域内的电子装置中的。例如，动力总成系统中的电子燃油喷射装置，电气系统中的中控锁、电子点火装置等。由于当时车辆的电子设备较少，而车辆的功能安全又通过机械的方式得以保障，因此汽车软件的架构通常是整体式的，不同设备的软件之间并不存在通信交互。

进入 20 世纪 80 年代，诸如中央计算机等创新不断出现，这些技术使车辆的一些基本行驶数据可以被读取和显示，例如当前油耗、平均油耗、总行驶里程等。向驾驶员显示信息的能力为汽车开辟了新的可能性，人机交互进入了新的篇章。在嵌入式软件方面，一些受软件算法控制的新功能出现了，典型的代表是防抱死制动系统（ABS）以及电子变速器等。

到了 20 世纪 90 年代，更多消费者可见的电子功能出现了。其中最值得注意的是属于车载信息娱乐域的导航系统，或者我们通常所说的 GPS。车辆信息的实时可视化意味着更多重要电子组件的整合，比如：动力总成域的控制器、专用的 GPS 信号接收器，以及信息娱乐显示等设备之间可以进行数据的交互。在这 10 年中，另一个显著的发展是，一些高度涉及车辆安全性的软件控制功能出现了，其中比较

⊖　译者注：电子点火技术的应用时间略早于电子喷油技术。于 1970 年出现的电子喷油技术，以罗伯特·博世公司出品的"K – Jetronic"为代表，并不能算作真正意义上的电子控制喷油装置，直到 1980 年后出现的电子喷油装置才真正具备了软件驱动的雏形。

典型的代表是自适应巡航技术（Adaptive Cruise Control，ACC），这一技术可以自动控制车辆按照前车的速度进行跟车行驶。诸如此类的功能也引起了业界对由于软件失效导致的交通事故的责任问题的探讨。与此同时，汽车软件开始越来越多地采用分布式架构，而软件的更新也越来越被认为是汽车工业创新的重要组成部分。图1.1 展示了一个 20 世纪 90 年代后期电子控制器的内部结构。

图 1.1　20 世纪 90 年代后期 JECS 公司出品的 LH - Jetronic 型
发动机控制器[⊖]（图片来自网络）

　　时间来到 21 世纪初。经过 20 年的快速发展，汽车软件已经成为汽车行业创新的主导因素。在这 10 年间，一种新的"高级驾驶员辅助系统"概念被提出。它的"高级"之处在于，多台车载控制器集成在车辆中，通过信号交互达到辅助驾驶员做出"困难"决策的功能。这一功能的典型代表之一是沃尔沃 XC60 上使用的城市安全系统（City Safety）［Ern13］：当车辆前方突然出现障碍物，驾驶员已经来不及反应时，此时系统可以将车辆从最高达 50km/h 的车速自动制动停车。诸如此类的功能往往需要控制更复杂的信号交互并仲裁优先级，这也推动了汽车软件架构的进步。也是在这 10 年中，AUTOSAR 标准问世，它的出现旨在为汽车软件架构提供开放式的解决方案，当相同软件应用到不同硬件平台中时，所需要进行的软件变更大幅减少。它的出现好像为汽车中的"计算机"引入了一个普适的"操作系统"，让不同汽车制造商可以方便地共享同一功能组件［Dur15，DSTH14］。

　　到了 21 世纪 10 年代，首先一种全新的汽车电子设计方法被提出［SLO10，RSB⁺13］。在此之前，汽车软件都是基于某一独立的车辆内部网络的分布式架构进行设计的，但现在，"无线汽车"的概念被提出，车与车通信、车与基础设施通

信，以及无人驾驶成为软件架构发展的推动力。一些新成员粉墨登场，售卖给消费者的汽车也不再是最终的产品，而是一个可以在全生命周期内随时部署新功能的平台。特斯拉和谷歌的无人驾驶汽车是这一理念的先行者［MAR10］。在这 10 年中，车辆平台化的概念愈发凸显，这无形间也增加了软件的复杂度，在车辆不改变任何硬件的情况下，可以兼容地应用来自不同供应商、功能上也略有不同的软件系统。图 1.2 展示了一个最近的车辆仪表显示的案例，图 1.3 展示了另一个例子——沃尔沃 XC90 的中控信息娱乐系统的显示。

图 1.2　2014 款奥迪 TT 的仪表界面（图片来自网络）

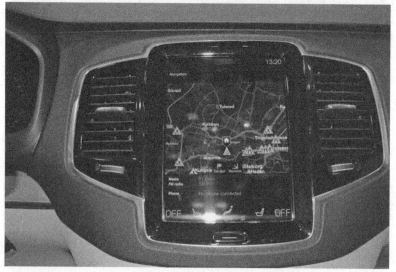

图 1.3　沃尔沃 XC90 的车载娱乐系统界面

最后，我们以 Viswanathan［Vis15］提到的一项数据作为汽车软件发展回顾的总结，在一辆当代的轿车中，软件代码的规模已经可以达到 1 亿行。

1.3　汽车软件的当前趋势

2007 年，Pretschner 等人［PBKS07］概述了汽车系统软件开发的主要趋势，并预测汽车软件体量将会大幅增长。直到今日，这项工作的结论仍然适用于汽车软件的发展——2007 年时汽车软件的大小以兆字节计算，而到了 2016 年，已经以千兆字节计算。Pretscher 等人提出的汽车软件系统的 5 大发展趋势如下：

- 软件的异质性——现代汽车中的软件功能分布在各个不同的域中。这些域包括从与安全高度相关的例如主动安全，到以客户体验为中心的例如车载娱乐系统，范围宽泛。这意味着软件的需求定义、设计、设计实现，验证和确认的方式都可能因域各异。

- 工作分配的方式——软件系统的开发任务通常在 OEM⊖（例如奥迪、沃尔沃、宝马）与软件产品供应商之间分配；OEM 会提出一定的要求并与供应商签订协议细节，在协议框架内，供应商一般具有自己选择工作方式的自由度。

- 软件的分布化——汽车软件系统由众多不同的 ECU 组成，每个 ECU 都有自己的软件。一个功能的实现往往需要依赖多个软件的协调。随着 ECU 和功能的增多，软件间的协调将变得更加困难，系统的复杂性也不断增加。

- 软件变体和配置——因为汽车市场的高度竞争性以及各大车企的全球化战略，同一车型往往需要根据不同国家和不同用户习惯设计出多款客户化变体。这意味着，现代汽车的软件在开发时就要考虑到各个不同国家的法规、认证的要求。因此，软件需要全方位地考虑各种变体——无论是源代码还是运行过程中的变体。

- 基于单位的成本模型——激烈的市场竞争意味着，车企制定的单车价格不能太高。因此，车企优化硬件和软件设计的思路往往是，将单位成本保持在低水平。但是随着功能的复杂化，研发成本可以增加。

在这 5 条趋势被提出后的 10 年中，汽车市场发生了诸多变化。当我们分析现状并展望未来时，可以为汽车软件的发展补充如下两条趋势。

- 车辆互联与协作［BWKC16］：车辆逐渐具备了利用移动网络享有互联网功能的能力，这使得车辆之间的彼此连接、车辆从交通基础设置得到并利用信息进行决策成为可能。现如今，汽车已经能够通过蓝牙连接智能手机，为车内人员提供浏览网页、播放音乐等网络服务。而另一方面，一些智能交通领域的研究正致力于探索更多的车辆与交通系统协作的可能性。例如，通过规划公交车行驶的速度来尽可

⊖　译者注：OEM，全称为 Original Equipment Manufacture，意为"原始设备制造商"，在汽车行业也被称为"主机厂"，通常指具备品牌并负责整车装配的车企，如奔驰、大众等。为符合行业习惯表述，本书所有章节将直接采用 OEM 英文缩写表示。

能减少它在十字路口遇到红灯时制动和重新起步的次数。

• 自动驾驶功能［LKM13］：车辆从驾驶员手中接管制动、转向等驾驶任务被视为汽车行业的"下一个大事件"。然而，这些功能十分复杂并且与车辆安全高度相关，这意味着我们必须要探索更加严格、先进的汽车软件验证方法。

在这些趋势之中，自动驾驶是目前最热门的研究方向之一，我们不妨拿出来单独讨论。自动驾驶的场景十分具有挑战性，因为设计者必须要精准地对行驶车辆周边的物理环境进行建模。这种对精度的高要求必须通过更复杂的测量设备来实现。因此车辆需要处理更多数据、具备更多的决策点，以及相应的，采用更复杂的算法。激光雷达（light detection and ranging，简称 LiDAR）是满足这种要求的测量设备之一，如图 1.4 所示。

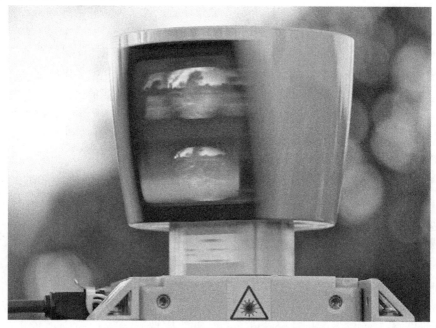

图 1.4　Velodyne 公司出品的高精度激光雷达

图 1.4 显示了安装在自动驾驶汽车车顶上的激光雷达。该设备可以提供 360°的周围环境视图，汽车软件利用算法，可以在这些视图中寻找汽车附近的物体。激光雷达通常是传统雷达的补充，后者通常放在车辆的前部。图 1.5 显示了沃尔沃 FH16 货车的雷达控制器外观图。然而直到今日，激光雷达还没有在量产车中应用⊖。目前常见的测量设备是放置在车辆隐蔽部位的摄像头，例如图 1.6 中展示的沃尔沃 XC90 的前置摄像头。

深入了解汽车软件市场是件很有趣的事，因此我们相信这本书将对任何有兴趣

⊖　译者注：原书出版于 2017 年。事实上，截至 2020 年，已有奥迪、奔驰、宝马、沃尔沃、丰田等多家车企提出了在 2 年内将激光雷达应用于量产车的计划。

开始进入汽车软件工程领域的人有所帮助。

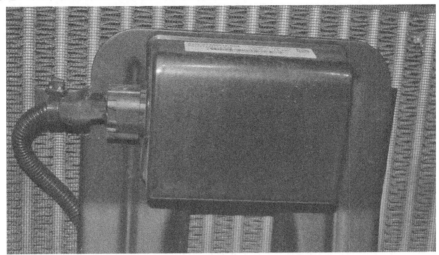

图 1.5　沃尔沃 FH16 货车的雷达电控单元

图 1.6　沃尔沃 XC90 SUV 的前置摄像头

1.4　汽车软件系统的构建

多年来，每个 OEM 都发展出了自己构建软件系统的方式。随着车型的多样化，这些软件的架构细节也变得更为丰富。然而，汽车制造商们用以设计这些软件系统的方式又是类似的——它们通常会使用 V 模型进行软件开发，并且都会将软件划分至相应的域和子系统。图 1.7 描述了一种汽车软件系统的常见结构方案。

在该视图中，我们可以看到汽车的电气系统（Electrical System）被组织成若干个"域（Domain）"，例如信息娱乐域和动力总成域。每个域都有一组特定的属性：一些是安全关键的（safety - critical），一些是完全以客户为导向的，还有一些是实时嵌入的。进一步地，这些域根据功能（functionality）被划分为若干个子系统（subsystem）。一些车企将这些子系统简称为"系统"，例如主动安全系统、高级驾驶辅助系统等。这些系统集合了一系列的逻辑要素（logical element）来实现功能。这些功能通常是面向客户的，比如自适应巡航、车道偏离预警、导航等，因此我们也将其称为端对端功能。这里需要强调一下功能和系统之间的关系。功能通过电气系统中的子系统实现，它与子系统、组件、模块是两个维度上的正交关系。所以我们也常看到基于功能的软件架构视图，用以描述功能之间的独立性。

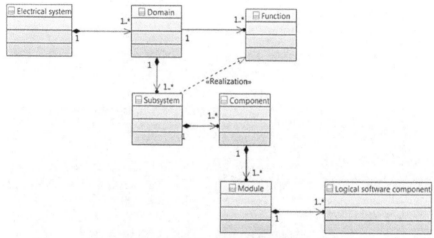

图 1.7　汽车软件系统结构的概念视图

子系统通常可以被划分为若干个更小的软件单元，我们称之为"组件（component）"。每一个组件可以实现一部分的子系统功能，比如车载娱乐系统中的消息代理功能。这些组件可以被进一步划分为软件模块（module），它们通常是包含了一系列类、方法和编程语言函数的源代码文件。我们将这些软件类或者编程语言函数称之为软件逻辑组件（logical software component）。

我们所关注的"软件架构"这一概念适用于上述的所有层级（最底层的除外）。比如我们常听到的电子电气架构，它用来描述整个车辆的软件和硬件组成。在下一层级，我们又会关注一个 ECU 的架构，它用来描述某个控制器中的软件子系统、组件、模块的逻辑结构。根据不同的用途和大小，一个 ECU 中可以包含多个模块、组件或子系统［DNSH13］。

本书中提到的方法和技术适用于上述的各个层级。

1.5　架构——作为一门学科

软件架构是软件开发过程中的一道工序，但是架构学本身却是一门体系完善的、活动和任务都被清晰定义的学科。从实际现象看，架构师往往具备比高级设计师更丰富的经验，也被赋予了更大的决策权。为了避免在后续论述中对读者造成混淆，让我们对软件架构师（architect）、软件设计师（designer）和项目经理（project manager）在软件开发中的角色做简要对比。有趣的是，这三个角色在某种程度上存在着重叠。

1.5.1 架构与项目管理的对比

成为软件架构师意味着你将扮演一个技术领导者的角色。架构师为整个软件系统的开发奠定了基础。这种基础不仅包括架构的整体风格，还包括用以指导系统开发的原则。这些原则为开发工作限定了一个边界，设计师的决策将在这些限定内展开。架构师必须要确保这些原则在软件系统的全生命周期内都能被有效地遵循。

在某种意义上，"为系统设计工作设定框架"是"为系统开发项目的成本和范围设定框架"在技术上的对应。而后者正是项目经理的职责所在——设定并监督项目的范围、进度和成本。因此，我们可以将架构设计视为项目管理工作的技术对应，两者的对比结果见表1.1。

表1.1 架构与项目管理的对比

软件架构开发	软件项目管理
由技术专家承担	由管理专家承担
聚焦于技术	聚焦于项目范围
质量为先	成本为先
关注需求	关注工作产品输出
关注解决方案	关注资源
功能最大化	成本最小化

首先我们看到，架构是由技术专家主导完成的，这意味着技术原则将由其设定，包括如何创建对象、发送报文、在 ECU 中布置软件组件等。这也意味着架构师关注的焦点是技术及技术属性，例如，架构师需要在性能与安全、可维护性与可移植性等质量属性之间找到平衡。进一步地，架构师同样需要关注质量和功能，处理一些诸如"在不增加线束的情况下，通过 Flexray 通信实现视频传输"的挑战。最后，架构师还需要确保电气系统在给定约束（如线束重量、ECU 数量）的前提下实现客户需要的功能。上述的这些职能特点让软件架构师看起来像一个产品技术管理者。而与产品技术管理相对的，是项目管理。

项目管理者是一个项目的负责人，这一职能需要项目负责人利用组织学理论对项目的整体进行决策，如：应该使用敏捷模型还是瀑布模型完成开发，如何协商达成合同，或如何监测项目进度等。在应用管理学和组织学理论时，项目负责人关注的焦点是项目的范围，即：评估在给定的预算约束的前提下，是否可以完成某项功能的开发。项目负责人始终关注资源问题，在项目进行的过程中时刻需要在成本与资源之间达成平衡。上述的这些方面都可以被视为针对项目的管理，而不是针对产品的管理。

架构师和项目管理者必须要彼此合作，因为他们的工作都是开发同一个产品。Humphrey［Hum96］在他的著作《Managing Technical People：Innovation，Teamwork and the Technical Process》中提供了许多关于如何将这两者结合的实用指导。

1.5.2 软件架构开发与软件设计的对比

与上一节类似，我们还可以将软件架构的开发和软件的设计工作做对比。通过前文我们了解到，架构师的工作与产品技术管理相近，其特点是为产品开发中的各类工作定义规则。而设计工作，就是严格遵循这些规则，开发出符合预期效果的最终软件产品。我们将架构和设计工作的一些差异汇总在表 1.2 中。

表 1.2 架构工作和设计工作的差异

软件架构开发	软件设计
制定规范和决策	遵守规范和决策
上层结构	底层结构
从整体出发理解问题	从专长出发理解问题
系统思维	软件思维
以文档作为成果	以源代码和模型细节作为开发成果
建模和分析	执行和测试

软件架构作为系统的技术管理，为系统的设计原则、设计规则以及设计决策设定了边界。例如，软件架构师需要选择 ECU 之间的通信协议，并决定系统中 ECU 的数量。架构设计还需要考虑到设计所使用的标准，并给出使用该标准的原因。在本书随后的章节中，我们可以看到，系统架构是一个在高抽象层级运行的学科，它需要考虑到系统内的组件和执行节点。这意味着架构师必须对系统有全面的了解——既包括软件，也包括用于驱动软件或为软件提供数据的基础硬件的特性。这种"系统化思维"使架构师成为所有软件团队的核心，因为他们所做的不仅是执行，而是理解这些事"为什么"要被执行。关于这一点，在 Sinek 的著作《Starting with Why：How Great Leaders Inspire Everyone to Action》中，给出了一系列实际案例［Sin11］。另外，架构作为一门学科，非常重视文档整理工作。所有的原则、规则、决策都必须进行解释和记录，才可以在保持一致性的前提下被传播和执行。这一文档工作通常伴随着系统的分析和建模同步发生。

与架构相对的，设计工作所关注的是如何在代码或可执行的模型中实现架构所定义的原则、规则和决策。在架构中讨论的高层结构被映射到了下层结构的具体工作中——例如组件中使用的类（class）和块（block），ECU 中使用的执行进程等。这些工作需要设计者掌握具体域（如车载娱乐域或动力总成域）中的专业知识和能力。设计工作关注的是软件本体，尽管也会关注软件和硬件间的交互，但通常硬件方案已经被提前给出，或至少硬件的设计规范已经在软件设计工作开始时被给出。这意味着设计工作所关注的是具体的代码和可被执行的详细模型，而不是抽象的分析和结构搭建。因此，在我们讨论设计问题时，通常首先讨论的是执行和测试，而讨论架构问题时，通常从评估工作开始（第 6 章的主题）。与架构师和项目经理之间的协作类似，架构师必须与设计师密切合作才能开发和交付一个完全满足需求和质量约束的软件系统。

1.6　本书内容提要

本书聚焦于软件系统工程中的最基础方面——软件架构。架构是软件系统的高层设计，架构工程师将软件系统的功能分布在多个相互关联的组件中。这些组件按照各自实现的软件系统中的不同功能或非功能需求被划分入不同的子系统和域。本书所探讨的现代汽车软件架构的概念同时适用于新手和经验丰富的软件设计师。

本书的目标人群有两类：对于汽车软件行业的专业从业者，了解软件架构的概念对他们的工作具有指导作用；对于软件工程类专业的学生，本书将有助于他们理解所学的软件知识如何在汽车软件这一专业细分领域得到应用。对于汽车行业的从业者而言，现代汽车的设计往往需要一个软件工程师具备多方面的专业知识。为了设计一个安全、可靠的长期系统解决方案，他们不仅需要理解自己所涉及的软件或硬件的特性，还需要理解不同供应商之间的软件如何集成并协作完成一个具体的用户需求，例如通过制动来避免车辆碰撞等。

对于软件工程类专业的学生，在毕业后往往需要进一步的职业培训才能理解软件与系统安全、供应商协作、软件功能划分等高级概念。在长期的教学生涯中，笔者发现很难同时提供给学生通识的软件工程教育和具体专业领域的软件（如汽车软件）知识。本书应对了这一挑战，因此可以作为软件工程专业教学的参考书或潜在的教材。

本书的各章节内容相对独立，可以单独阅读。但我们建议读者按顺序阅读，通过每章节给出的案例，读者可以循序渐进地建立有关汽车软件架构的知识。

1.6.1　第 2 章：软件架构

在本章中，我们给出了软件架构的概述，向不熟悉软件架构学科的读者回顾软件架构的基础知识，在最后描述了汽车软件架构的特殊性。在本章的开头，我们将回顾软件架构的含义，定义汽车软件设计中使用的视图类型，并将它们与软件工程中的经典的 4 + 1 架构视图模型进行映射。接着，我们将逐步介绍汽车软件架构中的重要元素，如 ECU、逻辑和物理组件、功能架构，以及整车架构的拓扑结构（物理和逻辑架构）等。在介绍过程中，我们将始终强调汽车嵌入式软件系统对安全性和可靠性的高要求。

1.6.2 第3章：汽车软件开发

在本章中，我们将会详细介绍汽车软件的开发流程。我们将首先介绍整车开发的 V 模型，并进一步引入现代敏捷软件开发的方法来描述软件开发团队的工作过程。我们还将简要介绍一款用于保持研发数据一致性的工具——由 SystemIte 开发的 SystemWeaver。本章的内容涉及诸多研发工作及方法，例如变体管理、不同的软件集成阶段、测试策略等。我们将结合实例来审视这些方法并解释它们是如何被应用的。

1.6.3 第4章：AUTOSAR 标准

在本章中，我们将讨论标准化这一话题。我们将会概述业界在标准化方面所做的努力。我们突出介绍了 AUTOSAR 这一目前在欧洲乃至世界范围内最受关注的汽车软件标准。我们将选取 AUTOSAR 标准中的主要构建块进行讲解，例如软件组件和通信总线等。我们还将从核心思想以及对汽车工业的影响两个角度来回顾汽车软件架构标准化的演变历程。在本章的最后，我们将介绍 AUTOSAR 标准中提供的参考架构，并讨论论它的演变方式。

1.6.4 第5章：汽车软件的详细设计

在本章中，我们将继续从技术的角度深入研究汽车软件架构，我们将描述在特定软件组件中进行软件设计的方式。我们将介绍使用 Simulink 软件完成建模的方法并展示这一方法在汽车软件设计中的应用。在本章的最后，我们将介绍对软件架构进行质量评估的必要性，以及在评估质量子属性过程中遇到的挑战。

1.6.5 第6章：汽车软件架构的评估

在本章中，我们将介绍评估软件架构质量的方法，并重点讨论了软件行业经典的架构权衡分析方法（Architechture Tradeoff Analysis Method，ATAM）。我们讨论了汽车软件的非功能性属性，如可靠性和稳定性等，并进一步回顾了评估这些属性的方法。在讨论过程中，我们参考了 ISO/ICE 25000 系列标准。

在本章中，我们还将提出软件、硬件集成过程中的挑战及其影响。我们讨论了汽车软件和商用计算机应用软件之间的差异，并给出了具体实例。在本章最后，我们讨论了对这些软件属性进行测量的必要性。

1.6.6 第7章：软件设计和架构的度量

在本章中，我们将介绍一般软件工程和汽车软件工程中最常用的度量，例如：总代码行数、模型大小、复杂性，以及架构稳定性或耦合性等 ［SHFMHNH13］。我们还具体给出了这些度量的解释——基于这些度量的具体数值大小，我们应该做什么，为什么要这么做。我们还讨论了基于 ISO/IEC 15939 的度量标准的使用。

1.6.7 第 8 章：汽车软件功能安全

在本章中，我们将详细阐述功能安全这一话题，这是现代汽车软件中最重要的话题之一。我们将介绍国际标准 ISO/IEC 26262 中与安全相关的概念，并说明如何在软件研发流程中应用这些标准。我们将介绍国际标准中提到的功能安全验证和确认技术，并将其与汽车安全完整性等级（Automotive Safety Integration Level，ASIL）关联，讨论其在实践中的效果。为使读者清晰理解功能安全这一标准，我们在介绍的过程中穿插了一个简单的功能开发实例。

1.6.8 第 9 章：汽车软件架构的当前趋势

在本书的最后，我们将介绍汽车软件开发的当前趋势。我们介绍了市场上一些新兴的、具有颠覆性的技术，这些技术被认为可能让传统的汽车工业变得更加以软件为导向。

1.6.9 本书中使用的案例

为便于读者理解架构这一抽象概念，我们在本书中穿插着一系列的具体案例。它们分布于各章节中，用于解释相关的概念，具体如下：

- 第 2 章包含来自车辆不同域的一组实例：车载娱乐系统域、动力总成域和主动安全域。
- 第 3 章包含 AUTOSAR 标准的实例以及一个从底盘域打开车门的具体需求示例。
- 第 4 章包含 AUTOSAR 模型及其在两个 ECU 之间通信的实现实例。
- 第 5 章包含一个模拟信号转化为数字信号的实例以及车辆底盘域的汽车底盘加热设计实例。
- 第 6 章包含一个主动安全域中的停车辅助摄像头的实例。
- 第 7 章包含一个开源发布的真实软件（混淆）的实例。
- 第 8 章包含一个简单的微控制器实例，用于演示不同的汽车安全完整性等级（ASIL）以及为达到这些等级进行的架构方案选取工作。

需要说明的是，这些例子并不足以覆盖庞大的汽车软件系统。作为参考，在 2016 年 5 月宝马集团的演讲⊖中提到，汽车产业中的 ECU 种类已经超过 200 种（包括各类电气系统的变体，这意味着并不存在拥有 200 个 ECU 的车辆）。

1.7 先修知识建议

为了更好地理解本书内容，读者需要对编程工作具有基本的认识。读者不需要

⊖ 注：2016 年 5 月，来自宝马的 Elektronik i Fordon，哥德堡的演讲。

掌握任何特定的编程技能，但如果掌握了 C/C ++ 或 Java/C#等常用编程语言将更有助于理解。另外，如果读者了解 UML 表示法的基本知识，尤其是类图（class diagram）知识，也将对理解本书有益。尽管本书的主题建立在汽车域之上，但读者可以不掌握任何汽车域或软件架构的知识。在每一章节中，我们加入了一些标记，读者如果对相关内容感兴趣或者想了解该概念的先修知识，可以依照标记自行获取信息。

1.8 后续学习建议

在阅读本书后，你将能够理解如何为现代汽车设计软件系统的架构。你还将理解现代汽车软件的设计原则及设计背后的一些非功能性原则。下一步，读者可以遵循自己的兴趣，关注一些汽车软件架构的具体原则，例如持续集成和部署、虚拟验证，以及高级功能安全等。

参 考 文 献

BWKC16.   Robert Bertini, Haizhong Wang, Tony Knudson, and Kevin Carstens. Preparing a roadmap for connected vehicle/cooperative systems deployment scenarios: Case study of the state of oregon, usa. *Transportation Research Procedia*, 15:447–458, 2016.

CC11.   Andrew YH Chong and Chee Seong Chua. *Driving Asia: As Automotive Electronic Transforms a Region*. Infineon Technologies Asia Pacific Pte Limited, 2011.

DNSH13.   Darko Durisic, Martin Nilsson, Miroslaw Staron, and Jörgen Hansson. Measuring the impact of changes to the complexity and coupling properties of automotive software systems. *Journal of Systems and Software*, 86(5):1275–1293, 2013.

DSTH14.   D. Durisic, M. Staron, M. Tichy, and J. Hansson. Evolution of Long-Term Industrial Meta-Models - A Case Study of AUTOSAR. In *Euromicro Conference on Software Engineering and Advanced Applications*, pages 141–148, 2014.

Dur15.   D. Durisic. *Measuring the Evolution of Automotive Software Models and Meta-Models to Support Faster Adoption of New Architectural Features*. Gothenburg University, 2015.

Ern13.   Tomas Ernberg. Volvo's vision 2020–'no death, no serious injury in a volvo car'. *Auto Tech Review*, 2(5):12–13, 2013.

Hum96.   Watts S Humphrey. *Managing technical people: innovation, teamwork, and the software process*. Addison-Wesley Longman Publishing Co., Inc., 1996.

LKM13.   Jerome M Lutin, Alain L Kornhauser, and Eva Lerner-Lam MASCE. The revolutionary development of self-driving vehicles and implications for the transportation engineering profession. *Institute of Transportation Engineers. ITE Journal*, 83(7):28, 2013.

Mar10.   John Markoff. Google cars drive themselves, in traffic. *The New York Times*, 10(A1):9, 2010.

PBKS07.   Alexander Pretschner, Manfred Broy, Ingolf H Kruger, and Thomas Stauner. Software engineering for automotive systems: A roadmap. In *2007 Future of Software Engineering*, pages 55–71. IEEE Computer Society, 2007.

RSB+13.   Rakesh Rana, Miroslaw Staron, Christian Berger, Jörgen Hansson, Martin Nils-
           son, and Fredrik Törner. Increasing efficiency of iso 26262 verification and
           validation by combining fault injection and mutation testing with model based
           development. In *ICSOFT*, pages 251–257, 2013.

SHFMHNH13. Staron, M., Hansson, J., Feldt, R., Meding, W., Henriksson, A., Nilsson, S. and
           Höglund, C., 2013, October. Measuring and visualizing code stability–a case
           study at three companies. In *The International Conference on Software Process
           and Product Measurement*, (pp. 191–200). IEEE.

Sin11.   Simon Sinek. *Start with why: How great leaders inspire everyone to take action.*
           Penguin UK, 2011.

SLO10.   Margaret V String, Nancy G Leveson, and Brandon D Owens. Safety-driven
           design for software-intensive aerospace and automotive systems. *Proceedings
           of the IEEE*, 98(4):515–525, 2010.

Vis15.   Balaji Viswanathan. Driving into the future of automotive technology at genivi
           annual members meeting. *OpenSource Delivers*, online, 2015.

第2章 软件架构：视图和文档

摘要： 软件架构是汽车软件设计的基础。作为一种高层设计视图，它由软件系统的多种视图共同组成。项目团队可以利用这些视图对整个软件系统的功能组织进行技术决策。软件架构甚至可以让我们在系统的设计还未开始之时就掌握并预测其性能。本章中，我们将介绍与软件架构有关的若干定义，它们将成为后续章节的基础。我们还将讨论架构设计过程中使用的视图，并介绍它们在实践中的应用。

2.1 概述

随着现代汽车软件数量的增长，人们发现，必须使用更为先进的软件工程方法和工具来处理软件的复杂度、规模和安全关键性［Sta16，Für10］。在这样的背景下，研发的自动化水平在不断提升，软件组件的交付速度也更加快捷。人们不断改进软件系统及设计，以便能跟上汽车软件项目中快节奏的需求变化。

软件架构是一个软件产品成功的基石，在汽车行业更是如此。一般来说，系统越庞大，研发人员就越难以确保其功能、子系统、组件和模块的整体高质量——这是由于人类自身的认知局限性导致的。在汽车软件设计中，我们面临着更具体的挑战，比如软件嵌入汽车时的安全性问题，或者软件的分配问题——既包括软件计算节点在物理层面的分配，也包括软件研发任务在 OEM 和供应商之间的分配。

在本章中，我们将讨论软件架构的概念，并通过搭建架构的实例对这些概念进行解释。在了解软件架构的组成后，我们将详细介绍软件架构的不同视图并解释这些视图是如何结合在一起的。接着，我们将介绍最常见的架构风格，并阐述它们在汽车软件中的应用。最后，我们将介绍描述软件架构的方法，即架构建模语言。对于想更深入了解细节的读者，我们还提供了拓展阅读的文献列表。

2.2 架构一般视图和汽车行业的架构视图

架构的概念一直深深植根于我们的社会中，它和建筑物的风格之间存在着一种天然联系。当我们思考架构问题时，时常会联想到一些主教座堂、哥特或现代风格的教堂或者其他大型建筑。我们能想到的一个例子也许是坐落于巴塞罗那、以独特的建筑风格闻名于世的圣家族大教堂。

但是现在，为了让架构的概念更容易被理解，我们用一个稍"小"的例子作为切入口——金字塔。图2.1 展示了埃及吉萨金字塔群的一张照片。

图2.1　吉萨金字塔群：一张表征产品外部视图的照片（图片来自 Wikipedia 网站，作者 Ricardo Liberato，受创作共同许可保护：https：//creativecommons.org/licenses/by－sa/2.0/）

金字塔采用了三角形造型。"采用三角形造型"这一事实就是架构工作做出的决策之一。架构工作需要做的另一个决策是"选择三角形的类型"（比如，斜高与底座一半长度的比例采用黄金分割数 1.619）。诸如此类的初期决策通常是基于数学的，可以通过金字塔的一种视图进行阐释。我们将这种视图称为早期的设计蓝图，如图 2.2 所示。

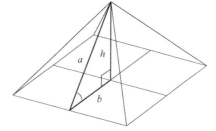

图2.2　金字塔架构的内部视图

图 2.2 所展示的是金字塔设计的第一个原则，此后的详细设计都是基于这一原则展开的。现在，让我们将视线转移到架构这一概念本身，看一下汽车工业中的软件架构问题。与图 2.1 展示的金字塔相同，当我们讨论汽车的架构时，首先可以得到一个显而易见的产品外部视图，如图 2.3 所示。

在产品外部视图中，我们可以观察到一辆轿车的一般架构特征——灯的布置方式、前进气格栅的形状、车身长度等。与金字塔类似，这一视图必须配合另一个轿车的内部视图，即设计蓝图，如图 2.4 所示。

图2.3 沃尔沃 XC90——产品外部视图的另一个实例（图片来自 Wikipedia 网站，作者 Albin Olsson，受创作共同许可保护：https：//creativecommons. org/licenses/by – sa/2. 0/）

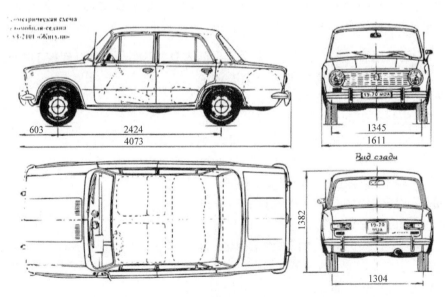

图2.4 一辆轿车的设计原则蓝图

注：图片来自 pixbay. com。

该蓝图在多个维度上展示了车辆的构成及主要尺寸。同时，这一蓝图也隐藏了另一些细节，例如车辆的电气系统、电子设备以及软件等，这些细节也需要靠各自相应的视图来补充。

2.3　定义

软件架构的设计开始于收到产品设计的第一条需求，直到产品的最后一个缺陷修复完成后结束。在这期间，架构设计最密集的工作发生在设计初期，架构师需要在这一阶段确定系统设计的高级原则。这些高级原则以软件架构文档的形式记录，其中包含了多种视图。因此，我们可以将软件架构定义为"高层设计（high – level design）"，尽管软件架构的内涵不止于此。在本书中，我们使用的"软件架构"定义如下：

软件架构指的是软件系统的高层结构（high – level structure）、创建这些结构的原则（the discipline of creating such structure），以及对这些结构的文档记录（the documentation of these structure）。这些结构可以被用来推导出整个软件系统。

这并不是软件架构唯一的定义，但是它正确地反映了"架构"这一概念所涉及的范畴（定义来自维基百科，https：//en. wikipedia. org/wiki/Software_ architecture）。

2.4　高层结构

在上文的架构定义的第一部分，我们谈到了"高层结构"并将它作为一种概括架构设计中所用到的多个不同实体的方法。在本节中，我们将深入讨论这些高层结构的细节，这些结构包括：

1）软件组件/块：根据逻辑结构被打包到若干子系统和组件中的一段软件。这些组件可以是 UML 或 C ++类、C 代码模块，以及 XML 格式配置文件等。

2）硬件组件/ECU：软件执行所使用的计算系统（或平台）的设计元件。这些元件包括 ECU、通信总线、传感器和执行器等。

3）功能：从功能的角度进行描述的软件逻辑设计要素，它们分布在软件组件/块之中，例如软件的功能、属性、需求等。

所有上述的要素共同组成了汽车电气系统和软件系统。虽然硬件组件不属于软件范畴，但往往也是软件架构师的工作对象——软件架构师需要确保硬件的结构也是可视化的，并将它和软件组件进行关联。从流程上讲，这种关联非常重要，我们必须要清楚哪个供应商该为哪个硬件设计怎样的软件。关于这一话题，我们将在第3 章中详细讨论。

在高层结构列表中，在介绍"功能"的概念时，我们指出了不同功能实体之间的相互关系——"功能分布在多个软件组件上"。这一相互关系引出了架构设计的一项重要原则——视图的使用。架构视图是"一种从系统结构的某一个或者多个角度对架构的表示，它阐明了架构是如何处理利益相关方所关注的一个或者多个问题的"［RW12］。

架构过程是一种规定性（prescriptive）设计，该过程随着设计的演进而不断发展。然而，在架构开发的过程中，可能会受到设计决策方面的影响；同时，我们几乎很难提前预知架构为满足后期功能需求变更或系统的安全关键问题时所需预留的可被处理空间。因此，如果缺少正确管理，架构将可能逐渐演变成一种为了和软件自身保持一致的描述性（descriptive）文档［EHPL15，SGSP16］。

2.5 架构设计原则

我们再来看架构定义中的第二部分，"架构是……创建这些结构的原则……"。在这里，"原则"指的是软件架构师为设定开发场景所做的决策，例如，定义系统中应该包含哪些组件、每个组件应当具备哪些功能（注意，这里不包括功能如何实施。实施是设计原则关心的，我们在第5章再对此展开介绍），以及这些组件之间该如何通信。

让我们来看一个"原则"的例子——软件耦合。我们考虑某两个组件之间的通信，其中一个组件是刮水器的控制器，另一个是实际驱动刮水器运动的小型执行电动机的硬件接口。我们可以想到一种耦合方式，如图2.5所示。

图2.5　架构原则的一个案例——两个块的单向耦合

在该图中，两个块之间的连线从 WindshieldWiper（刮水控制器）指向 WndEngHW（刮水执行电动机的硬件接口）。这意味着通信只能单方向发生——控制器发送信号到硬件接口。它看上去似乎是合乎逻辑的，但如果控制器想了解硬件接口的状态时，只能通过拔掉连接线来测量了——因为后者无法反过来向前者传递信号。如果架构师设立了这样的原则，将会对后续的设计工作造成影响，例如，不得不增加额外的总线信号来获取执行电机的硬件接口的状态。

所以，软件架构师可能会做另一种决策，即使用双向通信，如图2.6所示。

第二种架构替代方案允许系统进行双向通信，这解决了从硬件接口组件获取相

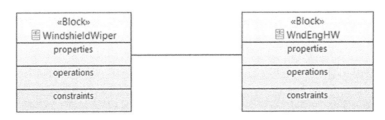

图 2.6　架构原则的一个案例——两个块的双向耦合

关状态的问题，然而也带来了另一个挑战——控制器和硬件接口的紧耦合。紧耦合意味着当两个组件中的其中一个发生变化时，另一个也应当做出相应的改变（或者至少是进行检查），因为两个组件彼此依赖。

在本章接下来的部分，我们将在讨论架构风格时提到若干诸如此类的原则。

2.6　开发过程中的架构设计

为了将架构设计的过程置于上下文中，并描述现代汽车软件的架构视图，我们首先需要讨论一下 V 模型，如图 2.7 所示。从 OEM 的角度来看，V 模型代表了汽车软件开发过程的高层视图。在最常见的情况下，OEM 不进行内部开发工作，软件组件的设计和验证通常全部由供应商完成（即，OEM 将空的软件组合需求给到供应商，供应商使用实际的软件组件完成填充）。

V 模型的第一层是功能开发层，在这里，我们用到两种类型的架构视图，分别是功能视图和逻辑系统视图。当然，架构视图还有更多的种类，它们究竟有哪些？设计意图和使用原则分别是什么？这些视图又有哪些组成要素？接下来，让我们一起探索这些问题的答案。

图 2.7　开发 V 模型中架构视图及评估的关注点

2.7　架构视图

正如上文所提到的，一项开发工作的源头一定是产品管理者对于一辆车应该具备什么功能的思考，我们可以将它称为功能需求。因此，让我们首先从功能视图开始，然后逐步转到更为详细的系统设计视图。

2.7.1 功能视图

功能视图（Functional View，通常也称为"功能架构"），关注的是汽车的各项功能以及它们之间的相互依赖性［VF13］。功能视图的一个案例如图 2.8 所示。

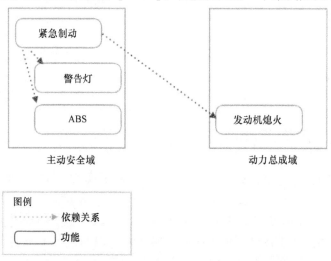

图 2.8 功能视图（功能架构）的一个实例

从示例中可以看到，图中有三个元素，分别是功能（圆角矩形框表示）、域（矩形框表示）和依赖关系（虚线表示）。功能之间可以相互依赖，而不同的功能可以被划入不同的"域"，例如动力总成域和主动安全域等。汽车上常见的域包括：

● 动力总成域——将与汽车动力系统相关的器件分为一组，例如发动机、发动机电子控制单元、变速器和排气系统等。

● 主动安全域——将与汽车安全相关的器件分为一组，例如高级辅助驾驶系统（Advanced Driver Assistance Systems，ADAS）、防抱死制动系统（Anti–lock Braking System，ABS）等。

● 车身域——将与驾驶舱内相关的器件分为一组，例如座椅、车窗和其他器件（包括电子和软件执行器及传感器）等。

● 电子系统域——将与汽车电子系统功能相关的器件分为一组，例如主 ECU、通信总线及相关器件等。

现代汽车中拥有多达一千多种功能，并且数量还在不断增长。这其中，最大的功能驱动力来自车辆自动驾驶技术及电气化技术。以自动驾驶领域为例，它衍生出的新功能包括：

1）自适应巡航（Adaptive Cruise Control）——基础功能，可使车辆在保持恒定的最大车速的同时，自动与前车保持一定的距离。

2）车道保持辅助（Lane Keeping Assistance）——基础功能，在车辆越过车道线又未打转向灯时，向驾驶员发出警告。

3）主动交通灯辅助（Active Traffic Light Assistance）——中高级功能，在车辆前方遇到红灯时，向驾驶员发出警告。

4）交通拥堵辅助（Traffic Jam Chauffeur）——中高级功能，在道路交通拥堵时自动驾驶。

5）高速公路自动巡航（Highway Chauffeur/pilot）——中高级功能，在车辆高速行驶时自动驾驶。

6）编队行驶（Platooning）——高级功能，多车编队自动驾驶。

7）自动超车（Overtaking Pilot）——高级功能，车辆自动完成超车。

同样的，上述这些功能也都依赖于一些车辆的基础功能，例如：

1）防抱死制动系统——在湿滑路面上防止制动器抱死，从而避免车辆失控打滑。

2）发动机断油——在发生碰撞等情况下主动将发动机断油熄火。

3）距离警告——警告驾驶员与前方车辆距离过小。

功能视图为架构师提供了对功能进行分类的可能性。有了分类，架构师就能将这些功能分配给相应的部门进行开发和推理。在参考文献［DST15］中给出了一个采用帕累托前沿方法进行推理的案例。

功能视图的设计方法

进行功能架构设计的第一步是得到一个待开发的车辆功能列表，并注明它们之间的相互依赖关系。这一列表可以通过框图、用例图或 SysML 需求图表示［JT13，SSBH14］。

一旦确定了功能列表和依赖关系，我们就将功能重组到不同的域中。通常情况下，这些域是已知并给定的。功能的重组方式取决于它们之间如何相互依赖，其原则是最小化从属于不同域的功能之间的交叉依赖。这一步完成后，我们就能得到如图 2.8 所示的功能视图。

2.7.2　物理系统视图

另一类视图是架构的物理系统视图（Physical System View）。这类视图通常被描述为整个电气系统的顶层视图，并与较低层的图表（例如 UML 中的类图）搭配呈现。图 2.9 给出了一个车辆电气系统的整体架构，图中我们可以看到两个物理总线（实线）上连接着不同种类的 ECU（圆角矩形框）。这种架构视图为汽车电气系统的拓扑结构的表征提供了可能，并为架构师提供了一种在通信总线上布置控制器的方法。

在汽车软件工程发展的早期（可追溯到 20 世纪 90 年代末），车上只有少量的控制单元和通信总线，因此物理架构视图是简单的、静态的。但是现代汽车随着控制单元数量的增加，软件设计中对系统提供整个概览的能力变得愈发重要。同时，这一趋势也导致了通信总线的增加，物理架构中组件的拓扑也从典型的星型结构（图 2.9）演变成为拥有超过 100 个活跃节点、彼此链接更多的结构，这种结构中通常还包含着各控制单元的处理能力及其操作系统（及版本）的信息。

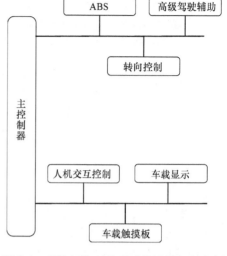

图 2.9　系统架构（物理系统视图）的实例

物理系统视图的设计方法

物理系统视图的设计比较直接，因为它是由车辆的物理结构决定的，而车辆的物理结构通常已经包含了明确的车载 ECU 的信息。其中，最重要的几个 ECU 通常会从前一个项目直接继承，例如主计算平台、主动安全节点及发动机节点等。几乎每一个现代汽车中都包含如下的 ECU：

- 发动机控制单元（Engine Control Unit，EnCU）。
- 电动助力转向控制单元（Electric Power Steering Control Unit，PSCU）。
- 人机接口（Human‐machine Interface，HMI）。
- 动力系统控制模块（Powertrain Control Module，PCM）。
- 远程信息控制单元（Telematic Control Unit，TCU）。
- 变速器控制单元（Transmission Control Unit，TCU）。
- 制动控制模块（Brake Control Module，BCM；ABS 或 ESC）。
- 电池管理系统（Battery Management System，BMS）。

对于不同的汽车制造商，除上述之外的其他控制模块可能存在很大差异。此外，许多附加控制单元也是电气系统的一部分，这意味着它们仅包含在某些特定车型或者实际用途中，具体取决于客户的要求。

2.7.3　逻辑视图

逻辑视图的关注点是系统的拓扑结构，呈现的是逻辑组件的架构，如图 2.10 所示。逻辑视图通常仅关注车载软件系统，它展示的是汽车软件中使用了哪些类、模块和组件，以及它们之间的相互关系。视图的标注一般采用统一建模语言（UML）或系统建模语言（SysML）。

对于逻辑视图，架构师经常在其上下文中使用各种图表（例如通信图、类图、

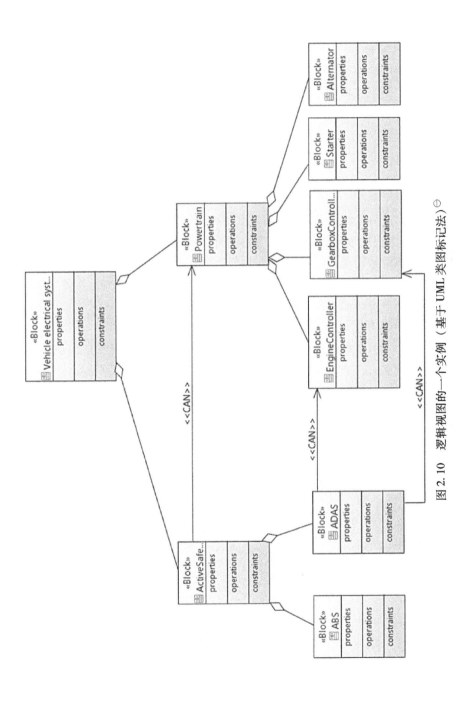

图 2.10 逻辑视图的一个实例（基于 UML 类图标记法）⊖

———————
⊖ 译者注：该图中的每一个类中的四个方格分别代表类名、类的属性（properties）、类的操作（operations）及类的约束（constraints）。

组件图等）来展现汽车软件各层级的抽象。在进行详细设计时，可以用更低层级的可执行模型（例如 Matlab/Simulink）作为逻辑视图的补充，以达到定义软件行为的目的［Fri06］。

逻辑视图的设计方法

描述软件逻辑视图的第一步是要识别组件。这些组件被建模为不同的 UML 类。一旦这些类被识别，我们将以关联（association）的形式添加这些组件之间的关系。确保关联方向的正确性十分重要，因为这将成为组件间通信详细设计的决定性依据。

对逻辑架构的改进和优化应该贯穿于汽车软件开发项目的全过程。

2.7.4　汽车软件视图与"4+1"视图模型的关系

上文提到了当今汽车软件工程中常用的三种视图。它们都是从 Kruchten［Kru95］在 1995 年提出的、被软件行业广泛应用的"4+1"视图架构模型演变而来。它假设了一个软件架构可以通过如下几个方面被描述：

● 逻辑视图（logical view）——描述系统的设计模型，包括组件和连接等实体。

● 过程视图（process view）——描述架构的执行过程，从而允许我们推断软件在所设计结构下的非功能属性。

● 物理视图（physical view）——描述系统的硬件架构及软件组件在该硬件架构上的映射或部署方式。

● 开发视图（development view）——描述软件组件中模块的组成。

● 场景视图（scenario view）——描述系统与外部构件的关系以及系统内部组件之间的关系。

如图 2.11 所示，逻辑视图、开发视图、过程视图、物理视图通过场景视图进行关联，在图中体现为重叠部分。

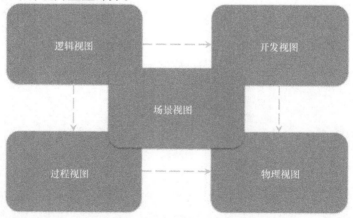

图 2.11　"4+1"架构视图模型，改编自［Kru95］

"4 + 1"视图模型已应用于电信领域、航空领域和几乎所有其他领域。它与早期的 UML（1.1 – 1.4）以及 20 世纪 90 年代的其他软件开发符号系统的紧密联系促成了它的广泛传播和成功应用。但在汽车领域，由于仅应用了 UML 中的类图和对象图，因此直接使用"4 + 1"视图模型的情形并不像电信领域那样普遍。

2.8　架构风格

架构作为系统的上层设计原则，其设计决策通常可被用来了解一个系统是如何被塑造的。现在让我们来讨论"架构风格"这一概念。架构风格直接决定了软件的设计原则，正如一个建筑结构塑造了建筑风格一样（例如哥特建筑风格中的厚墙）。

在软件设计中，我们通常会区分出多种风格，但只有部分风格会在汽车系统中用到。相比于其他一些领域——例如 web 服务器——汽车软件对可靠性和鲁棒性的要求更严苛。因此，某些架构风格可能是不适用的。

本节中，我们将深入探讨不同风格的架构并给出实例。

2.8.1　分层架构

分层架构（Layered Architecture）假定系统中的各组件部署在一个分层结构中，并且函数调用（API 使用）的方向是固定的，仅能从较高层级向较低层级调用，如图 2.12 所示。

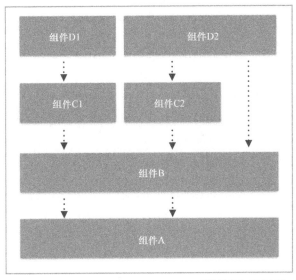

系统的抽象表示方法

图 2.12　分层架构风格

注：方框代表组件，虚线代表 API 使用/函数调用。

我们可以在微控制器的设计和 AUTOSAR 标准中看到这种分层的架构风格。不同的软件组件被赋予特定的功能，例如通信。分层架构在汽车软件中的一个例子如图 2.13 所示。

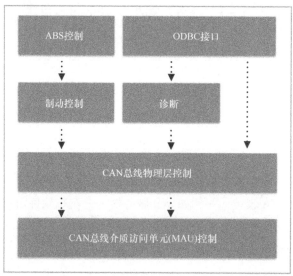

ABS ECU

图 2.13　分层架构的一个例子

分层架构的一个特殊变体是 Steppe 等提出的两层架构（two - tier architecture）[SBG⁺04]，一层用于描述抽象组件，另一层用于描述中间件细节。关于中间件的一个实例可以参考第 4 章对于 AUTOSAR 标准的描述部分。中间件所实现的功能包括记录诊断事件、处理总线通信、数据保护和数据加密等。

分层架构风格的另一个例子如图 2.14 所示，该图描述的是自动驾驶领域的决策层分层，即将决策过程划分为多个层级进行。

图 2.14 中，我们可以看到不同的功能分布在不同的层级中，较高层级负责任务/路径规划，而较低层级负责操控汽车。这种模块化分层的架构允许架构师将功能划分到垂直的域中。图中的粗箭头意指抽象架构，抽象架构层级间的连接可以是直接或间接的（即，两个粗箭头连接之间也可能存在其他层级）。

基于上述介绍，我们很容易意识到这种架构风格的局限性——它的层级之间只能通过一种通信方式进行交互，而同一个层级中的组件之间无法相互通信。为了摆脱这一限制，我们也经常使用另一种"基于组件"的架构风格。

2.8.2　基于组件

基于组件（Component - Based）的架构风格相比于分层架构更为灵活，并且假定所有的组件之间是可交换且彼此独立的。所有的通信都应该经过规范定义的公共接口进行，并且每个组件都具备单一的接口，以便通过接口实现对组件的查询。该

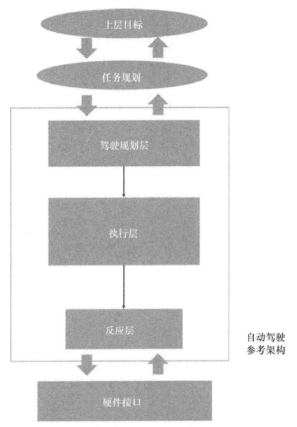

图 2.14　分层架构示例——自动驾驶中的决策层架构，图片来自〔BCLS16〕

架构在非汽车领域中的一个典型应用就是微软的 Windows 操作系统，它大量使用了动态链接库（Dynamic Linked Library，DLL）和 IUnknown 接口。这种架构风格的抽象表示如图 2.15 所示。

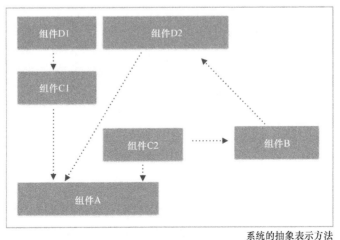

图 2.15　基于组件的架构风格

基于组件的架构风格通常与契约式设计原则（design – by – contract）一起使用。契约式设计原则假设组件应该对其接口制定规范——哪些是 API 函数可以做的，哪些是不能做的。这种结构风格非常适合被用来描述车辆功能的架构。

我们可以在车载信息娱乐域的软件中看到这种架构风格：通常软件会被分为平台和应用层（遵循分层架构）。进一步，在应用层中，所有能够下载到系统中的 App 都是按照基于组件的架构原则被设计的。这一原则确保了只要接口正确，不同的 App 之间都是可以互相调用的。例如，我们无须退出 GPS 软件也可以在后台运行音乐播放软件。只要音乐播放软件的接口是正确的，GPS 程序无须关心接口另一端究竟调用的是哪一款音乐播放软件。

2.8.3 单体

单体（Monolithic）架构和基于组件的架构风格相反，它假设整个系统是一个大型组件，系统中的所有模块都可以相互调用。这一风格容易导致系统的耦合度过高并增加系统复杂度，因此常被用于成熟度较低的系统。单体架构抽象表示如图 2.16 所示。

单体架构通常被用来实现安全关键系统中的部分功能。这类系统的内部组件间必须实时通信，并且通信开销（communication overhead）要尽可能小。单体架构采用的典型机制是编程语言中的"安全（Safe）"机制，例如使用静态变量、没有内存管理，以及不使用动态结构等。

系统的抽象表示方法

图 2.16 单体架构风格

2.8.4 微内核

从 20 世纪 80 年代开始，软件工程师在设计操作系统时开始使用微内核（Microkernel）架构。许多现代操作系统都是基于这种架构风格构建的。简单来说，这种架构风格可以看作是分层架构中的一种双层的特例，如图 2.17 所示。

　　● 内核——具有更高执行权限的有限组件的集合，例如任务调度程序，内存管理和基础进程间通信管理，这些组件相较于应用层的组件而言拥有更高级别的权限。

　　● 应用程序——类似用户应用程序进程、设备驱动程序或文件服务的组件。这些组件可以具备不同的权限级别，但是其权限级别要始终低于内核进程。

　　在这种架构风格中，应用程序（或组件）经常会采用进程间通信。此类通信允许操作系统（或平台）保持对通信过程的控制。

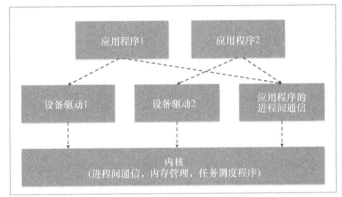

系统的抽象表示方法

图 2.17　微内核架构风格

　　在汽车行业，微内核架构被用于某些要求高安全性（security）的组件。有人认为，内核的最小化使得我们可以实施最小特权原则（least privilege），因而能始终保持对系统安全性的控制。也有观点认为虚拟操作系统的管理程序就是根据这个原则构建的。在汽车领域，虚拟化的应用目前仍然处在研究阶段，但看起来这是一个非常有前景的领域，因为它可以让我们在保持电气系统的灵活性的同时，最大限度地降低硬件成本（想象一下，所有汽车都使用相同的硬件，不同品牌的车型只是使用的虚拟操作系统及应用程序不同）。

2.8.5　管道与过滤器

　　管道与过滤器（Pipes and Filters）是另一种广泛使用的架构风格，非常适用于基于数据处理而运行的系统（因此，当汽车市场迎来大数据时代，它也重新进入我们的视野）。这种架构风格假定组件沿着数据处理流的方向进行连接。

　　在现代汽车软件中，这种架构风格在主动安全域的图像识别功能中十分常见。这一功能需要大量的视频数据在多个阶段中被处理，且组件之间必须相互独立。图 2.18 是一个概念化的示例［San96］。

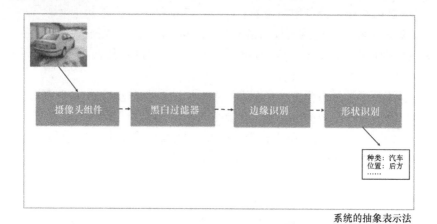

系统的抽象表示法

图 2.18　管道与过滤器架构风格

2.8.6　客户端 – 服务器

在客户端 – 服务器（Client – Server）架构风格中，系统的设计原则规定了组件与指定角色——服务器之间的解耦，服务器根据客户端的请求提供资源，如图 2.19 所示。这些请求可以用"拉取"或"推送"的方式完成。拉取请求意味着查询服务器的任务位于客户端，即客户端需要监视服务器提供的资源的变化。推送请求意味着服务器通知相关客户端关于资源方面的变化的信息（与事件驱动架构风格或发布者 – 订阅者架构风格类似）。

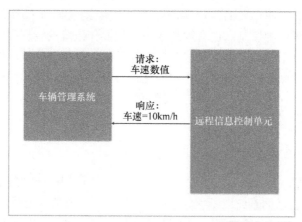

系统的抽象表示法

图 2.19　客户端 – 服务器架构风格⊖

⊖　译者注：图中的车辆管理系统（Fleet Manager）是一种用于管理车队的网络应用程序，常用于运输业务的公司管理中。

在汽车领域，这一架构风格是以特定形式出现的，比如发布者－订阅者风格或事件驱动风格。我们可以在遥测功能的组件中看到这一模式的架构风格，该功能的远程信息处理组件可以为外部和内部服务器提供信息［Nat01，VS02］。

2.8.7 发布者－订阅者

发布者－订阅者（Publisher－Subscriber）架构风格可以被视作客户端－服务器风格的特例（尽管通常将这两种架构分类成独立的不同类型）。这种架构规定信息的提供者（发布者）和信息的使用者（订阅者）之间是松耦合的。订阅者向中央存储订阅信息，以便获得有关信息更新的通知。发布者不知道订阅者，其任务仅仅是更新信息，这与客户端－服务器架构有明显的差异，后者由服务器将信息直接发送到"已知"的客户端（因为该客户端发送了请求）。发布者－订阅者架构风格如图 2.20 所示。

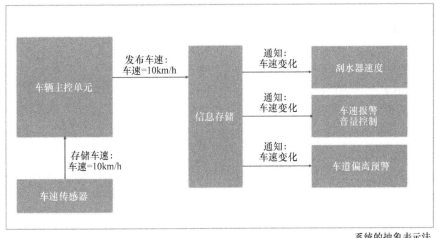

系统的抽象表示法

图 2.20　发布者－订阅者架构风格

在汽车软件中，这类架构风格常用于分发有关车辆状态变化的信息，例如，速度状态的变化或者胎压状态的变化等［KM99，KB02］。其优点在于信息提供者和信息订阅者之间的解耦，从而信息提供者不会随着订阅者的数量增加而出现过载的情况。但是其缺点是信息提供者无法控制哪些组件在使用信息，也无法确定在任意给定时刻相关组件拥有的信息内容（因为组件不必同步接收更新）。

2.8.8 事件驱动

事件驱动（Event－Driven）架构风格是伴随着图形用户界面、按键、文本字段、标签及其他图形化元素的普及而在软件工程领域逐渐流行的。该架构风格规定组件监听发送往操作系统的事件。监听组件接收到事件后，必须针对接收到的信息做出反应，并处理随时间发送而来的数据（例如，"鼠标点击"这一事件发生时，随之而来的数据是鼠标在屏幕上的位置参数）。事件驱动风格的架构图如图2.21所示。

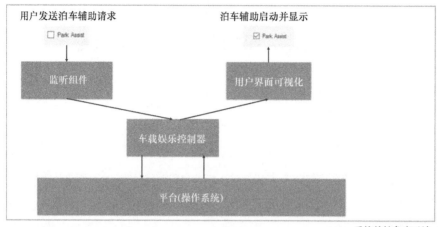

图 2.21　事件驱动架构风格

事件驱动的架构风格存在于汽车软件系统的许多部分中。这一架构天然地适用于信息娱乐系统及驾驶员辅助系统（例如语音控制）——甚至在航空工业中也被广泛地运用［Sar00］。除此之外，这一架构还可被用于诊断及故障码的存储［SKM⁺10］。事实上，当我们使用 Simulink 设计汽车软件系统，设计刺激和响应、布置传感器和执行器时，说明事件驱动型架构已经融入汽车行业的日常设计中了。

2.8.9　中间件

中间件（Middleware）架构风格假定存在一个公共请求代理，它协调不同组件的资源使用需求。中间件的概念是随着对象管理组织（Object Management Group，OMG）推出的公用对象请求代理体系结构（Common Object Request Broker Architecture，CORBA）被引入到软件工程当中的［OPR96，Cor95］。尽管 CORBA 标准本身与汽车行业无关，但是其原则在 AUTOSAR 标准的设计中得到了体现，例如，使用 CORBA 标准中的元模型来描述汽车软件中的一些常见的元素等。图 2.22 展示了中间件架构风格的示意图。

在汽车软件领域，如前所述，我们可以在 AUTOSAR 标准的设计中看到中间件架构风格，本书将稍后对此进行详细讨论。中间件在汽车软件的适应机制［ARC⁺07］和容错机制［JPR08，PKYH06］中正变得越来越重要。

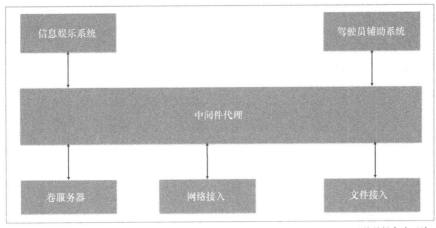

系统的抽象表示法

图 2.22 中间件架构风格

2.8.10 面向服务

面向服务（Service – Oriented）的架构风格假设组件之间的松耦合采用了互联网的协议标准。它所强调的是该架构中组件的接口可以使用网络服务来访问，并且可以在系统运行期间按照需要添加和更改服务，如图 2.23 所示。

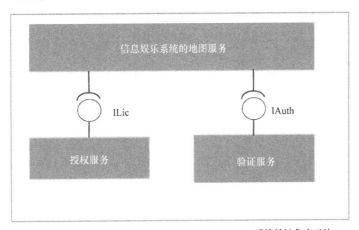

系统的抽象表示法

图 2.23 面向服务的架构风格

在汽车软件中这种架构风格暂未得到广泛应用⊖，但是不排除某些时候还是存在按需或临时服务需求的，这方面的一个例子是车辆编队（vehicle platooning）系

⊖ 译者注：近年来汽车的智能化和网联化趋势迅猛发展，截至本书翻译之时，面向服务的软件架构已经成为下一代汽车电子电气架构的研究重点之一。

统［FA16］，如图 2.24 所示。

由于车辆编队行驶是在行驶期间"自发地"完成，因此架构需要具备一定的灵活性，并且允许车辆在无须重新编译或重启系统的情况下建立和断开彼此的连接。当某接口因突发情况无法使用时，车辆运行模式可能会变化，但并不会对整体软件的运行造成干扰。

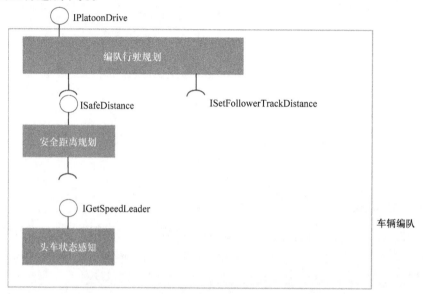

图 2.24　一个面向服务的架构实例——车辆编队功能

在本节中，我们介绍了当前最流行的架构风格，接下来我们将探讨描述软件架构使用的语言。

2.9　架构的描述

在本书之前的内容中，我们已经看到了基于不同作用的图表来绘制的架构图。例如，在图 2.10 中描述软件的逻辑组件时，我们使用了正式的 UML 表示法；而我们在图 2.8 中使用的方框和线条，作用又与图 2.12~ 图 2.22 中的不相同。每一种绘制方法都有不同的目的。

通过这些不同的标记法，我们可以发现，对软件架构的描述并不存在一种统一的形式。我们可以将软件架构看作一种沟通的手段，它使得架构师能够描述指导其进行系统设计的准则，并讨论这些准则对具体组件的影响。这些表示方法都可以被称为架构描述语言（Architecture Description Language，ADL）。在本节中，我们介绍与软件架构最为相关的架构描述语言。其中，我们将重点介绍两种形式——系统建模语言（Systems Modelling Language，SysML）［HRM07，HP08］和用于汽车嵌入式系统的 EAST‑ADL 语言［CCG+07，LSNT04］。

2.9.1　系统建模语言

SysML 是一种基于统一建模语言（UML）的通用语言。它被建立为 UML 子集的扩展，包含了更多类型的图（例如需求图），并通过概要文件（profile）机制重用了许多 UML 符号。SysML 中包含的图（视图）包括：

- 块定义图（Block Definition Diagram）——从 UML2.0 扩展的类图，使用原型类来建立模块、活动及其相关属性等内容。由于"块"是 SysML 的构建主体，因此它经常被复用以表示软件和硬件的块、组件和模块。

- 内部框图（Internal Block Diagram）——与块定义图类似，区别是内部框图用于定义一个块自身的元素。

- 包图（Package Diagram）——与 UML2.0 中的包图相同，用于将模型元素分组至不同的包和命名空间。

- 参数图（Parametric Diagram）——内部框图的一种特殊形式，它允许我们向内部框图中的元素添加约束（例如，对要处理的数据值添加逻辑约束）。

- 需求图（Requirement Diagram）——由用户对系统的需求组成，允许我们建模并将这些需求链接到其他模型元素（例如"块"）。与 UML 的标准用例图相比，它为 SysML 的模型增添了大量的表现力。

- 活动图（Activity Diagram）——将系统行为描述为活动流。

- 序列图（Sequence Diagram）——描述块之间的交互，这类交互是基于来自电信领域的消息序列图（Message Sequence Chart，MSC）符号来表示的。

- 状态机图（State Machine Diagram）——描述系统或者其组件的状态机。

- 用例图（Use Case Diagram）——描述系统与外部参与者（用户或者其他系统）的交互。

需求图的一个例子如图 2.25［SSBH14］所示。该图显示了两个相互关联的需求——最大加速度（Maximum Acceleration）和发动机功率（Engine Power）以及它们之间的依赖关系。诸如"提供动力（Provide Power）"这样的块与这些需求相关联，依赖性"满足（图中 satisfy）"的连线则反映了这些需求是在哪里实施的。从这个例子可以发现，需求图用于对车辆电气系统功能架构的建模是非常高效的。

块定义图的实例已在讨论架构的逻辑视图时给出（图 2.10）。如果我们基于图 2.10 中的某个特定块进一步细化，可以得到块的内部框图，如图 2.26 所示。内部框图实现了与模块详细设计类似的目的，这一过程通常可以使用 Simulink 建模语言完成，在本书的第 5 章我们将详细展开讨论。

SysML 的行为图⊖对于汽车系统的详细设计而言非常重要，但是它们已经超出

⊖　译者注：本节中介绍的活动图、序列图、状态机图及用例图都可归类为行为图。

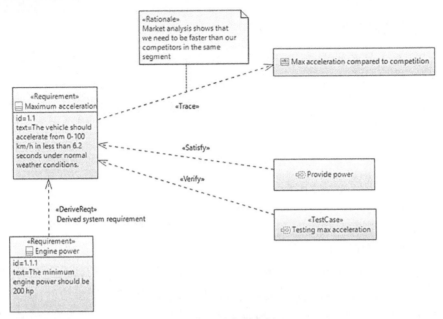

图 2.25　需求图实例

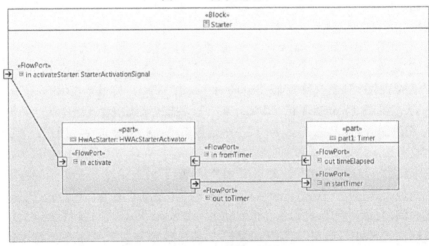

图 2.26　内部框图实例

了本章要介绍的范围。架构模型应该专注于系统的结构方面，因此需要保持在较高的抽象级别。

2.9.2　EAST ADL

EAST ADL[⊖]是另一种基于 UML 的建模语言，它被专门用于汽车软件架构的建

⊖　译者注：EAST ADL 全称为 Electronic Architecture and Software Technology Architecture Description Language，在绝大多数场合，它均以英文缩写的形式出现，本书亦然。

模［CCG⁺07，LSNT04］。我们知道，SysML 语言是由工业协会设计的，而 EAST ADL 则不同，它是多个由欧盟资助的研发项目共同形成的成果。

EAST ADL 语言的原则和 SySML 相似，它同样允许我们将汽车软件架构建模在不同的抽象层级上。EAST ADL 的抽象级别包括：

- 车辆层级（Vehicle）——从外部视角描述车辆功能的架构模型。这是 EAST ADL 最高的抽象层级。它将在分析层级的模型中被细化。

- 分析层级（Analysis）——在某抽象模型中描述车辆功能的架构模型，包括车辆功能之间的依赖关系。它是我们在 2.7.1 节中所讨论的功能架构的一个实例。

- 设计层级（Design）——描述软件逻辑架构的架构模型，包括软件到硬件的映射。它类似于图 2.10 中所描述的逻辑视图。

- 实施层级（Implementation）——汽车软件的详细设计，这里 EAST ADL 重用了来自 AUTOSAR 标准中的概念。

车辆层级架构可以被视为某一车辆设计规范的用例，在这一规范中，功能按照从高抽象层级逐渐细化到功能实施层级的方式设计。

由于 EAST ADL 也是基于 UML 的建模语言，因此它的可视化表达与本章中已经提供的模型可视化表达非常相似。但具体到模型结构上仍然存在一些差异。因此，EAST ADL 和 SysML 中使用的概念可能也有所不同。例如图 2.27 所展示的 EAST ADL 需求模型。在图中，我们可以看到 EAST ADL 和 SysML 需求图在需求的链接上的重要差异——在 EAST ADL 中，需求可以链接到特征，这一概念在 SysML

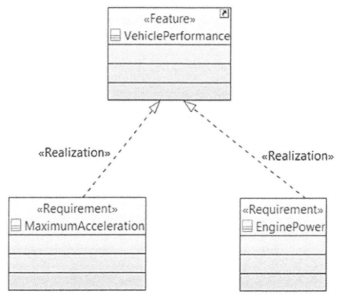

图 2.27　EAST ADL 中的特征（需求）图

中是不存在的。

总体上来说，EAST ADL 是一种更符合汽车领域特性的建模符号，更有利于汽车软件工程师去进行架构模型的构造。但 EAST ADL 没有像 SysML 那样广泛传播，因此没有在工业中得到普遍的应用。

2.10　下一步工作

在使用不同的图表完成架构设计之后，就要将它传递到产品开发数据库中，并将它与汽车电气系统中的所有其他元件进行连接。产品开发数据库包含所有软硬件组件的设计细节、组件之间的相互关系以及逻辑软件组件在电气系统物理组件上的部署情况。

2.11　拓展阅读

本章中，我们讨论了当今软件行业中最常用的架构视图、风格和建模语言。但行业中还存在着许多其他的应用，我们鼓励感兴趣的读者去进一步探索。

另一种工业界采用的替代建模语言是 UML MARTE[⊖]概要文件［OMG05，DTA⁺08］。它可以支持所有适用领域的实时系统建模，因此使用该概要文件时，需要架构建模者具备大量知识，包括它的可执行变体的知识［MAD09］。

对拓展建模语言感兴趣的读者可以在笔者之前关于自定义建模语言［SW06，SKT05，KS02，SKW04］和如何教授这些拓展语言的工作中［KS05］得到更多信息。

另外，Kruchten 等人已经对一般意义上的未来架构发展方向进行了有趣的回顾［KOS06］。尽管这篇综述是在十多年前做的，但其中的大多数结论放在今天依然适用。

2.12　总结

在本章中，我们介绍了软件架构的概念、不同的架构视图和风格，并介绍了汽车软件工程中使用的两种架构建模的符号——SysML 语言和 EAST ADL 语言。

汽车软件架构的有趣之处在于，它经常混合了多种架构风格。ECU 内的架构整体风格可以是分层架构，但是 ECU 内部的每个组件可以是面向服务的架构、管道与过滤器架构或分层架构。一个具体的例子是 AUTOSAR 架构。AUTOSAR 架构提供了一个三层参考架构，其中第一层是"应用软件"层，可以实施面向服务的

　⊖　译者注：MARTE 是 Modeling and Analysis of Real Time and Embedded Systems 的缩写，实时嵌入式系统建模及分析规范。

架构，第二层可以实施一个单体架构（只有运行时系统 RTE），第三层是"中间件"层，可以实施基于组件的架构。

多种风格被混合的原因是现代汽车软件必须要实现多种多样的功能，并且每一种功能都有其自身的特点。例如，对于远程信息处理系统而言，它的连接能力非常重要，因此客户端 - 服务器风格的架构最为合适。

至此，我们已经讨论了软件架构的基本内容，接下来我们将深入到汽车软件开发的其他工作中去，以此来理解架构之所以如此重要的原因以及架构设计的上下游环节。

参 考 文 献

ARC+07. Richard Anthony, Achim Rettberg, Dejiu Chen, Isabell Jahnich, Gerrit de Boer, and Cecilia Ekelin. Towards a dynamically reconfigurable automotive control system architecture. In *Embedded System Design: Topics, Techniques and Trends*, pages 71–84. Springer, 2007.

BCLS16. Manel Brini, Paul Crubillé, Benjamin Lussier, and Walter Schön. Risk reduction of experimental autonomous vehicles: The safety-bag approach. In *CARS 2016 workshop, 4th International Workshop on Critical Automotive Applications: Robustness and Safety*, 2016.

CCG+07. Philippe Cuenot, DeJiu Chen, Sebastien Gerard, Henrik Lonn, Mark-Oliver Reiser, David Servat, Carl-Johan Sjostedt, Ramin Tavakoli Kolagari, Martin Torngren, and Matthias Weber. Managing complexity of automotive electronics using the EAST-ADL. In *12th IEEE International Conference on Engineering Complex Computer Systems (ICECCS 2007)*, pages 353–358. IEEE, 2007.

Cor95. OMG Corba. The common object request broker: Architecture and specification, 1995.

DST15. Darko Durisic, Miroslaw Staron, and Matthias Tichy. Identifying optimal sets of standardized architectural features – a method and its automotive application. In *2015 11th International ACM SIGSOFT Conference on Quality of Software Architectures (QoSA)*, pages 103–112. IEEE, 2015.

DTA+08. Sébastien Demathieu, Frédéric Thomas, Charles André, Sébastien Gérard, and François Terrier. First experiments using the UML profile for MARTE. In *2008 11th IEEE International Symposium on Object and Component-Oriented Real-Time Distributed Computing (ISORC)*, pages 50–57. IEEE, 2008.

EHPL15. Ulf Eliasson, Rogardt Heldal, Patrizio Pelliccione, and Jonn Lantz. Architecting in the automotive domain: Descriptive vs prescriptive architecture. In *Software Architecture (WICSA), 2015 12th Working IEEE/IFIP Conference on*, pages 115–118. IEEE, 2015.

FA16. Patrik Feth and Rasmus Adler. Service-based modeling of cyber-physical automotive systems: A classification of services. In *CARS 2016 workshop, 4th International Workshop on Critical Automotive Applications: Robustness and Safety*, 2016.

Fri06. Jon Friedman. MATLAB/Simulink for automotive systems design. In *Proceedings of the conference on Design, Automation and Test in Europe*, pages 87–88. European Design and Automation Association, 2006.

Für10. Simon Fürst. Challenges in the design of automotive software. In *Proceedings of the Conference on Design, Automation and Test in Europe*, pages 256–258. European Design and Automation Association, 2010.

HP08. Jon Holt and Simon Perry. *SysML for systems engineering*, volume 7. IET, 2008.

HRM07. Edward Huang, Randeep Ramamurthy, and Leon F McGinnis. System and simulation modeling using SysML. In *Proceedings of the 39th conference on Winter simulation: 40 years! The best is yet to come*, pages 796–803. IEEE Press, 2007.

JPR08. Isabell Jahnich, Ina Podolski, and Achim Rettberg. Towards a middleware approach for a self-configurable automotive embedded system. In *IFIP International Workshop on*

Software Technolgies for Embedded and Ubiquitous Systems, pages 55–65. Springer, 2008.

JT13.   Marcin Jamro and Bartosz Trybus. An approach to SysML modeling of IEC 61131-3 control software. In *Methods and Models in Automation and Robotics (MMAR), 2013 18th International Conference on*, pages 217–222. IEEE, 2013.

KB02.   Jörg Kaiser and Cristiano Brudna. A publisher/subscriber architecture supporting interoperability of the can-bus and the internet. In *Factory Communication Systems, 2002. 4th IEEE International Workshop on*, pages 215–222. IEEE, 2002.

KM99.   Joerg Kaiser and Michael Mock. Implementing the real-time publisher/subscriber model on the controller area network (can). In *2nd IEEE International Symposium on Object-Oriented Real-Time Distributed Computing, 1999*, pages 172–181. IEEE, 1999.

KOS06.   Philippe Kruchten, Henk Obbink, and Judith Stafford. The past, present, and future for software architecture. *IEEE software*, 23(2):22–30, 2006.

Kru95.   Philippe B Kruchten. The 4 + 1 view model of architecture. *Software, IEEE*, 12(6):42–50, 1995.

KS02.   Ludwik Kuzniarz and Miroslaw Staron. On practical usage of stereotypes in UML-based software development. *the Proceedings of Forum on Design and Specification Languages, Marseille*, 2002.

KS05.   Ludwik Kuzniarz and Miroslaw Staron. Best practices for teaching uml based software development. In *International Conference on Model Driven Engineering Languages and Systems*, pages 320–332. Springer, 2005.

LSNT04. Henrik Lönn, Tripti Saxena, Mikael Nolin, and Martin Törngren. Far east: Modeling an automotive software architecture using the east adl. In *ICSE 2004 workshop on Software Engineering for Automotive Systems (SEAS)*, pages 43–50. IET, 2004.

MAD09.   Frédéric Mallet, Charles André, and Julien Deantoni. Executing AADL models with UML/MARTE. In *Engineering of Complex Computer Systems, 2009 14th IEEE International Conference on*, pages 371–376. IEEE, 2009.

Nat01.   Martin Daniel Nathanson. System and method for providing mobile automotive telemetry, July 17 2001. US Patent 6,263,268.

OMG05.   UML OMG. Profile for modeling and analysis of real-time and embedded systems (marte), 2005.

OPR96.   Randy Otte, Paul Patrick, and Mark Roy. *Understanding CORBA: Common Object Request Broker Architecture*. Prentice Hall PTR, 1996.

PKYH06. Jiyong Park, Saehwa Kim, Wooseok Yoo, and Seongsoo Hong. Designing real-time and fault-tolerant middleware for automotive software. In *2006 SICE-ICASE International Joint Conference*, pages 4409–4413. IEEE, 2006.

RW12.   Nick Rozanski and Eóin Woods. *Software systems architecture: Working with stakeholders using viewpoints and perspectives*. Addison-Wesley, 2012.

San96.   Keiji Saneyoshi. Drive assist system using stereo image recognition. In *Intelligent Vehicles Symposium, 1996., Proceedings of the 1996 IEEE*, pages 230–235. IEEE, 1996.

Sar00.   Nadine B Sarter. The need for multisensory interfaces in support of effective attention allocation in highly dynamic event-driven domains: the case of cockpit automation. *The International Journal of Aviation Psychology*, 10(3):231–245, 2000.

SBG+04. Kevin Steppe, Greg Bylenok, David Garlan, Bradley Schmerl, Kanat Abirov, and Nataliya Shevchenko. Two-tiered architectural design for automotive control systems: An experience report. In *Proc. Automotive Software Workshop on Future Generation Software Archtiecture in the Automotive Domain*, 2004.

SGSP16. Ali Shahrokni, Peter Gergely, Jan Söderberg, and Patrizio Pelliccione. Organic evolution of development organizations – An experience report. Technical report, SAE Technical Paper, 2016.

SKM+10. Chaitanya Sankavaram, Anuradha Kodali, Diego Fernando Martinez, Krishna Pattipati Ayala, Satnam Singh, and Pulak Bandyopadhyay. Event-driven data mining techniques for automotive fault diagnosis. In *Proc. of the 2010 Internat. Workshop on Principles of Diagnosis (DX 2010)*, 2010.

SKT05.　Miroslaw Staron, Ludwik Kuzniarz, and Christian Thurn. An empirical assessment of using stereotypes to improve reading techniques in software inspections. In *ACM SIGSOFT Software Engineering Notes*, volume 30, pages 1–7. ACM, 2005.

SKW04.　Miroslaw Staron, Ludwik Kuzniarz, and Ludwik Wallin. Case study on a process of industrial MDA realization: Determinants of effectiveness. *Nordic Journal of Computing*, 11(3):254–278, 2004.

SSBH14.　Giuseppe Scanniello, Miroslaw Staron, Håkan Burden, and Rogardt Heldal. On the effect of using SysML requirement diagrams to comprehend requirements: results from two controlled experiments. In *Proceedings of the 18th International Conference on Evaluation and Assessment in Software Engineering*, page 49. ACM, 2014.

Sta16.　Miroslaw Staron. Software complexity metrics in general and in the context of ISO 26262 software verification requirements. In *Scandinavian Conference on Systems Safety*. http://gup.ub.gu.se/records/fulltext/233026/233026.pdf, 2016.

SW06.　Miroslaw Staron and Claes Wohlin. An industrial case study on the choice between language customization mechanisms. In *Product-Focused Software Process Improvement*, pages 177–191. Springer, 2006.

VF13.　Andreas Vogelsanag and Steffen Fuhrmann. Why feature dependencies challenge the requirements engineering of automotive systems: An empirical study. In *Requirements Engineering Conference (RE), 2013 21st IEEE International*, pages 267–272. IEEE, 2013.

VS02.　Pablo Vidales and Frank Stajano. The sentient car: Context-aware automotive telematics. In *Proceedings of the Fourth International Conference on Ubiquitous Computing*, pages 47–48, 2002.

第3章　汽车软件开发

摘要：在本章中，我们将详细阐述汽车工业中的软件开发流程。我们将通过介绍整车研发的 V 模型过程，以及现代敏捷的软件开发方法来阐述软件研发团队的合作方式。我们首先描述了所有软件开发的起点——需求工程。我们将探究在汽车软件的开发过程中，如何使用文本或不同形式的模型来认识需求。接着，我们会对汽车软件开发中的一些细节做详细讨论，例如变体管理、不同的集成阶段、测试策略等。我们总结了在各个环节的实践中使用的方法并解释它们是如何被使用的。在本章的最后，我们将聚焦 OEM 和供应商在合作开发中的关系，这一关系是汽车软件开发的重要基础，由此我们将得出汽车软件开发领域标准化的必要性。

3.1　概述

软件开发流程是软件工程的核心，因为它们为软件开发实践"提供了一个骨架并确保了它的严谨性"[C⁺90]。软件开发的流程包含"阶段""活动"和"任务"三个要素，它们规定了参与者需要完成的工作。不同的参与者在软件开发过程中扮演着不同的角色，例如软件构建设计者、软件架构师、项目经理或质量经理等。

软件开发流程是分阶段的，每个阶段关注了软件开发的特定部分内容。总体上看，一般的软件开发工作分为如下阶段：

1）需求工程（requirements engineering）：该阶段用于创建有关软件功能的设想并将设想分解为多个需求（关于"应该实现什么"的碎片化信息）。

2）软件分析（software analysis）：该阶段用于执行系统分析，做出关于将功能分配到系统中不同逻辑部分的高层级决策。

3）软件架构设计（software architecting）：该阶段，软件架构师将描述软件及其组件的高层设计，并将这些组件分配至相应的计算节点（ECU）。

4）软件设计（software design）：该阶段用于软件各组件的详细设计。

5）实施（implementation）：在该阶段，用相关的编程语言实施组件的设计。

6）测试（testing）：该阶段，软件以多种方式被测试，例如单元测试或组件测试等。

现代软件开发范式认为，设计、实施和测试的迭代进行是最好的实践，因此上述阶段通常是并行完成的。然而具体到汽车行业，业界普遍采用所谓的 V 模型开发模式。该模式下，上述的阶段被串行排列成 V 形曲线。其中，设计阶段位于 V 曲线的左半边，测试阶段位于 V 曲线的右半边。

汽车软件开发 V 模型

汽车软件开发的 V 模型如图 3.1 所示。它取材自多个国际工业标准，例如 ISO/IEC 26262［ISO11］等，常被用于安全关键系统的开发。

在图中，我们进一步区分了汽车制造商（OEM）和零部件供应商的职责。应格外关注的是二者的分界线。这一分界正好处于供应商和 OEM "握手" 的时期，需求将是合同谈判的重点之一。在此背景下，一份详细的、无歧义的、正确的需求规格说明⊖能够潜在地防范双方在因误解导致的需求变更上产生的不必要成本。

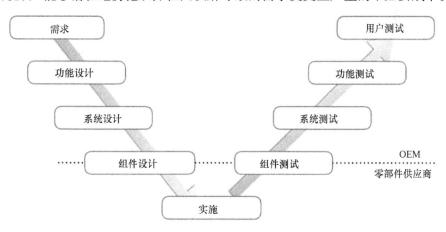

图 3.1　汽车软件开发过程中的 V 模型流程

在本章后面的各节中，我们将重点介绍需求工程阶段和测试阶段的内容。分析和架构阶段的内容将在下一章介绍，而详细设计阶段的内容将在更后面的章节介绍。

3.2　需求

需求工程是汽车研发的一门分支学科，也是软件工程的子领域。它是软件开发

⊖　译者注：规格说明（Specification），也称规约、规范，是需求工程活动的最终产出物，也是其他软件开发活动的基础。在本文中，"规格说明" 一词根据上下文语境，既用作名词，表示规格说明文档，也用作动词，表示需求规格说明的定义动作。

生命周期的初始阶段，关注的对象是用于需求的获取、规格说明、文档记录、优先级排序及质量保障的方法、工具和技术。我们可以将软件产品的质量定义为"软件满足用户需求、隐形期望和专业标准的程度"［C⁺90］，这足以说明需求对软件质量的重要影响。

随着软件在汽车创新中发挥出越来越重要的作用，汽车行业的需求工程也将关注点放在了软件需求方面。根据 Houdek 的研究成果［Hou13］以及一项关于汽车行业的创新报告［DB15］显示，普通车辆上功能数量的增长要远快于车辆设备数量的增长；同时，系统层面创新数量的增长也比单个设备层面更快。这种系统创新大多是系统级的软件功能的创新而非单一设备功能的创新。

因此，当需求工程聚焦于汽车软件时，它更多的是关于工程的，而非关于单一设备的创新。

Houdek 在梅赛德斯－奔驰的研究［Hou13］表明，一辆现代汽车的需求规格说明如果拆分到最细的颗粒度（组件层面），总长度可达到 10 万页的数量级，平均由 400 个、每个长度在 250 页左右的组件需求规范文档组成。这些需求文档会被分发至数量庞大的供应商（通常超过 100 个），用于开发各自的 ECU 产品。

而在另一项研究中，Weber 和 Weisbrod［WW02］基于他们在戴姆勒－克莱斯勒公司的经验，进一步阐述了汽车领域需求规格说明的复杂性和规模。在大型软件开发项目中，同时处理同一份需求规格说明的工程师数量可达 160 人之众，并将生产出超过 3GB 的需求数据。Weber 和 Weisbrod 对这一需求工程的过程给出了如下描述——"文本需求只是造车游戏的一部分，汽车的研发工作过于复杂，单纯靠文本需求来管理研发过程是远远不够的"。这一评价反映了需求工程在实际应用中的特点，即需求只是一辆汽车的构建数据库（construction database）中的一部分。为了缩小本书的讨论范围，我们在下文中将只关注汽车的需求定义过程本身。至于需求和构建数据库中其他成分之间的关联，不做展开。这是另一个挑战的话题，感兴趣的读者可以参考我们其他的研究［MS08］。

需求通常被定义为①用户解决问题或达成目标所需的条件或能力；②一个系统或系统组件为满足合同、标准、规格说明或其他正式强制文件而必须满足或拥有的条件或能力；③对于①或②中的"条件"或"能力"的书面陈述［C⁺90］。该定义强调了需求在系统用户和系统本身之间的衔接作用，也说明需求对一个系统的设计成功至关重要，例如：

- 需求之于系统的可测试性——应该清楚如何对需求进行测试，例如，实现需求的应用场景是什么？
- 需求之于功能设计的可追溯性——需求被软件哪些部分所实现必须是可追溯的，这将为功能的安全性论证和影响/变更管理提供保障。
- 需求之于项目进度的可追溯性——必须能够总体掌握项目中的哪些需求已经实现，哪些是将要实现的。

上面这段定义是非常技术性的，如果将它翻译成非常直观的语言，那么需求就是一种传递"我们作为车主，希望自己的梦想轿车是什么样的"的方式。听上去似乎很简单？但实践中，处理需求是极其复杂的工作，因为我们作为车主所提出的"鬼点子"，必须要被翻译到汽车星罗棋布的组件之中的某一个的某一段对应的软件代码中。那么，汽车公司是如何让我们的梦想成真的呢？

我们之所以关注软件的需求工程，原因在于汽车行业已经认识到将创新从车辆的机械部件转移到电子器件和软件上的必要性。我们之中的绝大多数车主购买一辆车的理由无外乎速度快（运动性能）、安全性或舒适性强。在许多情况下，现代汽车的这些属性是通过调节那些"驾驭着"零部件的软件来实现的。例如，我们可以给汽车配备一个软件包，以此激发出汽车的运动性能，典型的代表是特斯拉轿车的"Insane 模式"加速套件⊖以及沃尔沃极星的性能套件⊖。基于上述内容，我们总结了汽车软件需求工程中的两个重要的趋势，它们也充满了挑战：

1）软件数量的日益增长——如上文所述，软件正在驱动着现代车辆的创新，因此软件数量和复杂程度也在呈指数增长。在 20 世纪 90 年代的汽车中，软件还只有几兆字节（MB）大小（如沃尔沃 S80 车型），短短二十多年后，汽车软件的规模已超过 1 千兆字节（1GB），这还不包括地图和其他用户数据（如 2016 年的沃尔沃 XC90 车型）。

2）由各类标准（例如 ISO26262）所定义的安全需求——软件控制了更多的汽车部件，也因此软件更有可能干预驾驶行为并导致车辆事故的发生。汽车软件必须像飞机和火车上的那样安全可靠。当代功能安全标准（ISO/IEC 26262，道路车辆功能安全）规定了对软件进行需求定义、设计、验证和确认的方法和流程。

我们不难发现，汽车软件需求工程非常依赖于严格的流程来保障对软件构建过程的掌控。这也导致了它与其他领域的软件需求工程（例如通信或互联网行业）之间的巨大差异。

在本章的后面部分，我们将通过介绍两类需求的表现形式——基于文本的需求规格说明和基于可视化模型的需求——来帮助读者了解汽车软件开发中的需求工程。我们还将回顾汽车软件领域需求工程的发展历程，由此来阐述当前的趋势并预判未来将要面临的挑战。

汽车软件开发中的需求类型

在设计汽车软件时，设计者将需求从整车层级逐步分解到组件层级，并将它从文本形式提炼为软件行为的模型。这种对需求的逐步细化之所以必要，是因为最终

⊖ 译者注：美国特斯拉（Tesla）公司于 2015 年在其电动车型 Model S 上推出的软件套件，用于提升车辆加速性能。

⊖ 译者注：极星（Polestar）是吉利和沃尔沃集团共同创立的性能电动车品牌，其车型可选配性能套件，用于提升车辆的运动驾驶体验。

的需求将指导一级供应商完成开发工作，所以必须尽可能详细，以便可以被验证、确认。在汽车领域中，存在着多个级别的供应商[⊖]：

- 一级供应商（Tier – 1）——直接对接 OEM，通常要向后者提供完整的软硬件子系统和 ECU 产品。

- 二级供应商（Tier – 2）——通常对接一级供应商，需要向后者交付子产品中的某部分，再由一级供应商交付给 OEM。需求在交由一级供应商后，必须可被一级供应商正确分解并交由二级供应商开发，这更凸显了"细化"的必要性。

- 三级供应商（Tier – 3）——与二级供应商对接，类似于二级供应商和一级供应商之间的合作，通常是为二级供应商提供驱动程序和硬件的芯片供应商。

本节中，我们将针对不同类型的需求进行介绍。

1. 文本需求

AUTOSAR 是汽车软件研发的重要灵感源泉，因此，当我们探讨软件需求时，不妨先看看 AUTOSAR 标准中的需求格式。在该标准中，需求大多以文本形式出现。图 3.2 提供了一个利用 AUTOSAR 的需求规范模板建立的车辆无钥匙进入功能的需求。

图中，需求的结构并没有什么特殊之处，和一般意义上的需求类似，它包含了需求的描述（description）、理由（rationale）和用例（use case）。但是，当我们面对的这种规范的数量极其庞大时——例如，加起来超过 1000 页——问题可能会随之出现。接下来，让我们看一看，究竟能发现哪些问题。

REQ–1：无钥匙车辆进入

类型	有效
描述	车辆可以通过一个射频识别(RFID)钥匙开启
理由	本品牌轿车全部需要具备使用无钥匙方案开启车辆的可能性。我们大多数的竞争对手的车辆上都配有射频识别(RFID)传感器。当一个持有RFID发射器(例如一张卡)的指定驾驶员靠近车辆时，车辆将会自动开门并起动
用例	无钥匙起动
依赖关系	REQ–11:RFID功能的实现
支持材料	—

图 3.2　一个 AUTOSAR 需求的实例

使用原则：文本需求被用于描述车辆的高级别属性。它们通常在两个阶段出现：一是需求阶段，用于定义高层的车辆功能规范；另一个是组件设计阶段，用于

⊖　译者注：一般认为二级供应商是汽车一级供应商向 OEM 提供的子部件中的子部件的制造者，而三级供应商为各类部件、子部件的原材料供应商。这两类供应商往往同时拥有众多非汽车行业的业务。在实践中，汽车供应链比原文的阐述更加灵活，跨级交付（如二级供应商也可直接向 OEM 供货并被直接装配到整车中，或三级供应商可以直接向一级供应商提供原材料等）和跨级管控（如 ECU 中某电子器件供应商的部分规格说明可能直接来自 OEM）的现象一直存在。

制定大规模的软件需求规格说明，发给供应商完成开发。需要说明的是，在这两类规格说明中，也会使用基于模型的需求作为对文本需求的补充。

方法：定义文本类型需求的工作很少是"白手起家"的。它们通常是基于模型（例如 UML 域的模型）制定，被用来在模型的基础上进一步描述软件系统的内部工作细节。文本需求通常会与需求的检验方法关联，即还需要对需求如何验证进行描述——例如，描述需求验证的测试过程是否被正确实施等。因为许多需求检验工作需要特定的测试设备，所以通常由供应商完成。这种情况下，OEM 会选择一部分需求来检查，以验证供应商的需求检验过程的正确性。

格式：文本类需求的规格说明可以采用如图 3.2 所示的表格文本格式展示。这种表现方式非常有利于需求的细节已经十分清晰的情况，但当要传递需求的概览或提供需求的上下文时，这种方式存在着明显不足。这时，我们就需要用到另外两种需求的表现形式了，它们是"用例"和"模型"。

2. 用例

在软件工程中，对需求进行定义的黄金标准是 Jacobson 在 20 世纪 90 年代[⊖]提出的"用例（use case）"的概念以及 Objectory 方法论［JBR97］。用例描述了在规格说明下，一个参与者（actor）和系统之间的一系列交互。图 3.3 所示的是一个用例的例子，参与者在用例"无钥匙起动"中与车辆进行交互。相应的图表（在 UML 中称为用例图）被用来表示存在哪些交互（用例）以及这些交互过程中包含多少参与者。

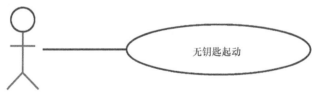

无钥匙起动

图 3.3　规格说明中的某个用例的实例

在汽车工业，用例形式的需求规格说明最常见的应用场景是描述车辆功能的依赖关系，即为实现某个特定的用例，参与者（驾驶员或其他道路车辆）和被设计的车辆（系统）之间是如何交互的。基于用例的需求规格说明通常使用如图 3.4 所示的 UML 序列图（sequence diagram）进行描述。

使用原则：用例规范提供了一种系统的高层功能概述。因此，它常被用于车辆开发过程的早期阶段——通常是功能设计（用例图）阶段和系统设计（用例规格说明）开始的阶段。

方法：利用对产品属性的高层描述，功能设计人员将这些属性分解到对应的用

⊖　译者注："用例"这一概念最早是由 UML 语言的发明人之一 Jacobson 于 20 世纪 60 年代提出，并在其 20 世纪 90 年代撰写的经典畅销著作《面向对象的软件工程——一种用例驱动方法》中进行了详细阐述，其中的 Objectory 方法已被广泛地运用在了面向对象领域。

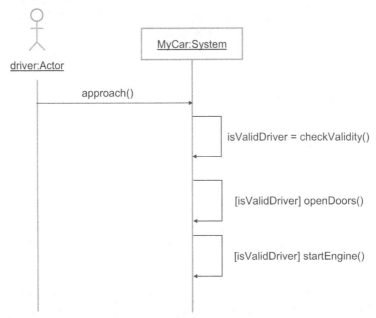

图 3.4　使用序列图表现一个用例形式的规格说明实例

例场景，这些用例场景提供了一种识别哪些功能（用例）是对客户有价值、哪些功能是多余的方法。

格式：基于用例的规格说明通常由三部分组成：①用例图；②使用序列图描述的用例规格说明；③使用文本格式表现的用例——将交互步骤的细节用较结构化的自然语言来表述。

3. 基于模型的需求

另一种能为需求提供更多上下文的表达方法是"模型"。这种呈现方式一般可以采用两种格式——类似于 UML 的模型或 Simulink 模型。在图 3.5 中，我们给出了一个用 Simulink 模型表达的 ABS 的局部［Dem，RSB[+]13a］。

该模型展示了 ABS 是如何被实施的，但最重要的特性是它展示了算法是如何表现以及被验证的。

使用原则：用模型表达需求的方式已经得到了业界的广泛认可。根据我们此前的研究［MS10b，MS10a］，在一个汽车软件项目中出现的所有模型中，有 23% 是用来表现需求的。此外，设计者在一个项目中平均花费了 13% 的时间在这类需求的设计上。

方法：需求工程中用到的仿真模型通常也可被用在系统及功能设计过程中。在系统和功能设计过程中，设计者将开发可以描述如何实现汽车功能的算法。通过生成代码，我们也可以将这些模型自动转化为 C/C + + 语言，但很少有人会这么操作。究其原因，这些模型描述的是整体功能，而整体功能通常还要被进一步划分到不同的域中。因此，更常见的情形是将这些模型转化为文本规格说明（如上文提

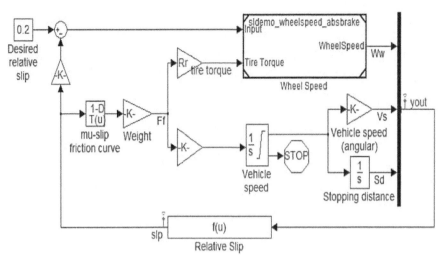

图 3.5 用 Simulink 模型来描述 ABS 如何被实施的需求实例

到的）。

格式：用于表达需求的模型通常使用 Simulink 或状态图的变体（例如 Statemate 工具或 Petri 网）来建立。这些仿真模型通过添加"块"和"信号"等交互的系统视图，来细化通过用例描述的车辆功能。这些"块"和"信号"分别代表了车辆中某一个功能的实现。这些模型经常不止被用于规格说明，也会在后续环节被进一步细化，并最终被自动生成为软件源代码。

3.3 变体管理

建立良好的需求和建构元素数据库是汽车软件工程成功的关键。这是由于汽车市场是建立在可变性（variability）基础上的，即软件产品必须具备可配置性。作为消费者，我们总是希望自己的车可以配置最新的、最强大的硬件、电子系统及软件功能。

在汽车软件中，存在两种可变性机制：

1）配置（configuration）：配置软件参数而不修改其内部结构。这种可变性机制经常出现在非安全关键功能中，例如发动机标定或功能的可用性配置功能（例如配置一辆车是否具备雨量传感器）。

2）编译（compilation）：更改软件的内部结构，编译然后部署到目标 ECU。当我们需要确保软件总是以同样的方式运行，例如要保证制动防碰撞功能的可用性时，我们就要用到这种可变性机制。

本节中，我们将给出这两种机制的基本解释。

3.3.1　配置

　　配置方法通常被视为运行时可变性（runtime variability），因为它允许我们在软件编译完成后还能更改软件的功能。图3.6展示了这种可变性机制的概念视图。

　　图3.6中，我们可以看到一个软件组件（矩形）的变体。它带有一个可变点（虚线三角形），这一可变点具有两种不同的配置，即带雨量传感器和不带雨量传感器。这意味着我们只需要编译一次软件，就能在部署软件时支持两种不同的配置。

　　使用配置方法作为可变性机制对于软件设计者而言意义重大。其最主要的意义在于软件必须在多个场景下被测试，即它使软件设计者具备了防止软件组件在无效的配置下被滥用的能力。

3.3.2　编译

　　编译与配置机制有根本上的不同。在编译机制下，软件组件在编译完成、开始运行时将不可变更（不可配置）。因此，这种方式也常被作为所谓的"设计时变体（design time variability）"的实例。设计者必须在软件设计过程中就决定开发哪种变体。图3.7向我们展示了这一概念，我们可以看到同一组件的两个版本，一个版本配备了雨量传感器，另一个版本则没有配备。

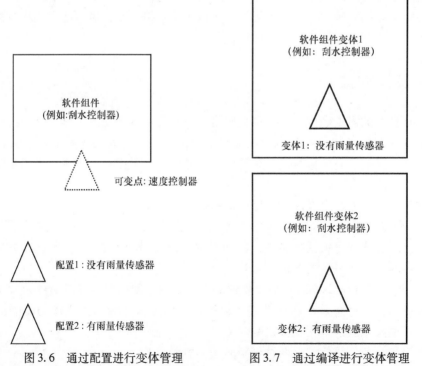

图3.6　通过配置进行变体管理　　　　图3.7　通过编译进行变体管理

　　我们从图3.7中可以看到，软件组件有两种版本，一种带有雨量传感器，另一种则没有。这意味着两个变体的开发可以相互解耦,但同时也意味着开发人员需要并行维护两版不同的代码——如果两个软件变体中的公共部分代码存在缺陷,则需要同时更新和测试两个版本。

这种可变性机制的主要优势是它能够确保编译之后的代码不会以任何方式被篡改。我们仍然会对代码进行测试,但是一旦软件被部署,就不会出现错误配置影响软件组件质量的情况。另一方面,这种机制也存在劣势,主要在于高昂的软件代码并行维护成本。

3.3.3　可变性管理的实践

上述两种可变性管理机制都在实践中得到了应用。编译时可变性通常在软件是 ECU 的完整组成部分时使用,而配置机制通常在软件可在部署时被标定为不同类型的配置时使用(例如,在装配线上的配置,以及根据动力系统的性能设置完成发动机和变速器的标定工作等)。

3.4　软件开发中的集成阶段

在软件开发 V 模型的左侧,主要的活动类型是通过多种方式来细化需求,而在 V 模型的右侧,主要活动是集成以及集成后的测试工作。

简单来说,集成就是开发者将他们开发的代码与其他组件的代码和硬件集成在一起的工作。在第一个集成阶段,硬件通常是模拟的,以便软件单元测试和软件组件测试的尽快开展(详见 3.5 节)。在其后的集成阶段,软件代码将首先与目标硬件进行集成,再进一步集成到整车电子电气系统中(参见表 3.1)。

表 3.1　集成的类型

类型	描述
软件集成	这一类型的集成是将两种(或更多)的软件组合合并在一起,并对合并后的整体功能进行测试。常见的集成方式取决于被集成的内容——如果集成在同一个源代码层级进行,可以将两者的源代码简单合并;或将两者先转为基础的二进制代码再进行集成;或是两种方法同步执行以检验软件的互操作性。在集成后,主要的测试方法是单元测试及组件测试(详见 3.5 节)
软件–硬件集成	这一类型的集成是将软件集成入目标硬件平台。在这类集成中,我们所关注的是 ECU 的完整功能被执行的能力。在集成后,主要的测试方法是组件测试(详见 3.5 节)
硬件集成	这一类型的集成是将多个 ECU 集成进车辆的电气系统。在这类集成中,我们所关注的是节点和基础功能间的互操作性,例如通信等。在集成后,主要的测试方法是系统测试

图 3.8 展示了一个将软件模块和组件集成到电气系统中的实例。需要注意的是,由于不同软件模块的开发是以不同的步调进行的,因此集成步骤(垂直黑实

线）也不是同时进行的。

因为在工程实践中，集成计划通常需要考虑多个维度，所以图 3.8 的内容可能表现得更为复杂。在项目实施期间，每一个集成循环都会被多次执行，如图 3.8 所示。首先，我们会集成所谓的"基础软件（Basic Software）"（比如启动代码和通信等功能），然后再集成更上层的功能（依照第 2 章中所述的功能架构设计）。

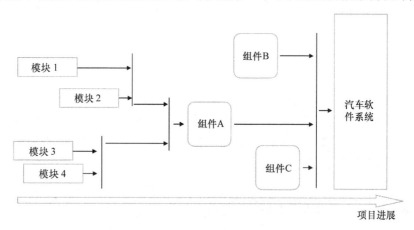

图 3.8　软件集成步骤

3.5　测试策略

如上文所讲，需求工程始于高的抽象层级，并逐渐向更细节、更低的抽象层级发展。而测试工作则正好相反。测试工程师会从最小的颗粒度（即单元测试）开始执行，对逐个函数和逐行代码进行测试。进一步，他们将对整个组件进行测试（即将多个单元连接在一起），最后再向整个系统和车辆整体功能测试推进。图 3.9 展示了 V 模型右侧的测试环节。

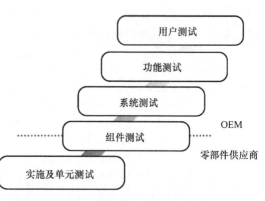

图 3.9　汽车软件开发流程中的测试环节

接下来，我们将深入探讨汽车软件的测试环节。

3.5.1　单元测试

单元测试（Unit Testing）是基本的测试，它在单独的软件实体（例如类、源

代码块和功能）上执行。单元测试的目标是发现与源代码中的原子级功能及方法
的实施有关的缺陷。

自动化测试用例是单元测试的常用方案。测试用例将个性化的方法和达成期望
质量所必需的数据相结合。在执行测试后，我们将测试结果和期望结果对比，例如
借助于断言方法（assertions）。图 3.10 展示了一个单元测试的例子。

```
1  using System;
2  using Microsoft.VisualStudio.TestTools.UnitTesting;
3  using WindshieldSimulator;
4
5  namespace WindshieldTest
6  {
7      [TestClass]
8      public class BasicSuite
9      {
10         // unit test method
11         [TestMethod]
12         public void TestCreationInitialState()
13         {
14             // arrange
15             WindshieldWiper pWiper;
16
17             // act
18             pWiper = new WindshieldWiper();
19
20             // assert
21             Assert.AreEqual(pWiper.Status,
22                             position.closed,
23                             "Initial status should be /closed/");
24         }
25     }
26 }
```

图 3.10　测试刮水器控制模块状态的单元测试用例

图 3.10 所展示的单元测试的目标是验证创建对象 "WindShieldWiper"（刮水
器）的正确性。我们将 WindShieldWiper 称为 "被测单元（Unit Under Test,
UUT）"。实例中的这段测试代码使用了 C#语言编写，但在实际操作中我们几乎可
以用任何编程语言。对于单元测试而言，不同语言编写的测试用例原理都是相
同的。

在这里，我们可以重点关注第 14～23 行代码，因为它们包含实际的测试代码。
第 15 行是安排，我们准备（设置）了一个测试用例，它声明了一个变量，该变
量被指派给了 WindShieldWiper 类这一对象。第 18 行是执行行，用于执行具体的测
试代码，在本例中，我们创建了一个 WindShieldWiper 类的对象。

最值得关注的是第 21～23 行，因为其中包含了所谓的 "断言功能"。断言是
测试代码执行后需要被满足的状态。该例子中的断言是：新创建对象（第 21 行）
的状态为 "关闭（closed）"。如果对象的状态不是 "关闭"，则错误信息将在测试

环境下被记录（第 23 行），然后程序将继续执行新的测试用例。

我们一般认为单元测试是最简单的一种测试类型，绝大多数借助了自动测试方法，诸如 CppUnit，Junit 和 Google 等测试框架可以帮助我们编排测试程序，并在无须进行人工干预的情况下快速执行整套测试（称为测试套件）。

自动单元测试也可以通过多种方式复用，比如，创建夜间回归测试套件或所谓的"冒烟测试（Smoke Testing）"，测试人员随机执行测试用例以检验系统是否表现出随机行为。

还需特别注意的是，测试用例的重用需要伴随着测试用例划分优先级的方法来实施，例如通过识别源代码中的风险位置 [ASM⁺14]，或重点关注上次测试过程之后代码变更 [KSM⁺15，SHF⁺13] 等。另外，在软件可靠性增长的背景下，对测试过程进行跟踪也十分重要 [RSM⁺13，RSB⁺13b]。

此外，如果测试用例中发现的某问题（显示"测试失败"），那么问题的排查工作也相对简单，因为我们知道问题是在执行哪段代码、在哪种条件下出现的。这有助于测试人员快速地描述缺陷的位置甚至给出缺陷修复意见。

3.5.2　组件测试

组件测试（Component Testing）有时也称为集成测试（Integration Testing），其目的是测试某组件内不同单元间代码的集成（或者叫作"连接"）。组件测试和单元测试的主要区别在于，组件测试中，我们会使用"存根（Stub）"⊖来模拟被测组件或者组件组合的运行环境，如图 3.11 所示。

图 3.11　模拟环境下的被测组件

与单元测试不同，组件测试更关注存根和被测组件之间的交互，重点在于验证接口的结构和行为是否被正确实现。

组件测试的另一个特点是，随着项目进展，系统中的存根数量会逐渐降低。不断有新的组件被设计完成，然后被集成入系统取代原来的存根——"集成测试"也因此得名。

　⊖　译者注：存根是一种虚拟程序，用来在测试中替代被测对象实际需要调用的接口。

在汽车系统中，组件测试通常采用软件建模工具或硬件模拟器来模拟测试环境，它们分别被称为"模型在环测试"（Model – In – the – Loop，简称 MIL）和"硬件在环测试"（Hardware – In – the – Loop，简称 HIL）。图 3.12 展示了一种硬件在环测试设备，它是来自 dSpace 公司的测试平台，该设备可通过模拟外部环境来完成组件测试，被广泛用于汽车行业。

另外需要说明的是，由于组件测试在模拟环境下进行，非功能特性通常是无法被测试的。除非模拟的细节非常详细，但这会带来非常高昂的测试成本。

3.5.3　系统测试

系统测试是在整个系统集成完成之后，将系统作为一个整体进行测试的阶段。系统测试的目标是在多个维度上检查系统是否满足规格说明中的要求。它所验证的维度包括以下方面：

1）功能——测试系统是否具备了需求规格说明中规定的功能。

2）互操作性——测试系统是否按照设计要求与其他系统正确地交互。

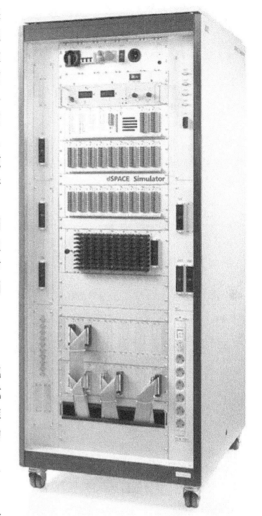

图 3.12　硬件在环测试台架（图片来源：dSPACE GmbH，由 dSPACE GmbH 授权引用许可）

3）性能——测试系统能否在规定的限制范围内运行（例如：时间限制，能力限制等）。

4）可扩展性——测试系统是否能向上或向下扩展（例如，通信总线能否在连接 80 个或 120 个 ECU 的情况下正常工作）。

5）压力测试——测试系统能否在高负载下正常运行（例如，当通信总线达到最大容量时）。

6）可靠性——测试系统能否在规定长度的一段时间内始终正确运行。

7）合规性——测试系统能否满足法律法规的要求（例如：二氧化碳排放）。

系统测试通常是第一个可以完成上述维度检验的测试阶段，因此也被视为最有效的测试方法。但这种有效性也是建立在高昂的开销基础上的，因为在该阶段发现的缺陷通常需要对多个组件大动干戈才能修复。

在汽车领域，此类测试一般使用"盒子车（box car）"来完成。所谓的盒子车，就是将整个车辆的电气系统搭建在没有底盘和硬件设备的桌面实验台架上来进行试验。

3.5.4 功能测试

功能测试阶段的目标是验证系统的功能是否按照规格说明的要求正确运行。作为对采用用例形式定义的功能需求的回应，这一测试通常也以用例的格式出现。图3.13 展示了一个以表格形式呈现的功能测试用例。

测试ID	T0001
描述	刮水器的基础功能测试。测试目标是验证工作中的刮水器可以在发动机熄火的情况下进行一次扫动，回到关闭位置
行动/步骤	预期结果
车辆上电	仪表板上的电池图标亮红色。刮水器在"关闭"位置
将刮水器工作等级提高一档	刮水器开始移动到"开启"位置
等待20s	刮水器回到"关闭"位置
车辆下电	仪表板上的所有图标都关闭。刮水器在"关闭"位置

图 3.13　功能测试的实例[⊖]

图 3.13 所展示的测试案例和用例规格说明类似，左侧的第一列都是对行动（步骤）的描述，对应右边的测试结果。我们也可以发现，功能测试不要求对被测系统的实际结构有所了解，也因此我们常将其称为"黑盒测试（black‑box testing）"。

这里展示的是一个经过简化的例子，我们不需要纠结于它的内容。事实上，功能测试是所有测试类型中最耗费人力的。它通常必须依靠手动完成，并且需要使用到复杂的设备。

安全测试就是一个复杂的功能测试案例。它是 OEM 对车辆系统安全性的测试。为了能完成测试，OEM 必须要重新创建能将系统激活的状态并检验在该状态下系统是否真的被激活了。同样的，它们也需要重建系统不应该被激活的状态并验证在该状态下系统确实没被激活。

当功能测试失败时，定位缺陷是非常困难的，因为可能参与到交互过程的元素相当多。在我们的例子中，功能测试失败的原因可能包含从电池机械故障到软件设

⊖　译者注：该测试用例仅作为例子展示结构，内容并不一定可以实践中应用。

计缺陷等各类问题。因此，功能测试通常在其他测试完成之后再进行，目的是验证系统的功能性，而不是检查其设计内容。

3.5.5 大型软件系统测试的实用方法：迭代测试

现代汽车的电气系统十分复杂，OEM 经常将迭代测试（iterative testing）的概念用于产品开发中。迭代测试将软件功能性划分为不同等级（由第 2 章所述的功能架构规定），并且使用单元、组件、系统和功能测试等手段来对每个层级进行测试。例如，我们通常先对电子设备的启动、通信协议启动、诊断等基础功能进行测试，然后再测试更上层的功能，比如照明、转向和制动功能，然后再进一步测试诸如驾驶员报警等更上层的功能。

3.6 建构数据库及其在汽车软件工程中的角色

在研发过程中，不同类型的需求应该以某种形式被汇聚在一起。为此，我们需要为需求工程提供相应的流程和"基础设施"。首先是基础设施，一般称之为设计数据库（design database）或建构数据库（construction database）。Weber 和 Weisbrod［WW02］将它描述为"公用信息模型（common information model，CIM）"。图 3.14 展示了设计数据库的运行方式，它包含了设计车辆电气系统所需的所有元素——组件、ECU、系统等。设计数据库通常是分层的，因此在某种程度上也反映

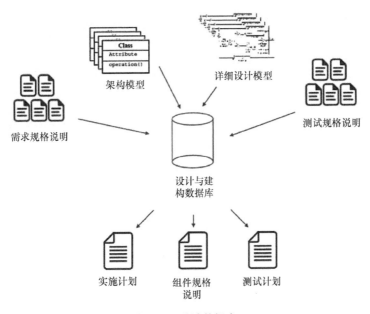

图 3.14　设计数据库

了汽车的结构。数据库中的每个元素都对应着一系列的与之相关的需求。这些需求相互连接，映射了需求的分解过程。数据库的目的是让同一元素的不同版本可以在不同的车辆中使用（例如，不同的车型或同一车型不同年份的改款），但随着数据量的逐渐增长，必须对其内容进行版本控制。

Chen 等人［CTS⁺06］描述了一个设计数据库的实例。该数据库由 Systemite 公司开发，专门被用于车辆制造领域。该数据库中包含了建构车辆电子系统的所有元素，并且将所有的工件都连接到建构元素上。例如，发动机的 ECU 就是一个构造元素，所有涉及该 ECU 的功能都会在建构数据库中与该 ECU 连接。

与之类似的数据库通常具备多种视图来展现一系列需求的细节，例如功能视图、架构视图、拓扑视图以及软件组件视图等。每种视图都提供相应的入口并显示相关的元素，但无论以何种视图呈现，数据本身是始终保持一致的，所有的连接也是有效的。

数据库为不同的参与者生成了建构规范。站在不同的 ECU 供应商角度，数据库生成了所有与其 ECU 产品相连接的需求集合以及描述该 ECU 行为的所有模型。在某些特定情况下，这些数据中甚至包含 ECU 的仿真模型。

上文提到的由 Systemite 公司出品的 SystemWeaver 是一款比较流行的建构数据库商用工具。它主要优势是，能够将所有元素连接在一起。在图 3.15 中，我们可以看到需求是如何与软件架构模型相关联的。在图的左侧，我们可以看到需求成为某一元素中的一部分，例如图中的 "Adjust speed（调整车速）" 是 "Adaptive

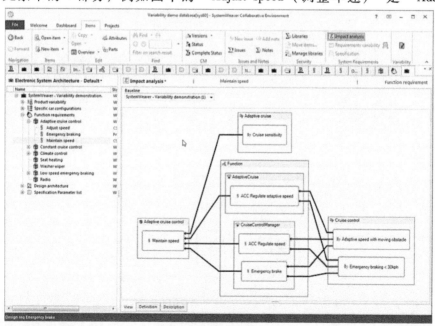

图 3.15　设计数据库中架构元素和需求的关联（版权所属：Systemite 公司，授权引用许可）

cruise control（自适应巡航）"的一部分。在图中右侧，需求被可视化成为图表。

这类工具还通过特定的视图来罗列与某特定功能相关的所有需求，如图 3.16 所示。作为该视图中的一部分，我们可以看到图中的需求以文本形式以及图表辅助共同组成，这让分析人员在定义需求时更加具体，也让设计人员可以更好地理解需求。

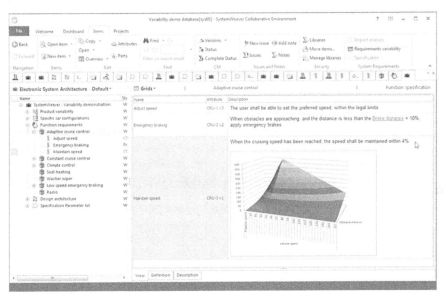

图 3.16　设计数据库中特定功能的需求列表（版权所属：Systemite 公司，授权引用许可）

该数据库具备从不同的视图中将元素连接（例如需求和组件）并为这些元素提供图形概览的能力。这一功能有助于架构师快速地执行变更影响分析并推理出架构的选择。这种动态的视图创建在评估架构时非常重要（如第 6 章将提到的 ATAM 评估）。图 3.17 给出了一个这种视图的案例，在图中，我们采用了一系列的架构组件来实现一个特定的用户功能。

到了测试计划阶段，系统建构数据库可以帮助我们将需求与测试用例关联，如图 3.18 所示。

建构数据库还可以帮助我们跟踪测试进度，如图 3.19 所示。车辆系统中巨大的需求数量给需求测试的进度跟踪带来了挑战。为了方便项目组跟踪那些覆盖了特定需求的测试用例计划、执行以及测试结果情况，这一视图提供了很好的解决方案。

建构数据库和建模工具为项目团队提供了一致的软件系统视图。在软件的架构层面，该工具使我们能够将第 2 章中所讲述的所有视图关联到一起（例如物理视图、逻辑视图和部署视图等），从而避免为保持不同文档内容一致性所做的重复性工作。这类工具同样可以实现多个软件版本和基线的并行管理，这对于汽车软件开

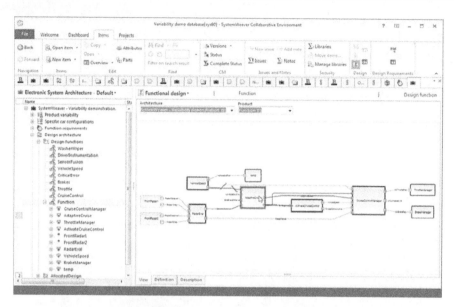

图 3.17　设计数据库中设计一个特定功能所用到的架构元素的展示
（版权所属：Systemite 公司，授权引用许可）

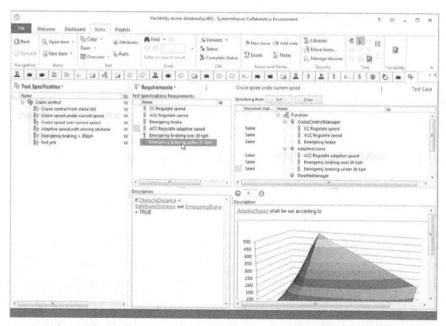

图 3.18　测试用例和需求的连接（版权所属：Systemite 公司，授权引用许可）

发至关重要。

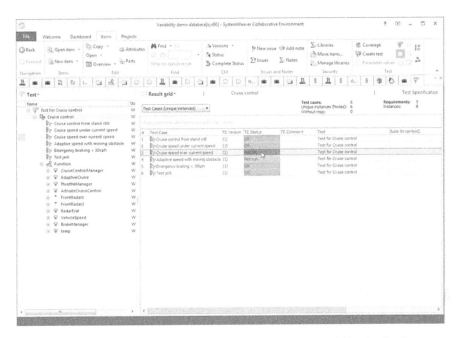

图 3.19　测试进度的跟踪（版权所属：Systemite 公司，授权引用许可）

3.7　拓展阅读

在本章中，我们站在全局的角度上概览了汽车软件开发的实践。感兴趣的读者可以阅读更多该领域的文献，深入了解汽车软件开发的细节。

关于汽车软件开发流程，我们推荐由 Schäuffele 和 Zurawka 撰写的著作 [SZ05]，该书用经典视角展示了汽车软件开发的过程——先介绍了底层的处理器编程，再逐步过渡到高层功能的开发。

Broy 的经典论文 [Bro06] 讲述了汽车软件工程中存在的挑战，旨在让读者进一步了解汽车软件工程的发展动态。Pretschner 等人 [PBKS07] 对这篇论文进行了补充，侧重展望了汽车软件开发的未来。

对于变体管理感兴趣的读者可以参考 Bosch 等人的研究 [VGBS01，SVGB05，BFG+01]。这些文章的内容虽然着眼于软件产品，但很适用于汽车行业。该领域最新的研究进展——软件生态系统以及它在汽车领域的实现 [EG13，EB14] 可以作为补充阅读内容。

Otto 等人研究了梅赛德斯 - 奔驰公司的需求工程情况 [Ott12，Ott13]，他们基于自己设计的质量模型，将超过 5800 份需求评审方案做了分类。结果表明，文本需求（在研究中被称为"自然语言需求"）容易出现不一致、不完整以及歧义的情况，约 70% 的需求缺陷可以归类于此。他们的工作可以让读者意识到通过用例模型、用户故事和用例来对文本需求进行补充的必要性。

Törner 等人［TIPÖ06］在沃尔沃汽车集团开展了类似的研究。与 Otto 等人［Ott12］的研究不同，他们选取的对象是用例规格说明，而非文本需求。但两项研究的结论却很类似。Törner 等人也将缺陷的主要类型归为元素的缺失（类似于 Otto 等人的模型中所提到的正确性）以及语法或语义错误（类似于 Otto 等人的模型中提到的歧义）。

此外，Eliasson 等人［EHKP15］在沃尔沃集团开展的另一项研究中，进一步探索了需求工程在一个机械电子开发组织中所面临的整体挑战。他们的研究结果表明，制定需求规格说明是伴随着大量交流沟通工作的。而需求规格说明中的利益相关者也经常提到，为确保需求被正确制定，必须建立一个良好的沟通网络。这也佐证了本章之前阐述的观点——要想理解一项需求的上下文背景，仅靠规格说明（尤其是文本规格说明）中的描述是不够的。

Mahally 等人［MMSB15］认为需求既是一个机械电子研发组织迈向敏捷的主要障碍，也是主要的推进因素。虽然如今的 OEM 试图通过敏捷软件开发方法来进行机械电子的快速开发并缩短研发周期，但困难在于，当拿到一个需求之前，我们无法预知需求的实现是仅依赖于软件的升级还是需要开发一个同时包含软硬件的电子产品。Mahally 等人认为这是一个亟待解决的问题。Houdek 的研究［Hou13］得出了一个能使问题迎刃而解的结论，即随着设备开发趋于平缓，大多数需求将变成纯软件需求。另外，Pernstal 等人［PGFF13］也提出，需求工程以及基于需求进行沟通的能力是汽车制造商最需改进的领域之一。

在奥迪集团，Allmann 等人［AWK⁺06］介绍了在 OEM 和供应商的边界上进行需求沟通的挑战。他们认为有必要对现有的通过文本展示进行沟通的方式进行改良。他们意识到，针对需求的沟通是一种通过中间媒介传播知识的方式，这种方式包涵一些固有属性。他们建议需求传递双方应该建立更紧密的合作关系，将系统进行整合，从而使文件传输过程中的知识损失降到最低。

Siegl 等人［SRH15］提出了一种采用"时间使用模型（Time Usage Model）"来将需求规格说明形式化的方法。该方法在一家德国 OEM 得到了成功应用。对该应用案例的评估研究表明，OEM 的软件测试覆盖率得到了提升，需求规格说明的质量也得到了改善。

宝马公司的 Hardt 等人［HMB02］证明，当存在软件变体时，可以利用形式化的域工程模型来推理需求之间的依赖关系。他们提出了一种简单而功能强大的形式方法，并阐述了该方法在工业适用性上的优势。

Vogelsang 和 Fuhrmann［VF13］等人开展了一项针对宝马某车型项目中的功能

架构以及与这些功能关联的需求的研究。研究结果表明，一辆车中有 85% 的功能是存在相互依赖关系的，这种依赖关系导致了大量软件问题。该研究的结果向我们显示了汽车设计过程中功能分解以及对分解后的需求其进行描述的复杂性。

另外，Langenfeld 等人［LPP16］在博世集团开展的一项为期 5 年的研究结果表明，61% 的需求缺陷源自需求规格说明不完整或内容错误。

在需求工程领域，一个有趣的趋势是需求工程师的工作自动化。例如，需求工程师的职责之一是挖掘非功能需求，可以将需求工程师阅读功能需求并将其转化为非功能需求的方法规范化。而 Cleland‑Huang 等人［CHSZS07］则尝试采用自动化的方式完成该工作。试验结果表明，通过自动化进行需求分类的完成质量已经接近人类水平的 90%，但这并不足以代替人工。

需求规范语言

Dubois 等人在研究［DPFL10］中提出了需求追溯模型——"DARWIN4Req"，并用其解决了与需求生命周期追溯相关的挑战。该模型允许我们将基于不同形式方法（例如 UML，SysML）描述的需求相互关联。但截至目前，该模型及其配套工具还未得到大规模的应用。

EAST‑ADL［DSLT05］是一种架构规范语言，包含了用于捕获需求并将其与架构设计连接的元素。SysML 中也有类似的办法，但不同之处在于 EAST‑ADL 中没有专门的需求规范图。EAST‑ADL 已被证明可以应用到实践中，但是它还不是汽车领域的通用标准。Mahmud［MSL15］提出了一种 ReSA 语言作为 EAST‑ADL 建模语言的补充。该语言可以支持对需求的分析和验证（例如，基础的一致性检查等）。

针对安全域的非功能性需求，Peraldi［PFA10］提出了 EAST‑ADL 语言的另一种扩展，增加了需求的可追溯性和与所设计的嵌入式软件非功能特性（例如安全性）的关联。

Mellegard 和 Staron［MS09，MS10c］研究了使用分层图形的需求规范对变更影响评估的质量产生的影响。为此，他们在已有的形式化——需求抽象模型——的基础上设计了需求的规格说明语言。结果表明，引入图形化概览表示需求之间的依赖关系将显著提高执行变更影响评估的质量［KS02］。

最后，在模型驱动架构（Model‑Driven Architecture，MDA）的背景下，相关文献［SKW04a，SKW04b，SKW04c］对基于模型的汽车软件开发进行了研究。研究的重点是模型在整个研发生命周期中的演变。

3.8 总结

正确、没有歧义且一致的需求规格说明是一切高质量软件的基石，这对汽车嵌入式系统中尤为关键。在本章中，我们介绍了汽车软件领域中最常用的需求类型，并介绍了它们各自的优点。

基于汽车软件的发展现状，我们可以总结出需求工程在汽车嵌入式系统中的三个趋势：①需求规格说明的灵活性；②对非功能需求的关注度持续提升；③安全性被视为需求的一个子领域得到了更多的关注。在本章的最后，我们还基于档案记录，概述了一些汽车制造商（梅赛德斯－奔驰、奥迪、宝马和沃尔沃）在需求工程领域的实践。我们也向感兴趣的读者指出了延伸阅读的方向。

在未来，我们也计划对主流的汽车制造商在需求工程领域的实践进行回顾，并讨论它们的差异和共性。

参 考 文 献

ASM+14. Vard Antinyan, Miroslaw Staron, Wilhelm Meding, Per Österström, Erik Wikstrom, Johan Wranker, Anders Henriksson, and Jörgen Hansson. Identifying risky areas of software code in agile/lean software development: An industrial experience report. In *Software Maintenance, Reengineering and Reverse Engineering (CSMR-WCRE), 2014 Software Evolution Week-IEEE Conference on*, pages 154–163. IEEE, 2014.

AWK+06. Christian Allmann, Lydia Winkler, Thorsten Kölzow, et al. The requirements engineering gap in the oem-supplier relationship. *Journal of Universal Knowledge Management*, 1(2):103–111, 2006.

BFG+01. Jan Bosch, Gert Florijn, Danny Greefhorst, Juha Kuusela, J Henk Obbink, and Klaus Pohl. Variability issues in software product lines. In *International Workshop on Software Product-Family Engineering*, pages 13–21. Springer, 2001.

Bro06. Manfred Broy. Challenges in automotive software engineering. In *Proceedings of the 28th international conference on Software engineering*, pages 33–42. ACM, 2006.

C+90. IEEE Standards Coordinating Committee et al. IEEE Standard glossary of software engineering terminology (IEEE Std 610.12-1990). los alamitos. *CA: IEEE Computer Society*, 1990.

CHSZS07. Jane Cleland-Huang, Raffaella Settimi, Xuchang Zou, and Peter Solc. Automated classification of non-functional requirements. *Requirements Engineering*, 12(2):103–120, 2007.

CTS+06. DeJiu Chen, Martin Törngren, Jianlin Shi, Sebastien Gerard, Henrik Lönn, David Servat, Mikael Strömberg, and Karl-Erik Årzen. Model integration in the development of embedded control systems-a characterization of current research efforts. In *Computer Aided Control System Design, 2006 IEEE International Conference on Control Applications, 2006 IEEE International Symposium on Intelligent Control, 2006 IEEE*, pages 1187–1193. IEEE, 2006.

DB15. Jan Dannenberg and Jan Burgard. 2015 car innovation: A comprehensive study on innovation in the automotive industry. 2015.

Dem. Simulink Demo. Modeling an anti-lock braking system.

DPFL10. Hubert Dubois, Marie-Agnès Peraldi-Frati, and Fadoi Lakhal. A model for requirements traceability in a heterogeneous model-based design process: Application to automotive embedded systems. In *Engineering of Complex Computer Systems (ICECCS), 2010 15th IEEE International Conference on*, pages 233–242. IEEE, 2010.

DSLT05. Vincent Debruyne, Françoise Simonot-Lion, and Yvon Trinquet. EAST–ADL – An architecture description language. In *Architecture Description Languages*, pages 181–195. Springer, 2005.

EB14. Ulrik Eklund and Jan Bosch. Architecture for embedded open software ecosystems. *Journal of Systems and Software*, 92:128–142, 2014.

EG13. Ulrik Eklund and Håkan Gustavsson. Architecting automotive product lines: Industrial practice. *Science of Computer Programming*, 78(12):2347–2359, 2013.

EHKP15. Ulf Eliasson, Rogardt Heldal, Eric Knauss, and Patrizio Pelliccione. The need of complementing plan-driven requirements engineering with emerging communication: Experiences from Volvo Car Group. In *Requirements Engineering Conference (RE), 2015 IEEE 23rd International*, pages 372–381. IEEE, 2015.

HMB02. Markus Hardt, Rainer Mackenthun, and Jürgen Bielefeld. Integrating ECUs in vehicles-requirements engineering in series development. In *Requirements Engineering, 2002. Proceedings. IEEE Joint International Conference on*, pages 227–236. IEEE, 2002.

Hou13. Frank Houdek. Managing large scale specification projects. In *Requirements Engineering foundations for software quality, REFSQ*, 2013.

ISO11. ISO. 26262–road vehicles-functional safety. *International Standard ISO*, 26262, 2011.

JBR97. Ivar Jacobson, Grady Booch, and Jim Rumbaugh. The objectory software development process. *ISBN: 0-201-57169-2, Addison Wesley*, 1997.

KS02. Ludwik Kuzniarz and Miroslaw Staron. On practical usage of stereotypes in UML-based software development. *the Proceedings of Forum on Design and Specification Languages, Marseille*, 2002.

KSM+15. Eric Knauss, Miroslaw Staron, Wilhelm Meding, Ola Söder, Agneta Nilsson, and Magnus Castell. Supporting continuous integration by code-churn based test selection. In *Proceedings of the Second International Workshop on Rapid Continuous Software Engineering*, pages 19–25. IEEE Press, 2015.

LPP16. Vincent Langenfeld, Amalinda Post, and Andreas Podelski. Requirements Defects over a Project Lifetime: An Empirical Analysis of Defect Data from a 5-Year Automotive Project at Bosch. In *Requirements Engineering: Foundation for Software Quality*, pages 145–160. Springer, 2016.

MMSB15. Mahshad M Mahally, Miroslaw Staron, and Jan Bosch. Barriers and enablers for shortening software development lead-time in mechatronics organizations: A case study. In *Proceedings of the 2015 10th Joint Meeting on Foundations of Software Engineering*, pages 1006–1009. ACM, 2015.

MS08. Niklas Mellegård and Miroslaw Staron. Methodology for requirements engineering in model-based projects for reactive automotive software. In *18th ECOOP Doctoral Symposium and PhD Student Workshop*, page 23, 2008.

MS09. Niklas Mellegård and Miroslaw Staron. A domain specific modelling language for specifying and visualizing requirements. In *The First International Workshop on Domain Engineering, DE@ CAiSE, Amsterdam*, 2009.

MS10a. Niklas Mellegård and Miroslaw Staron. Characterizing model usage in embedded software engineering: a case study. In *Proceedings of the Fourth European Conference on Software Architecture: Companion Volume*, pages 245–252. ACM, 2010.

MS10b. Niklas Mellegård and Miroslaw Staron. Distribution of effort among software development artefacts: An initial case study. In *Enterprise, Business-Process and Information Systems Modeling*, pages 234–246. Springer, 2010.

MS10c. Niklas Mellegård and Miroslaw Staron. Improving efficiency of change impact assessment using graphical requirement specifications: An experiment. In *Product-focused software process improvement*, pages 336–350. Springer, 2010.

MSL15. Nesredin Mahmud, Cristina Seceleanu, and Oscar Ljungkrantz. ReSA: An ontology-based requirement specification language tailored to automotive systems. In *Industrial Embedded Systems (SIES), 2015 10th IEEE International Symposium on*, pages 1–10. IEEE, 2015.

Ott12.   Daniel Ott. Defects in natural language requirement specifications at Mercedes-Benz: An investigation using a combination of legacy data and expert opinion. In *Requirements Engineering Conference (RE), 2012 20th IEEE International*, pages 291–296. IEEE, 2012.

Ott13.   Daniel Ott. Automatic requirement categorization of large natural language specifications at Mercedes-Benz for review improvements. In *Requirements Engineering: Foundation for Software Quality*, pages 50–64. Springer, 2013.

PBKS07.   Alexander Pretschner, Manfred Broy, Ingolf H Kruger, and Thomas Stauner. Software engineering for automotive systems: A roadmap. In *2007 Future of Software Engineering*, pages 55–71. IEEE Computer Society, 2007.

PFA10.   Marie-Agnès Peraldi-Frati and Arnaud Albinet. Requirement traceability in safety critical systems. In *Proceedings of the 1st Workshop on Critical Automotive applications: Robustness & Safety*, pages 11–14. ACM, 2010.

PGFF13.   Joakim Pernstål, Tony Gorschek, Robert Feldt, and Dan Florén. Software process improvement in inter-departmental development of software-intensive automotive systems – A case study. In *Product-Focused Software Process Improvement*, pages 93–107. Springer, 2013.

RSB+13a.   Rakesh Rana, Miroslaw Staron, Christian Berger, Jörgen Hansson, Martin Nilsson, and Fredrik Törner. Improving fault injection in automotive model based development using fault bypass modeling. In *GI-Jahrestagung*, pages 2577–2591, 2013.

RSB+13b.   Rakesh Rana, Miroslaw Staron, Claire Berger, Jorgen Hansson, Martin Nilsson, and Fredrik Torner. Evaluating long-term predictive power of standard reliability growth models on automotive systems. In *Software Reliability Engineering (ISSRE), 2013 IEEE 24th International Symposium on*, pages 228–237. IEEE, 2013.

RSM+13.   Rakesh Rana, Miroslaw Staron, Niklas Mellegård, Christian Berger, Jörgen Hansson, Martin Nilsson, and Fredrik Törner. Evaluation of standard reliability growth models in the context of automotive software systems. In *Product-Focused Software Process Improvement*, pages 324–329. Springer, 2013.

SHF+13.   Miroslaw Staron, Jorgen Hansson, Robert Feldt, Anders Henriksson, Wilhelm Meding, Sven Nilsson, and Christoffer Hoglund. Measuring and visualizing code stability – A case study at three companies. In *Software Measurement and the 2013 Eighth International Conference on Software Process and Product Measurement (IWSM-MENSURA), 2013 Joint Conference of the 23rd International Workshop on*, pages 191–200. IEEE, 2013.

SKW04a.   Miroslaw Staron, Ludwik Kuzniarz, and Ludwik Wallin. Case study on a process of industrial MDA realization: Determinants of effectiveness. *Nordic Journal of Computing*, 11(3):254–278, 2004.

SKW04b.   Miroslaw Staron, Ludwik Kuzniarz, and Ludwik Wallin. A case study on industrial MDA realization – Determinants of effectiveness. *Nordic Journal of Computing*, 11(3):254–278, 2004.

SKW04c.   Miroslaw Staron, Ludwik Kuzniarz, and Ludwik Wallin. Factors determining effective realization of MDA in industry. In K. Koskimies, L. Kuzniarz, Johan Lilius, and Ivan Porres, editors, *2nd Nordic Workshop on the Unified Modeling Language*, volume 35, pages 79–91. Abo Akademi, 2004.

SRH15.   Sebastian Siegl, Martin Russer, and Kai-Steffen Hielscher. Partitioning the requirements of embedded systems by input/output dependency analysis for compositional creation of parallel test models. In *Systems Conference (SysCon), 2015 9th Annual IEEE International*, pages 96–102. IEEE, 2015.

SVGB05.   Mikael Svahnberg, Jilles Van Gurp, and Jan Bosch. A taxonomy of variability realization techniques. *Software: Practice and Experience*, 35(8):705–754, 2005.

SZ05.   Jörg Schäuffele and Thomas Zurawka. *Automotive software engineering – Principles, processes, methods and tools*. 2005.

TIPÖ06.   Fredrik Törner, Martin Ivarsson, Fredrik Pettersson, and Peter Öhman. Defects in automotive use cases. In *Proceedings of the 2006 ACM/IEEE international symposium on Empirical software engineering*, pages 115–123. ACM, 2006.

VF13.　　Andreas Vogelsanag and Steffen Fuhrmann. Why feature dependencies challenge the requirements engineering of automotive systems: An empirical study. In *Requirements Engineering Conference (RE), 2013 21st IEEE International*, pages 267–272. IEEE, 2013.

VGBS01.　Jilles Van Gurp, Jan Bosch, and Mikael Svahnberg. On the notion of variability in software product lines. In *Software Architecture, 2001. Proceedings. Working IEEE/IFIP Conference on*, pages 45–54. IEEE, 2001.

WW02.　　Matthias Weber and Joachim Weisbrod. Requirements engineering in automotive development-experiences and challenges. In *Requirements Engineering, 2002. Proceedings. IEEE Joint International Conference on*, pages 331–340. IEEE, 2002.

第 4 章 AUTOSAR 标准

本章由 Darko Durisic 撰写（沃尔沃汽车集团，哥德堡，瑞典）

摘要：在本章中，我们将介绍 AUTOSAR（AUTomotive Open System Architecture）标准⊖在汽车系统架构开发中的作用。AUTOSAR 标准规范了汽车软件系统开发的参考架构和方法论，并为其架构模型提供了建模语言（元模型）。它还规范了架构模块及中间件层（即基础软件层）的功能。本章将从描述 AUTOSAR 参考架构的分层入手，接着通过识别汽车开发流程中的主要角色、工作产出以及每种产出的实例，给出一个推荐的开发方法论。进一步，我们将解释 AUTOSAR 元模型在开发中的作用并展示将元模型实例化的架构模型案例。我们还将解释如何使用 AUTOSAR 元模型对基础软件模块进行配置。在本章的最后，我们将总结 AUTOSAR 标准的发展趋势，并思考它在未来汽车领域中可发挥的作用。

4.1 概述

像所有软件密集型系统一样，汽车软件的架构可以通过多个视图呈现。在本书 2.7 节中，我们介绍了几种常见的视图，而 Kruchten 的 "4 + 1" 架构视图模型 [Kru95] 也给出了更详细的描述。这其中，有两种架构视图对本章的内容尤为重要，即逻辑视图和物理视图。因此在本章的开始，让我们再次对这两类视图进行简单的回顾。

汽车软件系统的逻辑架构负责定义和构建汽车的高层功能（例如，当在车辆行驶路径中检测到行人时的自动制动功能）。这些功能通常是由一些逻辑软件组件实现（例如，名为 "*PedestrianSensor*" 的行人传感器组件用来检测到行人，然后请求名为 "*BrakeControl*" 的制动控制组件完成全自动的制动）。这些组件之间会进行

⊖ 译者注：AUTOSAR 中文全称为 "汽车开放系统架构"，根据行业习惯，在本章中将直接使用其英文缩写形式。

信息交互（例如，检测到车前有行人）。基于所实现的不同功能类型，逻辑软件组件通常被划分进了不同的子系统，而子系统又被划分进了相应的逻辑域（例如，主动安全域和动力总成域等）。

汽车软件系统的物理架构通常由一定数量（当今已经超过 100 个）的计算机——也就是我们提到的 ECU 组成。ECU 通过不同类型的电子总线彼此连接（例如 CAN 总线、FlexRay 总线和以太网等）。这些 ECU 将负责执行逻辑架构中定义的一个或多个高层的车辆功能。而另一方面，在 ECU 完成执行功能前，首先要确保负责实现这些功能的逻辑软件组件都至少被分配到了一个 ECU 上，从而才能将它们转化为可运行的 ECU 应用软件组件。

除了上面所讲的涵盖了多个 ECU 的完整物理系统架构外，每个 ECU 自身也存在物理架构。而控制器内部的物理架构主要包含了以下部分：

● 应用软件，由一些经过分配的软件组件构成，负责执行该 ECU 中的车辆相关功能（例如，检测车辆行驶轨迹上出现的行人）。

● 中间件软件，负责为应用软件提供服务（例如，在电子总线之间传送/接收数据，跟踪诊断错误等）。

● 硬件，由一系列的驱动构成，用于控制不同的硬件单元（例如，电子总线或 ECU 中的微处理等）。

汽车软件系统和它搭载的 ECU 的逻辑和物理架构视图的开发大多是遵循模型驱动架构方法（Model – Driven Architecture，MDA）［Obj14］，即系统的逻辑和物理架构以及 ECU 的物理架构都是通过架构模型来表达的。如果从过程的角度来理解汽车架构设计工作，通常汽车 OEM 会负责系统的逻辑和物理设计，而一系列的供应商将负责系统中某个 ECU 的物理设计、应用功能的实施、中间件软件以及必要的硬件开发［BKPS07］。

为了促进汽车软件系统和架构组件的分布式设计开发，多家知名汽车制造商和软硬件供应商于 2003 年联合推出了 AUTOSAR 标准。截至目前，AUTOSAR 已拥有超过 150 个全球合作伙伴［AUT 16a］，因此已被看作是汽车领域的事实标准（de facto standard）。AUTOSAR 是基于以下主要目标建立的：

1）ECU 参考架构及其分层的标准化，旨在增加同一软件供应商开发的应用软件组件在不同汽车项目（可以来自不同的汽车制造商）之间的可重用性。

2）开发方法论的标准化，旨在加强不同主体（OEM 和不同层级的供应商）在开发系统中各个 ECU 的软件过程中的协作。

3）系统和 ECU 架构描述语言（元模型）的标准化，旨在促进开发过程中，由不同组织使用的不同工具开发出的架构模型之间的平顺交互。

4）ECU 中间件（基础软件）架构和功能特征的标准化，旨在允许主机厂的工程师不用过多考虑基础软件，将精力聚焦在高层车辆功能的设计和实施上，从而创造竞争优势。

在接下来的 4 节（4.2~4.5 节）中，我们将展示 AUTOSAR 是如何实现上述四个目标的。在 4.6 节，我们将分析 AUTOSAR 变革发展的趋势，并探讨如何度量这种趋势。在 4.7 节，我们将介绍为实现未来 AUTOSAR 在汽车软件系统开发中的作用所做的准备。在最后两节（4.8 节和 4.9 节），我们将提供拓展阅读材料概览以及本章的总结。

4.2　AUTOSAR 参考架构

基于 AUTOSAR 的控制单元的软件架构设计是根据如图 4.1 所示的三层分层架构完成的，这三层架构被构建在控制单元的硬件层之上。

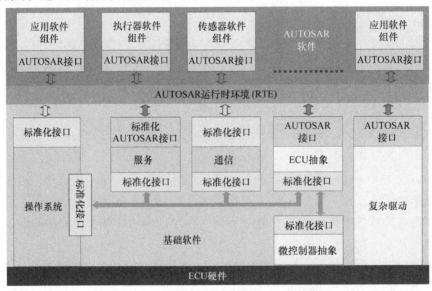

图 4.1　AUTOSAR 分层软件架构［AUT16g］

架构的第一层是应用软件层，由若干软件组件（Software Component，SWC）组成，这些组件通过定义在其上的接口（称为端口，Port）交换数据来实现一系列车辆功能。应用软件层通常基于系统的逻辑架构设计呈现。架构的第二层是运行时环境（Runtime Environment，RTE），它控制着软件组件之间的通信，由于软件组件可能被分配至相同的或不同的 ECU，因此在该层中对 ECU 间的通信进行了抽象。运行时环境通常基于软件组件的接口自动生成。如果软件组件分布在不同的 ECU 中，那么就需要在电子总线上进行信号的传输交互，而这一任务是通过第三层（基础软件层）完成的。

基础软件层（Basic Software，BSW）包含众多基础软件模块，它所负责的是

ECU 非应用相关的功能。基础软件最重要的功能之一是 ECU 之间的通信，即信号交互。这一功能包含了诸如通信（Communication，COM）等基础软件模块，负责信号的传输和接收。AUTOSAR 基础软件同时还为应用软件层提供一些服务（Service），比如由故障诊断事件管理器（Diagnostic Event Manager，DEM）和故障诊断通信管理器（Diagnostic Communication Manager，DCM）实现的诊断服务，分别负责对错误事件进行记录和诊断信息的传输，又比如操作系统（Operation System，OS）负责 ECU 中可运行实体（runnables）的时序调度等。大部分基础软件模块都是基于物理系统的架构模型进行自动化配置的 [LH09]，例如一系列被封装为帧（frame）的信号在特定电子总线中的周期性传输等。

在基础软件层中，用于控制 ECU 硬件的驱动是通过微处理器抽象（Microcontroler Abstraction）模块实现的。这一驱动和基础软件的上层功能之间通过 ECU 抽象（ECU Abstraction）模块进行通信，例如负责信号帧在 CAN 总线上传输的总线接口模块 Canif 等。另外，AUTOSAR 还提供了一种能够让应用软件层组件和硬件直接通信的途径——自定义的复杂驱动（Complex Drivers）。这种方法旁通了 AUTOSAR 的分层架构，但并没有在 AUTOSAR 规范中被标准化。

除了复杂驱动外，架构中的运行时环境和基础软件层模块都由 AUTOSAR 规范完全标准化，即 AUTOSAR 为其中的每个模块都提供了详细的功能规范。这种标准化的规定，加上应用软件层、运行时环境及基础软件层之间的清晰划分，使 ECU 的设计者和开发者们可以专注于高层车辆功能的实现，即他们不用再思考车辆功能背后的中间件和硬件问题。软件组件和基础软件模块通常由不同的供应商开发，这些供应商往往专注于其中的某一个领域。接下来的内容将针对这一点给出更多细节。

4.3　AUTOSAR 开发方法论

在最高级别的抽象上，汽车从业者在依照 AUTOSAR 方法论来开发架构组件的过程中，通常可以被划分为以下四种角色[⊖]之一：

- OEM：负责逻辑和物理系统设计。
- Tier1：负责系统中某一个物理 ECU 的设计以及分布在该 ECU 中的软件组件的实施。
- Tier2：负责 ECU 基础软件的实施。
- Tier3：负责提供 ECU 硬件、硬件驱动和相应的用于建立 ECU 软件的编译器。

在大多数情况下，开发过程中的不同角色也代表着不同的组织或公司。比如，

⊖　译者注：这里提到的 Tier 1 等概念与 3.2.1 节中的不同。前者是 AUSTOSAR 标准中明确了具体工作的角色，而后者是具体的公司实体。为遵循行业习惯，在本章余下部分将分别用英文缩写指代这 4 种身份。

一家汽车制造商扮演 OEM 的角色，两个软件供应商分别扮演"Tier1"和"Tier2"的角色，而另一家芯片供应商则扮演"Tier3"的角色。然而，在有些情况下，不同的角色也可以由同一家公司扮演。比如，汽车制造商可能同时扮演了"OEM"和"Tier1"的角色，负责逻辑和物理系统的设计、物理 ECU 的设计以及其中的软件组件的实施（内部开发），或一家软件供应商同时扮演"Tier1"和"Tier2"的角色，同时负责应用软件组件和基础软件模块的实施。图 4.2 展示了包含所有角色的开发过程和不同角色的任务。

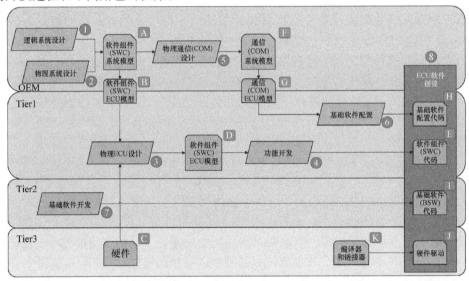

图 4.2　AUTOSAR 开发过程

　　OEM 的工作从逻辑系统设计（阶段 1）开始，对一些复合逻辑软件组件进行建模，它们的端口接口代表数据交互点。这些组件通常被分组为不同子系统，这些子系统又进一步被划分为逻辑域。在接下来的开发中，通常是物理 ECU 设计（阶段 3）阶段，复合软件组件会被分解为许多原子软件组件（Atomic Software Component）。为进一步解释开发过程，我们创建了一个简易的系统案例，功能是计算车速并将车速数值展示给驾驶员。它的逻辑系统设计如图 4.3 所示。

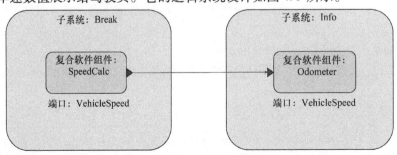

图 4.3　由 OEM 完成的逻辑系统设计（阶段 1）

图 4.3 的例子中包含两个子系统，分别是 Break（制动）子系统和 Info（信息）子系统，每个子系统包含一个复合软件组件，分别为 SpeedCalc（车速计算）组件和 Odometer（里程表）组件。SpeedCalc 组件负责计算车速并将车速数值信息通过车速信号 VehicleSpeed 发送端口向子系统外发送。Odometer 组件负责将车速信息呈现给驾驶员，它的车速信息通过车速信号 VehicleSpeed 接收端口获得。

在一定数量的子系统和软件组件在逻辑系统设计阶段被定义后，OEM 将开始进行物理系统设计（阶段 2）。该阶段的任务包括对不同电子总线连接的多个 ECU 进行建模以及将软件组件部署在这些 ECU 中。如果两个互相通信（通过各自端口的相互连接实现）的软件组件被分配到了不同 ECU 中，则在该阶段还要创建用于在两个 ECU 之间通过电子总线传输的系统信号。图 4.4 展示了简易案例的物理系统设计阶段。

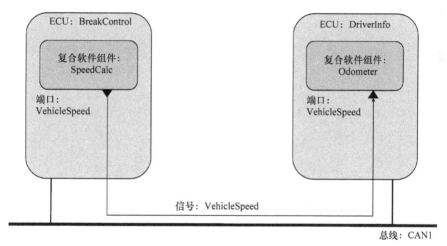

图 4.4　由 OEM 完成的物理系统设计案例（阶段 2）

该图中包含了两个通过 Can1 总线连接的 ECU，分别为 BreakControl（制动控制）和 DriverInfo（驾驶员信息）。软件组件 SpeedCalc 部署在 BreakControl 上，Odometer 则部署在 DriverInfo 上。由于两个组件被部署在不同的 ECU，车速信息需要以一个命名为 VehicleSpeed 的系统信号的形式进行交互。

在完成物理系统设计阶段后，Tier1 将针对部署在各自的 ECU 中的复合软件组件，完成分配在这些组件上的车辆功能的详细设计，即物理 ECU 设计（阶段 3）。由于不同的 ECU 通常由不同的 Tier1 开发，OEM 需要先从生成的软件组件系统模型（A）中提炼与软件组件部署相关的信息，并将其归纳到软件组件 ECU 模型（B）中，这项工作也被称为 "ECU 提取（ECU Extract）"。在物理 ECU 设计阶段，研发人员的主要目标是将复合组件分解为若干原子软件组件，每个原子软件代表着一个在 ECU 运行中的可运行实体。图 4.5 展示了简易系统案例的物理 ECU 设计阶段。

　　图 4.5 中的示例展示了复合软件组件 SpeedCalc 和 Odometer 的更多细节。图中两个复合组件被分解为多个原子软件组件，代表着在最终 ECU 软件中的可运行实体。SpeedCalc 包含了：RpmSensor（转速）传感器组件，用于测量车轴转速；RpmValue 原子组件，用于计算转速的数值；以及 BreakControl 原子软件，用于根据车轴转速值来计算实际车速。而 Odometer 组件则包含了：InfoControl 原子软件组件，用于接收车速信息；以及 Odometer 原子组件，用于向驾驶员展示车速信息。

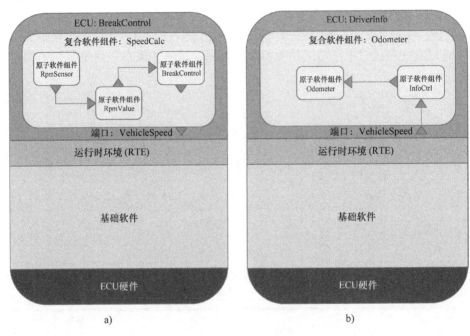

a)　　　　　　　　　　　　　　　　　　b)

图 4.5　由 Tier1 完成的物理 ECU 设计实例（阶段 3）

　　物理 ECU 设计阶段还需要决策在软件组件的交互数据代码中采用的具体实施数据类型，这一工作要基于由 Tier3 选型的具体 ECU 硬件（C）来完成。例如，如果所选的 CPU 支持浮点运算，则 ECU 中的数据也可用浮点进行存储。

　　在得到了包含原子软件组件的详细软件组件 ECU 模型（D）后，Tier1 可以继续对分配在这些组件中的汽车功能进行功能开发（4）。这一过程通常借助行为建模完成。Matlab Simulink 是一款经典的行为建模工具，由其搭建的模型可以为原子软件组件自动生成软件组件源代码（E）［LLZ13］。这一内容超出了 AUTOSAR 的范畴，将在 5.2 节再展开讲述。

　　而在 Tier1 进行物理 ECU 设计和功能开发的同时，OEM 将同步开展物理通信（COM）的设计（阶段 5），这一阶段的目标是将信号封装成帧并在电子总线上传输，至此我们将得到系统模型的完全体。该阶段的工作对于完成 AUTOSAR 基础软件配置（阶段6）中通信配置部分来说是必需的。图4.6展示了简易案例中的物理通信设计。

图4.6中展示了一个命名为 CanFrm01 的 8Byte 帧，由 BreakControl ECU 经过 Can1 总线发送，并由 DriverInfo ECU 接收。该帧的头两个字节用于传输 VehicleSpeed 信号。

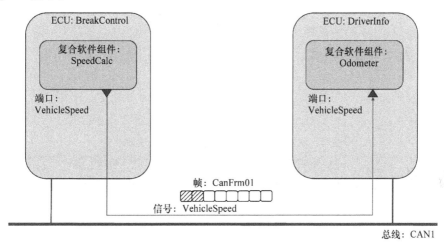

图 4.6　由 OEM 完成的物理通信（COM）设计（阶段5）

在整个系统的物理通信设计阶段完成后，OEM 将负责从通信系统模型（F）中为每个 ECU 创建通信 ECU 模型提取（COM ECU Model Extracts）（G）。提取文件中仅包含了 ECU 相关的通信设计信息。这一步骤与逻辑和物理系统设计之后的步骤——ECU 相关的应用软件组件信息的提取类似。这些 ECU 提取文件将被分发给 Tier1，用作 ECU 基础软件配置（阶段6）中通信配置部分的输入，并与 BSW 的其他部分的配置（诊断服务、操作系统等）合并后，为正在开发的 ECU 生成完整的 BSW 配置代码（H）。简易案例中的基础软件配置设计如图4.7所示。

该示例展示了不同种类的基础软件模块：操作系统（Operating System）；包含在服务（Services）中的 DEM（故障诊断事件管理器）和 DCM（故障诊断通信管理器）模块；包含在通信（Communication）中的 ComM（通信管理器）模块；以及在 ECU 抽象（ECU Abstraction）中负责 CAN 总线信号帧传输的 CanIf 模块。

接下来是 ECU 基础软件开发（阶段7），它是由 Tier2 基于 AUTOSAR 标准中提供的各个基础软件模块（例如 ComM、CanIf 或 DEM 等）的详细规范完成的。该阶段通常会输出整个基础软件的完整代码（I），以库的形式提供。而所选硬件的硬件驱动（J）（图中以 CAN 驱动为例）则由 Tier3 交付。

最后一个阶段是 ECU 软件创建（阶段8），它的作用是将软件组件代码（E）、基础软件配置代码（H）、基础软件代码（I）和硬件驱动（J）之间连接。其中的

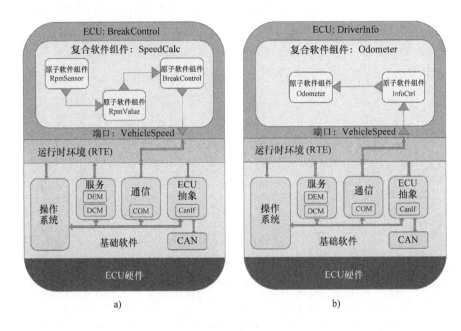

图 4.7 由 Tier1 完成的基础软件配置设计在两个控制器中展示的实例

硬件驱动通常由 Tier3 提供的编译器和链接器（K）来完成。

尽管上文描述的 AUTOSAR 方法论会让人联想到传统的瀑布式（waterfall）开发方法，但在实际操作中，除了 ECU 功能代码和 ECU 基础软件代码以解耦的方式开发之外，我们所展示的只是整个开发过程的一个循环。换而言之，阶段 1 至阶段 6 在整个开发过程中通常会重复多次，每次逐渐为系统及 ECU 添加新功能。例如，当我们在逻辑系统设计（阶段 2）中引入新的复合软件组件，相应地需要在物理系统设计（阶段 2）中开发新信号；接着在物理 ECU 设计（阶段 3）中，需要为新的复合软件组件引入新的原子软件组件，并在功能开发（阶段 4）中完成新原子软件组件的实施；同时，新的信号将在物理通信设计（阶段 5）中被封装进新的传输帧，并在基础软件配置（阶段 6）中完成配置。在一些情况下，甚至连 ECU 硬件（C）、编译器/链接器（K）以及它的驱动（J）也可以在不同的周期之间进行更改，以避免硬件无法承载新的功能。

在接下来的内容中，4.4 节将介绍基于 AUTOSAR 的逻辑系统设计（阶段 1）、物理系统设计（阶段 2）、物理 ECU 设计（阶段 3）以及物理通信设计（阶段 5）的实例。4.5 节将介绍基于 AUTOSAR 的基础软件开发（阶段 7）以及基础软件配置（阶段 6）的实例。而软件组件的功能开发（阶段 4），如前所述，已不在 AUTOSAR 和本章的讨论范围内。

4.4　AUTOSAR 元模型

正如上一节中介绍的，作为开发方法论中不同阶段的输出，许多架构模型在开发过程中的不同角色之间被交换。为了确保 OEM 在逻辑（1）、物理（2）和系统通信设计（5）阶段使用的建模工具创建的模型能够被 Tier1 在物理 ECU 设计（3）和基础软件配置（6）阶段使用的建模工具解读，AUTOSAR 定义了一个元模型（meta‐model），用以规范这些被交换的模型的建模语言［NDWK99］。因此，模型（A）、（B）、（D）、（F）和（G）都是用 UML 语言定义了抽象语法的 AUTOSAR 元模型实例。这些模型被序列化为 XML 格式文件（ARXML，即 AUTOSAR XML），代表它们的具体语法，并由 AUTOSAR 元模型生成的 AUTOSAR XML 模式进行验证［PB06］。

在本节中，我们将首先对 AUTOSAR 元模型建模环境进行介绍。接着，我们将展示在逻辑系统设计（1）、物理系统设计（2）、物理 ECU 设计（3）和物理通信设计（5）阶段使用 AUTOSAR 元模型的实例。这些实例将基于上一节中"车速—显示"的简易案例展开。同时，我们将使用 ARXML 语法对这些模型进行表达。最后，我们将讨论 AUTOSAR 模板规范中描述的 AUTOSAR 模型语义。

4.4.1　AUTOSAR 元模型环境

AUTOSAR 建模环境被划分为五层，而广泛被接受的元对象设施（Meta‐object Facility，MOF）［Obj04］将元模型层级定义为四层，两者有所不同［BG01］。AUTOSAR 定义的五层中，各个层级的名称来自于 AUTOSAR 通用结构（Generic Structure）规范［AUT16f］，各层的描述如下。

- ARM4 层：MOF2.0，例如 MOF 类（MOF Class）。
- ARM3 层：UML 以及 AUTOSAR UML 概要文件（profile），例如 UML 类（UML Class）。
- ARM2 层：元模型，例如软件组件。
- ARM1 层：模型（models），例如刮水器模型。
- ARM0 层：对象（objects），例如真实的 ECU 存储中的刮水器软件。

MOF 和 AUTOSAR 层级不匹配的原因是，MOF 仅考虑通过语言实例化连接的层，例如，SystemSignal（系统信号）是一个实例化的 UML 类；而 AUTOSAR 同时考虑语言层（linguistic）和本体层（ontological），例如，VehicleSpeed 是 SystemSignal 的一个实例［Küh06］。为了关联这两种元模型层级的解释，我们可以使用一种二维表示法来对 AUTOSAR 元模型建模层级进行可视化。这一方法被称为正交分类架构（Orthogonal Classification Architecture，简称 OCA）［AK03］，如图 4.8 所示。其中，语言实例化（"L"层，也对应 MOF 的层级）被垂直表示，本体层（"O"

层）被水平表示。

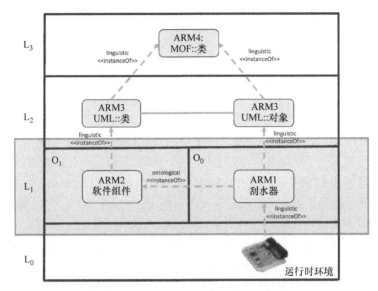

图 4.8　AUTOSAR 元模型层级（参 15）

ARM2 层通常称为"AUTOSAR 元模型"，它使用 UML 语法（即将 AUTOSAR 元模型定义为 UML 实例）在本体上定义了属于 M1 层上的"AUTOSAR 模型"（AUTOSAR 元模型和 AUTOSAR 模型均位于 MOF 的 L_1 层）。AUTOSAR 元模型还使用 UML 概要文件对位于 ARM3 层的 UML 元模型进行扩展，规范了元模型所使用的版型（stereotypes）和标记值（tagged values）。

结构上讲，AUTOSAR 元模型被分类到一些顶层包中，这些顶层包被称为"模板（templates）"，每个模板定义了如何对汽车系统的一部分进行建模。建模语法，也被称为设计需求和约束，在 AUTOSAR 模板规范（Template Specifications，TPS）[Gou 10]中进行了描述。AUTOSAR 模板间的相互关系如图 4.9 所示。

在这些模板中，对汽车软件系统设计最重要的模板可能是：①SWComponent-Template，定义了如何对软件组件及它们之间的交互进行建模；②SystemTemplate 模板，定义了如何对 ECU 及其通信进行建模；③ECUCParameterDefTemplate 和 EC-UCDescriptionTemplate 模板，定义了如何配置 ECU 基础软件。除了这些模板之外，AUTOSAR GenericStructure（通用结构）模板被用来定义其他模板使用的一般概念（元类），以处理架构模型针对不同车型的不同变体。在下个小节中，我们将提供这些模板的例子以及将这些模板实例化的 AUTOSAR 模型。

4.4.2　基于 AUTOSAR 元模型的架构设计

让我们首先探究上文车速计算及仪表显示案例中的逻辑系统和物理 ECU 设计

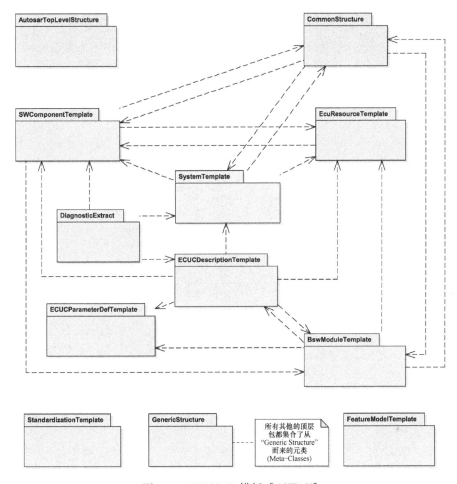

图 4.9　AUTOSAR 模板［AUT16f］

阶段。我们对该阶段设计所需的 SWComponentTemplate 模板中的内容进行了简略摘要，如图 4.10 所示。

　　图 4.10 展示的是抽象元类——SwComponent （软件组件），它可以是图中的 AtomicSwComponent（原子软件组件）；或者是图中的 CompositeSwComponent（复合软件组件）——可以包含多个 AtomicSwComponents。这两种类型的 SwComponents 都可以包含许多 Ports （端口），这些端口可以是 ProvidedPorts （数据提供端口），向系统中的其他组件提供数据；也可以是 RequiredPorts （数据接收端口），向系统中的其他组件请求数据。CompositeSwComponents 和 AtomicSwComponents 的端口通过归属于 CompositeSwComponents 的 DelegationSwConnector （代理软件连接器） 进行链接，即 DelegationSwConnector 指向了 CompositeSwComponent 的 outerPort （输出端口） 和 AtomicSwComponent 的 innerPort （输入端口）。最后，上述端口将关联相应的 PortInterface （端口接口），例如 SenderReceiverInterface （发送方接收方端口） 或

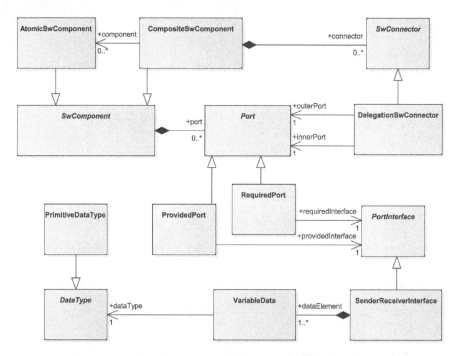

图 4.10 逻辑和 ECU 设计案例（SwComponentTemplate 模板）

ClientServerInterface（客户端服务器端口）。在 PortInterface 中包含了端口提供或请求的 DataType（数据类型）的实际定义（例如 32 位无符号整型或者由整型和浮点型构建的结构等）。

接着，我们基于图 4.3 展示的逻辑系统设计案例，对上述元模型中的 SWComponentTemplate 部分进行实例化，如图 4.11 所示。我们使用了 ARXML 语法，因为它被用作 OEM 和 Tier1 之间的模型交换格式，当然我们也可以采用 UML 语言。

图 4.11 中显示了 SpeedCalc 复合软件组件（第 1～11 行）和提供 VehicleSpeed 信号端口的定义（第 4～9 行），还显示了 Odometer 复合软件组件（第 12～22 行）与请求 VehicleSpeed 信号端口的定义（第 15～20 行）。两个端口均引用相同的发送方-接收方接口（第 23～33 行），即输入输出数据类型为 16 位无符号整型（第 34～36行）。

根据 AUTOSAR 方法论，这些复合软件组件在被分配至选定的 ECU 后，将在物理 ECU 设计阶段被分解为多个原子软件组件。我们进一步基于图 4.5 展示的物理 ECU 设计案例中的部分模型，对元模型中的 SWComponentTemplate 部分进行实例化，如图 4.12 所示。该实例同样采用了 ARXML 语法。

图 4.12 显示了 BreakControl 原子软件组件（第 31～41 行）及 VehicleSpeed 提供端口（第 34～39 行）的定义，该端口引自（第 12～17 行）SpeedCalc 复合软件组件（第 1～30 行）。我们还能看到在 SpeedCalc 复合软件组件中的代理连接器

```
1    <COMPOSITE-SW-COMPONENT UUID="...">
2        <SHORT-NAME>SpeedCalc</SHORT-NAME>
3        <PORTS>
4            <PROVIDED-PORT UUID="...">
5                <SHORT-NAME>VehicleSpeed</SHORT-NAME>
6                <PROVIDED-INTERFACE-REF DEST="SENDER-RECEIVER-INTERFACE">
7                    /.../VehicleSpeedInterface
8                </PROVIDED-INTERFACE-REF>
9            </PROVIDED-PORT>
10       </PORTS>
11   </COMPOSITE-SW-COMPONENT>
12   <COMPOSITE-SW-COMPONENT UUID="...">
13       <SHORT-NAME>Odometer</SHORT-NAME>
14       <PORTS>
15           <REQUIRED-PORT UUID="...">
16               <SHORT-NAME>VehicleSpeed</SHORT-NAME>
17               <REQUIRED-INTERFACE-REF DEST="SENDER-RECEIVER-INTERFACE">
18                   /.../VehicleSpeedInterface
19               </REQUIRED-INTERFACE-REF>
20           </REQUIRED-PORT>
21       </PORTS>
22   </COMPOSITE-SW-COMPONENT>
23   <SENDER-RECEIVER-INTERFACE UUID="...">
24       <SHORT-NAME>VehicleSpeedInterface</SHORT-NAME>
25       <DATA-ELEMENTS>
26           <VARIABLE-DATA UUID="...">
27               <SHORT-NAME>VehicleSpeed</SHORT-NAME>
28               <DATA-TYPEREF DEST="PRIMITIVE-DATA-TYPE">
29                   /.../UInt16
30               </DATA-TYPE-REF>
31           </VARIABLE-DATA>
32       </DATA-ELEMENTS>
33   </SENDER-RECEIVER-INTERFACE>
34   <PRIMITIVE-DATA-TYPE UUID="...">
35       <SHORT-NAME>UInt16</SHORT-NAME>
36   </PRIMITIVE-DATA-TYPE>
```

图 4.11　AUTOSAR 建模案例：逻辑设计

Delegation1 连接到了 SpeedCalc 和 BreakControl 软件组件的提供端口（第 20～28 行）。

　　接着，我们将探究简易案例中的物理系统和通信系统设计阶段。我们对该阶段设计所需的 SystemTemplate 模板中的内容进行了简化摘要，如图 4.13 所示。

　　针对物理系统设计部分，图中显示了带有 diagnosticAddress（诊断地址）属性的元类 EcuInstance（ECU 实例），它可能包含众多的 CommunicationConnectors（通信连接器），表示 EcuInstance 到 PhysicalChannel（物理信道）之间的连接，例如 CanCommunicationConnector 将一个 EcuInstance 连接到一个 CanPhysicalChannel 上。可以通过 SwcToEcuMappings（软件组件向 ECU 映射）手段将在逻辑设计中创建的多个 SwComponents（CompositeSwComponents 或 AtomicSwComponents）分配给一个 EcuInstance。

　　针对物理通信设计部分，图中显示了针对一个 SystemSignal（系统信号）在逻辑设计中创建的 VariableData（变量数据）的 SenderReceiver – ToSignalMapping（发送方 – 接收方向信号的映射）。它还显示了一个 SystemSignal 可以被发送到多条总

```
1    <COMPOSITE-SW-COMPONENT UUID="...">
2        <SHORT-NAME>SpeedCalc</SHORT-NAME>
3        <PORTS>
4            <PROVIDED-PORT UUID="...">
5                <SHORT-NAME>VehicleSpeed</SHORT-NAME>
6                <PROVIDED-INTERFACE-REF DEST="SENDER-RECEIVER-INTERFACE">
7                    /.../VehicleSpeedInterface
8                </PROVIDED-INTERFACE-REF>
9            </PROVIDED-PORT>
10       </PORTS>
11       <COMPONENTS>
12           <COMPONENT>
13               <SHORT-NAME>BreakControl</SHORT-NAME>
14               <COMPONENT-REF DEST="ATOMIC-SW-COMPONENT">
15                   /.../BreakControl
16               </COMPONENT-REF>
17           </COMPONENT>
18       </COMPONENTS>
19       <CONNECTORS>
20           <DELEGATION-SW-CONNECTOR UUID="...">
21               <SHORT-NAME>Delegation1</SHORT-NAME>
22               <INNER-PORT-REF DEST="P-PORT-PROTOTYPE">
23                   /.../BreakControl/VehicleSpeed
24               </INNER-PORT-REF>
25               <OUTER-PORT-REF DEST="P-PORT-PROTOTYPE">
26                   /.../SpeedCalc/VehicleSpeed
27               </OUTER-PORT-REF>
28           </DELEGATION-SW-CONNECTOR>
29       </CONNECTORS>
30   </COMPOSITE-SW-COMPONENT>
31   <ATOMIC-SW-COMPONENT UUID="...">
32       <SHORT-NAME>BreakControl</SHORT-NAME>
33       <PORTS>
34           <PROVIDED-PORT UUID="...">
35               <SHORT-NAME>VehicleSpeed</SHORT-NAME>
36               <PROVIDED-INTERFACE-REF DEST="SENDER-RECEIVER-INTERFACE">
37                   /.../VehicleSpeedInterface
38               </PROVIDED-INTERFACE-REF>
39           </PROVIDED-PORT>
40       </PORTS>
41   </ATOMIC-SW-COMPONENT>
```

图 4.12　AUTOSAR 建模实例：物理 ECU 设计

线上，只需通过创建不同的 ISignals 并将它们映射到 IPdus，后者同时也映射到 Frame 上即可实现。IPdu 是用于传输信号的协议数据单元（Protocol Data Unit, Pdu）中的一种，还可能有其他类型的 Pdu，例如用于传输诊断消息的 DcmPdu 等。

我们基于图 4.4 展示的物理系统设计案例，对上述元模型中的 SystemTemplate 部分进行实例化，如图 4.14 所示。

在图 4.14 中显示了诊断地址为 10（第 1～9 行）的 BreakControl ECU 的定义，该地址具有一个 CAN 通信连接器（第 5～7 行）。图中还显示了 SpeedCalc 复合软件组件到 BreakControl ECU 上的映射（第 10～14 行）。最后，图中还给出了 Can1 物理通道（第 15～24 行）的定义，该通道指向 BreakControl ECU 的 CAN 通信连接器（第 19～21 行），从而表明该 ECU 和 Can1 相连。

同样的，基于图 4.6 展示的通信系统设计案例，可以对上述元模型中的 Sys-

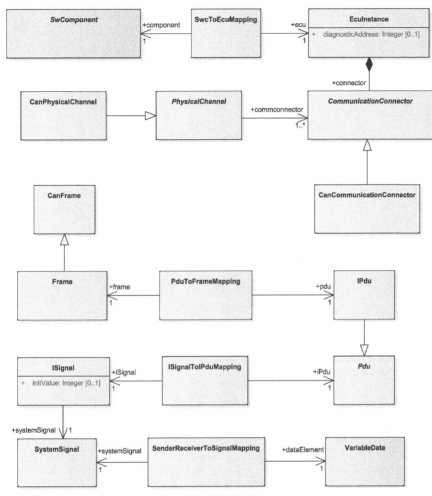

图 4.13　物理和通信设计（SystemTemplate）

temTemplate 部分进行实例化，如图 4.15 所示。

　　图 4.15 的实例显示了 VehicleSpeed 系统信号的定义（第 1 ~ 3 行），该信号映射到了在逻辑设计阶段定义的 SpeedCalc 变量数据元素上（第 4 ~ 12 行）。该实例还显示了以初始值 0 创建 IsignalVehicleSpeedCan1（第 13 ~ 19 行），意图在物理设计阶段定义的 Can1 总线上传输车速。图中使用 ISignalToIPduMapping（第 23 ~ 27 行）将此 Isignal 映射到 Pdu1 上（第 20 ~ 22 行），然后使用 IPduToFrameMapping（第 31 ~ 35 行）将其映射到 CanFrame1 上（第 28 ~ 30 行）。

4.4.3　AUTOSAR 模板规范[⊖]

　　和其他语言定义一样，AUTOSAR 元模型仅定义了用于不同类型的架构模型的

　　⊖　译者注：模板规范，即 Template Specifications，在 AUTOSAR 中简称为 TPS。该缩写在下文中多次出现，将直接采用。

```
1   <ECU-INSTANCE UUID="...">
2       <SHORT-NAME>BreakControl</SHORT-NAME>
3       <ECU-ADDRESS>10</ECU-ADDRESS>
4       <CONNECTORS>
5           <CAN-COMMUNICATION-CONNECTOR UUID="...">
6               <SHORT-NAME>Can1Connector</SHORT-NAME>
7           </CAN-COMMUNICATION-CONNECTOR>
8       </CONNECTORS>
9   </ECU-INSTANCE>
10  <SWC-TO-ECU-MAPPING UUID="...">
11      <SHORT-NAME>Mapping1</SHORT-NAME>
12      <COMPONENT-REF DEST="SW-COMPONENT">/.../SpeedCalc</SW-REF>
13      <ECU-REF DEST="ECU-INSTANCE">/.../BreakControl</ECU-REF>
14  </SWC-TO-ECU-MAPPING>
15  <CAN-PHYSICAL-CHANNEL UUID="...">
16      <SHORT-NAME>Can1</SHORT-NAME>
17      <COMM-CONNECTORS>
18          <COMMUNICATION-CONNECTOR-REF-CONDITIONAL>
19              <COMMUNICATION-CONNECTOR-REF DEST="CAN-COMMUNICATION-CONNECTOR">
20                  /.../BreakControl/Can1Connector
21              </COMMUNICATION-CONNECTOR-REF>
22          </COMMUNICATION-CONNECTOR-REF-CONDITIONAL>
23      </COMM-CONNECTORS>
24  </CAN-PHYSICAL-CHANNEL>
```

图 4.14   AUTOSAR 建模实例：物理系统设计

```
1   <SYSTEM-SYGNAL UUID="...">
2       <SHORT-NAME>VehicleSpeed</SHORT-NAME>
3   </SYSTEM-SYGNAL>
4   <SENDER-RECEIVER-TO-SIGNAL-MAPPING UUID="...">
5       <SHORT-NAME>Mapping2</SHORT-NAME>
6       <DATA-ELEMENT-REF DEST="VARIABLE-DATA">
7           /.../VehicleSpeedInterface/SpeedCalc
8       </DATA-ELEMENT-REF>
9       <SYSTEM-SIGNAL-REF DEST="SYSTEM-SIGNAL">
10          /.../VehicleSpeed
11      </SYSTEM-SIGNAL-REF>
12  </SENDER-RECEIVER-TO-SIGNAL-MAPPING>
13  <I-SYGNAL UUID="...">
14      <SHORT-NAME>VehicleSpeedCan1</SHORT-NAME>
15      <INIT-VALUE>0</INIT-VALUE>
16      <SYSTEM-SIGNAL-REF DEST="SYSTEM-SIGNAL">
17          /.../VehicleSpeed
18      </SYSTEM-SIGNAL-REF>
19  </I-SYGNAL>
20  <I-PDU UUID="...">
21      <SHORT-NAME>IPdu1</SHORT-NAME>
22  </I-PDU>
23  <I-SIGNAL-TO-I-PDU-MAPPING UUID="...">
24      <SHORT-NAME>Mapping3</SHORT-NAME>
25      <I-PDU-REF DEST="I-PDU">/.../IPdu1</I-PDU-REF>
26      <I-SIGNAL-REF DEST="I-SIGNAL">/.../VehicleSpeedCan1</I-SIGNAL-REF>
27  </I-SIGNAL-TO-I-PDU-MAPPING>
28  <CAN-FRAME UUID="...">
29      <SHORT-NAME>CanFrame1</SHORT-NAME>
30  </CAN-FRAME>
31  <I-PDU-TO-FRAME-MAPPING UUID="...">
32      <SHORT-NAME>Mapping4</SHORT-NAME>
33      <PDU-REF DEST="I-PDU">/.../IPdu1</PDU-REF>
34      <FRAME-REF DEST="CAN-FRAME">/.../CanFrame1</FRAME-REF>
35  </I-PDU-TO-FRAME-MAPPING>
```

图 4.15   AUTOSAR 建模实例：通信设计

语法，并没有解释如何使用其元类来实现某些语义。在 AUTOSAR 中，后者是通过

被称为"模板（templates）"的自然语言规范实现的［Gou10］，例如，SwCompo-
nentTemplate 和 SystemTemplate 模板，它们描述了 AUTOSAR 元模型的不同部分。
AUTOSAR 的"模板"主要包含以下内容：

- 模型应满足的设计需求，即规范项（Specification Item）。
- 模型应满足的并由建模工具检查的约束。
- 用于解释一组元类的图示。
- 解释元类及其属性/连接器的类表。

作为与上文简易模型的延续，我们给出一个相关的规范项的实例，它来自 Sys-
temTemplate 模板的第 01009 号规范项，描述了 CommunicationConnectors（通信连接
器）的使用：

- ［TPS_SYST_01009］通信连接器的定义［一个使用通信连接器元素来描述
其总线接口并指定发送/接收行为的 ECU 实例。］

而作为一个约束（constraint）的实例，我们给出了来自 SwComponentTemplate
模板的第 1032 号约束条件，它描述了使用 DelegationSwConnectors（代理连接器）
的限制。

- ［constr_1032］代理连接器只允许连接相同类型的端口［代理连接器只能连
接到相同类型的端口，即从提供端口到提供端口以及从请求端口到请求端口。］

包括 constr_1032 在内的大多数约束都可以使用对象约束语言（Object Con-
straint Language，OCL）在 AUTOSAR 元模型中直接被定义。但由于对象约束语言
的复杂性，同时考虑到数以千计的汽车工程师分布在数百家开发软件组件的 OEM
和供应商中，业界普遍认为自然语言规范是一种针对如此广泛用户的更好方法
［NDWK 99］。

元模型图示展示了一系列使用 UML 标记法的元类之间的关系，它们与前文的
图 4. 10 和图 4. 13 类似。这些图示通常附带着类表用以更详细地描述图中的元类
（例如对元类、其父类及属性/连接器的描述），因此 AUTOSAR 规范的阅读者不需
要直接去看通过 Enterprise Architect 工具维护的元模型。

除了规范项、约束、图示和类表之外，AUTOSAR 模板规范还包含了大量提供
额外解释的纯文本，例如，主题简介以及关于规范项和约束的注释等。

4.5　AUTOSAR ECU 中间件

AUTOSAR 为中间件层的模块（基础软件模块）提供了详细的功能规范。例
如，COM 规范描述了通信的功能，该模块主要负责处理 ECU 之间的通信，即将接
收自 RTE 的信号传输到电子总线上，反之亦然。这些规范包括以下主要内容：

- 需通过基础软件模块的实施来满足的功能需求。
- 对基础软件模块的应用程序接口（Application Programming Interface，API）

的描述。

- 用于解释不同基础软件模块间交互的序列图（sequence diagram）。
- 用于配置基础软件模块的配置参数。

AUTOSAR 基础软件模块规范中的功能部分（功能需求、应用程序接口和序列图）不在本章范围之内。但我们有必要在此描述一下基础软件模块配置的一般方法，因为它是基于 AUTOSAR 元模型和元模型模板完成的。

两个 AUTOSAR 模板对 AUTOSAR 基础软件的配置给出了规范说明，分别是 ARM2 层的 ECUCParameterDefTemplate 和 ECUCDescriptionTemplate。ECUCParameter-DefTemplate 模板规范了配置参数的一般定义，例如参数可以被分组到参数容器中，以及参数可以在不同的时间（例如，在构建完整的 ECU 软件之前或之后）被配置等。ECUCDescriptionTemplate 则定义了具体参数和容器值的建模，这些参数和容器值参考来自 ECUCParameterDefTemplate 模板的相关定义。

ECUCDescriptionTemplate 中模型的配置参数值可以自动从其他模板的模型中导出，例如 SoftwareComponentTemplate 和 SystemTemplate。这一过程被称为"上游映射（upstream mapping）"，它可以在 ECU 配置工具的支持下自动完成［LH09］。图 4.16 以 UML 语法的形式展示了 ECUCParameterDefTemplate 和 ECUCParameterDef 及其模型（包括上游映射过程）的简要示例。

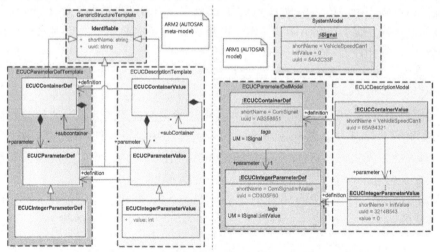

图 4.16　AUTOSAR 模板及其模型的实例

ARM2 层（下排左一框）的 ECUCParameterDefTemplate 规范了配置参数（ECUCParameterDef）和容器（ECUCContainerDef）的定义建模，并以整型参数定义（ECUCIntegerParameterDef）为示例。ECUCDescriptionTemplate（下排左二框）规范了容器值（ECUCContainerValue）和参数值（ECUCParameterValue）的建模，并以整型参数值（ECUCIntegerParameterValue）为示例。与 SwCompoentTemplate 和 SystemTemplate 中的元素一样，上述两个模板中的元素也继承自 GenericStructureTemplate 中名为 Identifiable 的公共元素（上排左框），这一元素为他们提供了简化名和通用唯一标识符（Universally Unique Identifier，UUID）。

ECUCParameterDefTemplate 的标准化模型（由 AUTOSAR 提供）位于 ARM1 层中（下排左三框）。它显示了 shortName（简化名）为"ComSignal"的 ECUCContainerDef 实例，该实例引用了 shortName 为"ComSignalInitValue"的 ECUCParameterDef 实例。这两个元素都具有名为 UM 的标记值，指称上游映射。"ComSignal"容器实例的 UM 标记值引用了 SystemTemplate 中的 ISignal 元类。"ComSignalInitValue"参数实例的 UM 标记值引用 ISignal 的 initValue 属性。这意味着对于 SystemModel 中的每个 ISignal 实例，一个 ECUCDescriptionModel 中的 ECUCContainerValue 实例都应由一个 ECUCParameterValue 实例创建。该参数实例的值应等于该 SystemSignal 实例的 initValue 属性。

考虑我们在图 4.15（COM 设计阶段）所示的 SystemModel 中定义的、带有"initValue"值为 0 的 ISignal "VehicleSpeedCan1"（上排右框），我们可以生成 ECUCDescriptionModel（下排右四框）。该模型包含一个由"ComSignal"容器定义来定义的、shortName 为"VehicleSpeedCan1"的 ECUCContainerValue 实例，并参考了一个由"ComSignalInitValue"参数定义来定义的、shortName 为"initValue"（值为0）的 ECUCParameterValue 实例。

AUTOSAR 为 ECU 基础软件的所有配置参数和容器提供了 ECUCParameterDefTemplate 的标准化 ARM1 模型。例如为通信（COM）基础软件模块而标准化的带有 ComSignalInitValue 的 ComSignal 容器。在最小粒度上，ECUCParameterDefTemplate 的标准化模型被分成多个包，其中每个包都包含属于同一个基础软件模块的配置参数。在最高粒度级别上，这些模型又被分入不同的逻辑包，包括 ECU 通信、诊断、内存访问和 IO 访问等。

4.6　AUTOSAR 的演变

AUTOSAR 标准的开发始于 2003 年，其首个量产版本是 2007 年的 R3.0.1。在本节中，我们将回顾从第一个发行版到 2016 年的 4.2.2 版，AUTOSAR 元模型及需求（模板和基础软件）的变化趋势。其中，我们重点关注的是较新的版本（R4.0.1 ~R4.2.2）。

4.6.1　AUTOSAR 元模型的演变

从架构建模的角度来看，AUTOSAR 元模型是不同版本的 AUTOSAR 中最有价值的分析对象，因为元模型定义了多种不同类型的 AUTOSAR 模型，例如软件组件（SWC）、通信（COM）和基础软件（BSW）配置模型等。我们将从初始版本到最新版本的 AUTOSAR 中元模型内容的增加开始分析。图 4.17 展示了所有模板中的 AU-TOSAR 元类（meta – class）总数（图 4.17a）和标准化基础软件配置参数的数量（以 ECUCParameterDefTemplate 为实例）（图 4.17b）随版本的变化情况［DSTH14］。

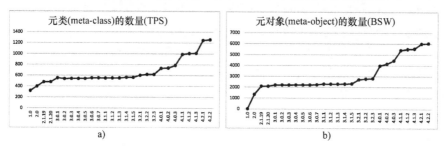

图 4.17　类的数量（TPS）和对象的数量（BSW）

该图直观地表明，AUTOSAR 应用软件和 AUTOSAR 基础软件的发展趋势基本同步，除了 R1.0 版本是例外，当时基础软件配置参数尚未被标准化。我们还可以发现，从 R4.0.1 开始，元类和配置参数的数量出现了显著增加，而 R3.0.1 和 R3.1.5 之间的变化相对较小。这是因为 AUTOSAR R4.0.1 的开发是与 R3.1.1 并行进行的，各自发展为独立分支，即 3.x 分支和 4.x 分支。这种情况持续了几年后，所有 AUTOSAR OEM 都陆续切换到了 4.x 分支。4.x 分支承担了主要的开发重点（例如引入新的 AUTOSAR 功能），而 3.x 分支则处于维护模式，主要进行元模型和规范的错误修复，以及移植 4.x 分支中最重要的特性。

AUTOSAR R4.0.1 于 2009 年公开发布，对几乎所有规范内容（包括 AUTOSAR 元模型）都进行了重大更改。这些更改包括许多新功能的引入（被 AUTOSAR 称为"概念"），例如支持 LIN2.1 总线，允许 AUTOASAR 模型中存在与不同汽车产品线相关的变体。此外，更改中还包括对未使用或失效概念的元类和配置参数的清理。由于大多数使用 AUTOSAR 的 OEM 都在使用 4.x 分支，在本节的其余部分，我们将重点对 4.x 分支的发展趋势进行分析。图 4.18（见彩插）显示了 4.x 的不同版本之间添加、修改和删除的元类的数量变化趋势。

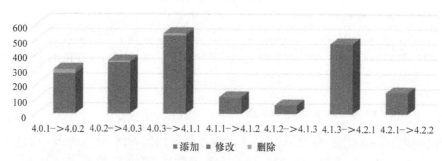

图 4.18　添加、修改、删除的类的数量变化（TPS）

从该图至少可以推断出关于 AUTOSAR 元模型演化的三个重要结论。首先，我们可以看到，发展变化主要是由针对元类的修改和添加带来的，而删除却很少。这背后的主要原因是由于产生自 AUTOSAR 元模型的 AUTOSAR 模式对于向后兼容性的强烈需求，比如，R4.0.2 模型需由 R4.0.3 或更高版本的模式来验证。其次，我们可以看到最初的三个发行版，R4.0.1 ~ R4.1.1 的添加、修改和删除的元类数量都有增长，这表明 4.x 分支经过了多个发行版才逐渐稳定。最后，我们可以看到，通常只有次要 AUTOSAR 版本的释放（第二位数字的更改，例如 R4.1.1 对比 R4.2.1）会带来许多新的元类，这与 AUTOSAR 的版本规则有关——只有主要版本（更改了第一位数）和次要版本（更改了第二位数）版本可以引入新特性，而修订版本（更改了第三位数）则主要负责修复与现有特性相关的元模型中的错误。

为了使汽车工程师能够初步评估采用新的 AUTOSAR 版本或新版本中的一部分新功能对当前建模工具的影响，一种元模型变化的度量被提出，即数量变化度量 NoC（Number of Changes）［DSTH14］。NoC 考虑了元类、元属性和元连接器的数量中所有导致了 OEM 和 Tier1 使用的 AUTOSAR 工具的供应商实施更改的部分。我们用该度量来表征 AUTOSAR 建模工具链更新的预计工作量，以此为 AUTOSAR 版本的切换做准备（例如，从 3.x 版本到 4.x 版本）。AUTOSAR 不同版本之间的 NoC 测量结果如图 4.19（见彩插）所示。

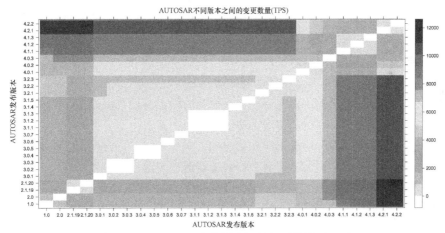

图 4.19　AUTOSAR 发布版本间的变更数量（TPS）

从图中可以看到，从较旧的 AUTOSAR 版本（例如 R1.0 和 R2.0）切换到较新的版本（例如 R4.2.1 和 R4.2.2）时，需要付出巨大的努力，这是符合预期规律的。但图 4.19 还进一步表明，分支 4.x 中的 AUTOSAR 版本更新比早期的版本更新所带来的工作量要大得多。这暗示着 AUTOSAR 的功能"大爆炸"始于分支 4.x，并且该分支仍然在继续扩展。

扩展主要是由 AUTOSAR 4.x 分支中次要版本（第二位版本数变化）增加的新特性带来的。下面，我们将以 AUTOSAR R4.2.1 为例，通过介绍它的 14 种新概念带来的影响，对 AUTOSAR 的发展演变进行深入分析。如下是每个概念的简要描述（更多详细信息请参见［AUT16i］）：

1. 以太网交换机配置（Switch Configuration）——充分利用以太网和以太网交换机（Ethernet switch）作为 ECU 之间的通信介质。

2. 发送方接收方序列化（Sender Receiver Serialization）——通过字节数组序列化将复杂数据映射到单个信号实体，目的是减少信号数量并最大限度地减少信号处理时间。

3. CAN FD（CAN Flexible Data Rate）——为 CAN 总线引入的一种新的通信协议，具有更高的带宽和有效载荷，可处理大信号。

4. 大数据量的有效通信管理（Efficient COM for Large Data）——通过避免通信（COM）模块的开销（overhead），加快大信号在 ECU 间的传输速度。

5. 端对端保护扩展（E2E Protection Extension）——修订 ECU 之间的安全通信建模（例如，在传输过程中数据被修改或丢失的指示），从而不需要额外的非标准化代码。

6. 全局时间同步（Global Time Synchronization）——提供分配到多个总线的通用时间基准，以实现准确的 ECU 数据关联。

7. 支持生成后可加载（PBL）和生成后可选择（PBS）的 ECU 配置（Support for Post – Build Loadable and Post – Build Selectable ECU Configuration）——可以同时配置某车型或不同汽车产品线的多种 ECU 变型。

8. 车载通信安全机制（Secure Onboard Communication）——提供车载网络的通信安全机制（例如，汽车与外界之间的通信）。

9. 安全性扩展（Safety Extensions）——提供用于实现和记录 AUTOSAR 系统功能安全性的机制（例如，根据 ISO26262）。

10. 分散化配置（Decentralized Configuration）——扩展 AUTOSAR 元模型，以支持使用符合 AUTOSAR 的模型将 OEM 的诊断需求传递至供应商。

11. 非 AUTOSAR 系统的集成（Integration of Non – AUTOSAR Systems）——在开发过程中，可以将非 AUTOSAR 系统（例如 Genivi 标准）集成到 AUTOSAR 系统中。

12. 通过 RTE 的有效 NV 数据处理（Efficient NV Data Handling via RTE）——为软件组件提供处理非易失性数据（non – volatile，简称 NV）的有效机制。

13. 固定 ECU 状态管理器支持多核（EcuM Fixed$^\ominus$ Multi Core）——提供支持多核 ECU 的 ECU 状态管理。

14. 安全等级 ASIL/QM 分离保护（ASIL QM Protection）：提供了一种方法来保

⊖ 译者注：ECU 状态管理器，即 EcuM，全称为 ECU Manager，是用于对一个 ECU 启动、关机、唤醒等状态进行管理的软件模块。EcuM 分为两类，一类为灵活状态管理，称为 Flexile EcuM，支持更灵活的 ECU 状态管理；另一类为固定状态管理，称为 Fixed EcuM，适用于传统 ECU，但在 AUTOSAR 早期版本中不支持多核 ECU。

护根据安全法规开发的模块免受其他潜在的不安全模块的影响（即，它减少了错误传播到安全关键模块的机会）。

图 4.20 展示了针对所有 AUTOSAR 元模型模板中与上述 14 个新特性有关的 NoC 测量结果。

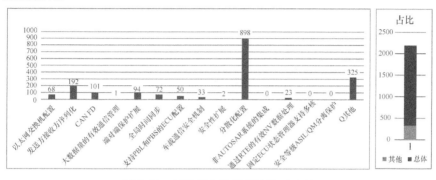

图 4.20　每种概念的变更数量（TPS）

该图表明了与新概念有关的 AUTOSAR 元模型演化的两个重要规律。首先，上述概念对 AUTOSAR 元模型的影响非常不同（参见该图的左半部分），某些概念甚至根本没有影响，例如"非 AUTOSAR 系统的集成"，而有些概念却具有重大影响，例如"分散化配置"。其次，我们可以看到 R4.2.1 中的绝大多数更改与这 14 个新概念有关（参见图的右侧），而只有一小部分与其他内容相关，例如与已存在概念有关的错误修复等。

最后，为了展示基于角色的评估对 AUTOSAR R4.2.1 概念的影响，我们来察看一组设计者角色维度的数据。这些 AUTOSAR 开发方法中定义的角色职责已经在 4.3 节中进行了介绍［DST15］：

- 应用软件设计师：负责软件组件及其数据交互点的定义（涉及物理系统和物理 ECU 设计阶段，参见图 4.2 中的（2）和（3））。
- 诊断设计师：负责定义软件组件所需的诊断服务（涉及物理系统和物理 ECU 设计阶段，参见图 4.2 中的（2）和（3））。
- ECU 通信设计师：负责信号的定义及它们打包至不同帧后在总线上的传输（涉及物理 COM 设计阶段；请参见图 4.2 中的（5））。
- 基础软件设计师：负责基础软件模块及其接口的设计（涉及基础软件开发阶段，参见图 4.2 中的（7））。
- 通信（COM）配置工程师：负责通信基础软件模块的配置（涉及基础软件配置阶段，参见图 4.2 中的（6））。
- 诊断配置工程师：负责诊断基础软件模块的配置（涉及基础软件配置阶段，参见图 4.2 中的（6））。

图 4.21（见彩插）显示了 AUTOSAR R4.2.1 版本中的 13 个新概念对上述 6 个

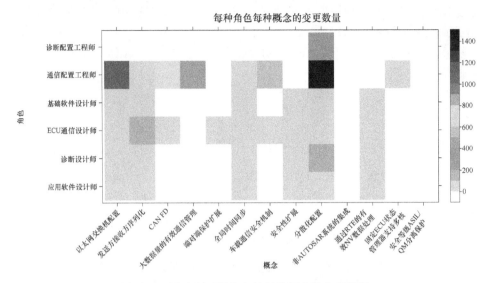

图4.21　影响到不同角色的每种概念的变更数量

角色的影响（SupportForPBLAndPBSECUConfiguration 概念未被包含，因为它比其他概念引起的更改数量明显更多，影响图中的显示效果）。

图中数据向我们传递了一些有趣的信息。首先，在 ECU 通信设计师之后的通信配置工程师是受到新概念影响最多的角色。其次，我们可以发现绝大多数的概念的影响没有涉及全部的角色，除了"分散化配置"。最后，我们可以发现一些概念，例如"非 AUTOSAR 系统的集成"以及"安全等级 ASIL/QM 分离"，对于任何主要角色都没有影响，前者代表的是一种方法论指南，对模型没有实际影响；而后者则是对其他安全相关的基础软件模块有影响，这些模块与 ECU 通信和诊断不存在显性相关性。

4.6.2　AUTOSAR 需求的演变

如前所述，AUTOSAR 定义了两种主要的需求类型：

- AUTOSAR 模板规范中的设计需求（TPS 需求），这些需求定义了 AUTOSAR 元模型元素的语义，其内容包含规范项和由建模工具检查的约束条件。

- AUTOSAR 基础软件规范中的功能中间件需求（BSW 需求），用于定义 AUTOSAR 基础软件模块的功能，例如通信（COM）、诊断事件管理（DEM）以及诊断通信管理（DCM）等。

AUTOSAR TPS 需求的演变与元模型的演变密切相关，因为元类的引入、修改和删除也需要引入、修改和删除那些支持元类使用的相应需求。这种演变很大程度上影响了 OEM 和 Tier1 在系统开发、ECU 和通信设计阶段的工作。而 AUTOSAR BSW 需求的演变则指出了由 Tier2 在基础软件开发阶段开发的 ECU 中间件的功能变化，以及由 Tier3 针对所选硬件开发的驱动的功能变化。在本小节中，我们将对 AUTOSAR 4. x 版本分支中的这两种需求类型的演变进行分析［MDS16］。

我们首先展示了 AUTOSAR TPS 需求（图 4.22a）和 BSW 需求（图 4.22b）数量的增加，如图 4.22 所示。

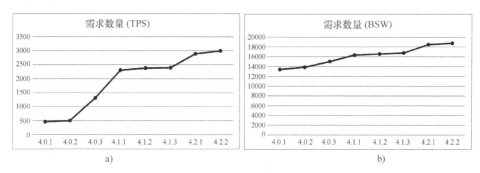

a)   b)

图 4.22　TPS 和 BSW 需求数量随 AUTOSAR 版本的变化

从该图中我们可以得到两个结论。首先，我们可以看到 TPS 和 BSW 需求的数量都随着 AUTOSAR 新版本的发布而不断增长。这表明标准仍在持续扩充，即新特性被持续纳入到 AUTOSAR 标准中。其次，我们可以发现 BSW 需求的增长相对稳定，连续两版间的数量没有明显突变。而 TPS 需求则不同，它从 AUTOSAR R4.0.2 到 R4.0.3 数量几乎增长到三倍，而从 R4.0.3 到 R4.1.1 再次翻倍。这说明 TPS 和 BSW 需求的变化趋势并不相同。TPS 需求数量的陡增一部分与早期 AUTOSAR 版本中模板规范的不成熟有关，这期间有大量的纯文本需要被转化成规范项和约束。

我们已经展示了 AUTOSAR 通过新功能的标准化而不断扩充。为了评估这些新功能对模板规范和基础软件规范演变的影响，我们进一步对 TPS 和 BSW 需求被新增、修改、删除的数量随 AUTOSAR 版本的变化进行研究。图 4.23（见彩插）和图 4.24（见彩插）展示了相关规律。

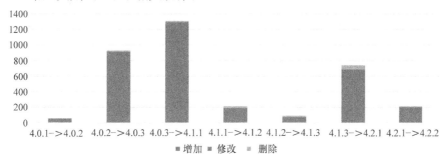

图 4.23　需求增加、修改、删除数量的变化（TPS）

在图 4.23 中，我们可以发现 AUTOSAR TPS 规范的演变很大程度上是靠新需求引入（规范项和约束）驱动的。TPS 需求删除比较少见，这一点和元类的删除

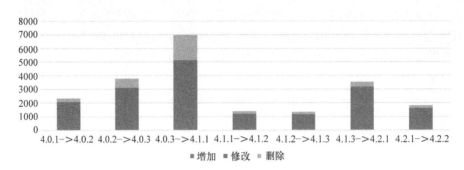

图 4.24　需求增加、修改、删除数量的变化（BSW）

类似，因为删除可能会对主要发布版本中模型的向后兼容性造成负面影响。

在图 4.24 中，我们可以明确 AUTOSAR 中 BSW 规范的演变也几乎是由新的基础软件需求的引入驱动的。但我们也可以发现，与 TPS 需求相比，BSW 需求通常存在更多的修改和删除，频繁的修改体现了 AUTOSAR 基础软件的稳定性不高，而频繁的删除则体现了某些功能已经过时，这可能是由于引入了提供相同或相似功能的更新功能导致的。BSW 需求比 TPS 删除更频繁的另一个可能原因是，AUTOSAR 基础软件往往比 AUTOSAR 模型具备更宽松的向后兼容诉求。在开发过程中，AU-TOSAR 模型的交换可能在多个角色之间进行（例如 OEM 和 Tier1 之间），而基础软件模块通常仅由 Tier2 等单一角色负责开发。

4.7　AUTOSAR 的未来

对 AUTOSAR 演化的分析结果表明，这是一个靠着不断纳入新功能来驱动创新的平台，这一趋势将在未来得到延续和拓展。按照规划，未来的 AUTOSAR 将并行维护两个平台——一个经典平台，作为当前 4.x 版本分支工作的延续；以及一个新的自适应平台，以满足汽车工业未来的需求。经典平台旨在稳定和改善现有的 AU-TOSAR 特性，而自适应平台旨在通过识别技术趋势和 AUTOSAR 的关键特性来预测未来。

经典平台的后续版本 R4.3.0 计划于 2016 年最后一个季度发布⊖。该版本将支持的新概念如下：

1）库调用的宏封装（Macro Encapsulation Of Library Calls）——简化由库提供的插值程序（interpolation routine）的处理（自动选择和参数化）。

2）加密接口（Crypto Interface）——制定安全的软硬件接口策略，以支持 Car -2 - X 通信和自动驾驶等技术趋势。

3）V2X 支持（V2X Support）——支持将智能交通系统（Intelligent Transporta-

⊖　译者注：截至 2020 年第一季度，AUTOSAR 经典平台的最新版本是 R4.4.0（发布于 2018 年 10 月）。

tion System，ITS）应用［ETS16］作为 AUTOSAR 软件组件来实施，同时支持将这些应用集成入 AUTOSAR ECU（基于以太网的 V2X 栈）中。

4）数据交互点概要文件（Profiles For Data Exchange Points）——对于给定的数据交互点，提供描述其期望数据的方法，以提高 AUTOSAR 工具之间的互操作性。

5）分散化配置拓展 01（Decentralized Configuration Extension 01）——扩展了"分散化配置"的概念，搭载着 OBD 等特性，提供通过诊断提取实现自上而下的诊断配置。

6）快速原型的缓冲区访问拓展（Extended Buffer Access Rapid Prototyping）——拓展了现有的快速原型功能（无须进行软件集成即可在 ECU 环境中实现软件算法的快速验证），支持对运行时环境（RTE）的旁通。

7）政策管理（Policy Manager）⊖——允许在 AUTOSAR ARXML 中规范安全政策（例如，保险公司可以读取数据但不能修改数据）。

8）DLT 改进（DLT⊖Rework）——改进了开发错误跟踪器（Development Error Tracer）模块，为软件组件、RTE、DEM 模块提供通用日志记录和跟踪功能。

9）SOME/IP 传输协议（SOME/IP Transport Protocol）——引入了 SOME/IP（Scalable Service‑Oriented Middleware over IP）Segmenter 模块［Völ13］，支持大于等于 128kB 的信息。

除了这些新功能，AUTOSAR 的新发布版本还将修复相关规范中的问题，作为对现有特性的完善。

AUTOSAR 自适应平台的第一版将于 2017 年第一季度发布。与经典平台不同，它采用的命名方式由发布年份和月份组成，例如 R17‑03⊖。自适应平台的主要目标是确保实现汽车行业"到 2020 年车辆创新主要将由电气系统驱动"的期望。自适应平台主要功能发展的部分驱动因素如下［AUT16b］：

1）高度自动驾驶：支持美国公路安全管理局（National Highway Safety Traffic Administration，NHSTA）定义的 L3 至 L4 级自动驾驶［AUT13］，即有限的驾驶自动化（驾驶员需要偶尔进行控制）和完全的驾驶自动化（车辆负责行驶全过程的操作）。这包括对跨域计算平台、高性能微控制器、分布式和远程诊断等新技术的支持。关于自动驾驶等级的介绍可参看 9.2 节。

2）Car‑2‑X 应用：支持车辆与其他车辆及车外系统的交互。这包括支持在车辆系统中集成基于 Genivi 或 Android 等非 AUTOSAR 的 ECU。

⊖　译者注：Security Policy Manager 实际上在经典 AUTOSAR R4.4.0 中发布。

⊖　译者注：DLT 全称为 Diagnostic Log and Trace，诊断日志和跟踪的缩写。

⊖　译者注：截至 2020 年第一季度，AUTOSAR 自适应平台已经发布 6 个版本，其最新版发布于 2019 年 11 月（R19‑11）。

3）汽车云：支持车辆云通信。这包括开发安全的车载通信、安全的架构，以及安全的云交互。

4）增强连通性：支持增强车辆软件系统与车外非 AUTOSAR 系统的连通性。这包括软件组件的动态部署以及对同时适用于车内外系统的通用工作方法论的支持。

图 4.25［AUT16b］描绘了"自适应汽车（adaptive car）"的理念。该图显示了几种经典的 AUTOSAR ECU（图中表示为"C"），它们负责常见的车辆功能，例如发动机或制动控制单元。该图还显示了几个非 AUTOSAR ECU（图中表示为"N"），它们负责信息娱乐功能或与外界的通信（例如 Genivi 或 Android ECU）。最后，该图还显示了某些 AUTOSAR 自适应 ECU（图中表示为"A"），它们负责实现先进的汽车功能，这些功能通常会请求经典 AUTOSAR 和非 AUTOSAR ECU 的输入或为后者提供输出，例如 Car – 2 – X 应用。另外，自适应汽车通常是按照敏捷方法开发的，需要更频繁的更新和运行时配置。

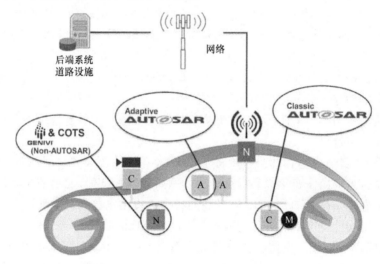

图 4.25　AUTOSAR 自适应汽车架构

考虑上述自适应平台的驱动因素和自适应汽车架构背后的理念，自适应 ECU 的设计应该遵循以下原则（仅列举部分）：

- 基于动态软件更新的敏捷软件开发方法论，使从最小的可行产品开始的连续功能开发模式成为可能。

- 快速在不同程序包中部署新特性（应用程序软件组件），可以加快软件创新周期。

- 面向服务的安全点对点通信，支持应用软件的动态更新——新的软件组件通过服务发现协议（Service Discovery Protocol，SDP）订阅现有服务。

- 应用软件的无线更新，使"在路上"进行软件更新成为可能，而无须将汽车停到车间。

● 支持运行时配置（run – time configuration），支持基于可用功能进行系统的动态调整。

● 高带宽的车内 ECU 间通信（以太网），可以更快地传输大批量数据。

● 交换网络（以太网交换机），可以在不同的以太网总线之间进行智能数据交换。

● 具有外部存储器的微处理器，用以取代微控制器，以支持扩展更多的内存和外围设备。

● 多核处理器、并行计算，以及硬件加速，可以更快地执行车辆功能。

● 与经典 AUTOSAR ECU 或非 AUTOSAR ECU（例如 Genivi，Android）的集成，实现异构汽车软件系统的一致化设计。

● 执行模型的访问自由，例如完全访问或沙箱（sandboxing），能够分离在运行程序的安全机制，例如，将车辆安全关键（safety – critical）和信息安全关键（security – critical）程序与其他程序分离。

AUTOSAR 计划使用图 4.26（见彩插）所示的自适应 ECU 架构来实现自适应汽车的目标：

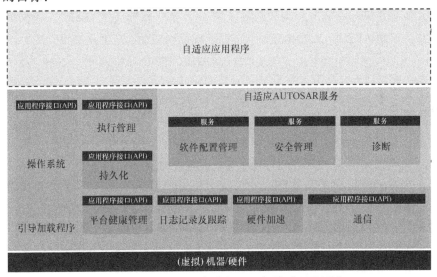

图 4.26　AUTOSAR 自适应 ECU 架构［AUT16b］

与经典 AUTOSAR 平台一样，AUTOSAR 标准化了自适应平台的中间件层，称之为自适应 AUTOSAR 的服务（Adaptive AUTOSAR Services），该层是基于功能群构造，而不是基于模块的详细说明（集群的内部结构），这让软件架构的平台独立设计成为可能。在该层中的橙色框表示在自适应平台的第一个版本中标准化的 ECU 架构的部分，而灰色框则是将在以后的版本中进行标准化的部分。

从图中还可以看到，除了基于 POSIX 接口规范的操作系统以及用于向 ECU 下载软件的标准化引导加载程序外，AUTOSAR 还计划提供执行管理、日志记录及跟踪、诊断及通信等功能集群；执行管理功能，负责启动/关闭与不同汽车模式相关的应用程序，它是基于线程而不是可运行实体的；执行日志记录及跟踪功能，例如安全相关事件等。AUTOSAR 自适应平台诊断功能与经典 AUTOSAR 平台一致，负责收集诊断事件数据，还可以和诊断后端进行数据交换。最后，通信功能负责在通过以太网连接的 ECU 之间进行面向服务的通信（SOME/IP 协议）。

在 AUTOSAR 自适应平台的标准化过程中的一大改进是在新特性的标准化之前对其进行验证。这意味着 AUTOSAR 将组织一大批工程师，根据计划发布的规范创建新功能原型，并向 AUTOSAR 提供有关新特性可行性的反馈。这也确保了 AUTO-SAR 联盟内部开发过程的敏捷性。

4.8 拓展阅读

如果读者想了解 AUTOSAR 的细节，首先必须明白，AUTOSAR 是一个庞大的标准，包含了超过 200 份规范和 20000 个需求，因此几乎没有人能成为 AUTOSAR 所有方面的专家。AUTOSAR 的规范分为标准（standard）规范和辅助（auxiliary）规范，产品仅需满足标准规范的内容即被认可为"完全遵循 AUTOSAR"。当然，读者如果想深入了解 AUTOSAR 的详细信息，标准规范和辅助规范都是值得阅读的。

在初次学习 AUTOSAR 时，我们建议从阅读标准中的 Layered Software Architecture 文档［AUT16g］入手。它定义了 AUTOSAR 的高层特性，因此在研读其他规范之前，应该对这些内容有所了解。接下来，读者可以学习 AUTOSAR 方法论规范（Methodology）［AUT16h］，因为它包含了对由 AUTOSAR 开发过程中不同角色创建的最重要工作产品的描述。但需要注意的是，它还包含了许多初学者无法理解的细节，应该暂时忽略这部分内容而聚焦于自己熟悉的主题。

接下来读者就可根据兴趣有针对性地阅读其他规范了。对汽车软件系统感兴趣的读者应该阅读 AUTOSAR 模板规范（TPS）。例如，如果读者对逻辑系统或 ECU 设计感兴趣，可以阅读软件组件（Software Component）模板［AUT16j］的内容，以了解如何定义应用软件组件及其数据交换点。对于一些在所有模板中均使用的通用概念，可以在通用结构模板（Generic Structure）［AUT16f］中获得，但要想一口气理解整个文档难度极大，更好的方式是在阅读其他模板时，利用其参考文献的索引直接跳转到通用结构模板的具体章节。此外，读者没有必要看使用 UML 定义的 AUTOSAR 元模型，因为其相关信息和图表都已导出到 AUTOSAR 模板规范中了。

对 AUTOSAR 基础软件功能感兴趣的读者可以阅读基本软件模块的软件规范（Software Specifications，SWS）。例如，如果读者对 ECU 诊断功能感兴趣，则可以阅读 AUTOSAR 诊断事件管理器规范（Diagnostic Event Manager）［AUT16d］和诊断配置管理器规范（Diagnostic Configuration Manager）［AUT16c］的内容。适用于所有基础软件模块的需求可在基础软件模块的一般需求规范（General Requirements on Basic Software Modules）[AUT16e] 中找到。

在更高的粒度层面上，TPS 规范中的设计需求可以追溯到需求规范（Requirement Specification，RS）文档中更形式化的需求。同样的，SWS 规范中的基础软件功能需求也可追溯到软件需求规范文档（Software Requirements Specification，SRS）中更形式化的需求 [MDS16]。进一步，RS 和 SRS 需求也可追溯到更高级别的需求规范上，例如描述 AUTOSAR 通用特性和对象的规范。但是，我们建议 AUTOSAR 初学者在开始时只参考 TPS 和 SWS 规范，因为它们包含了详细理解 AUTOSAR 特性所需的解释和图表。

另外，我们还向希望学习 AUTOSAR 的读者提供两个普适的建议。首先，AUTOSAR 规范不应从头读到尾，我们建议针对特定主题、在不同的规范之间切换并搜索相关解释。其次，读者应始终阅读最新的 AUTOSAR 规范，因为它们包含了有关 AUTOSAR 标准当前特性的最新信息。

除 AUTOSAR 发布的规范外，有兴趣进一步了解 AUTOSAR 标准的读者可以在一些学术论文中找到有价值的信息。比如，针对 AUTOSAR 方法论，Briciu 等人 [BFH13] 和 Sung 等人 [SH13] 提供了 AUTOSAR 软件组件设计的实例，而 Boss 等人 [Bos12] 则更详细地解释了 AUTOSAR 开发过程中不同角色（例如 OEM 和 Tier1）之间的交互。

针对 AUTOSAR 元模型，Durisic 等人 [DSTH16] 分析了 AUTOSAR 元模型的组织构成，并展示了对元模型进行改进来满足理论上严格的元模型建模概念的可能方案。另外，Pagel 等人 [PB06] 提供了从 AUTOSAR 元模型生成 AUTOSAR XML 格式文件的更多细节，而 Brorkens 等人 [BK07] 则展示了 XML 作为 AUTOSAR 交互文件格式的益处。

针对 AUTOSAR 基础软件配置，Lee 等人 [LH09] 进一步解释了如何利用 AUTOSAR 元模型进行 AUTOSAR 基础软件模块的配置。最后，Mjeda 等人 [MLW07] 建立了符合 AUTOSAR 的汽车软件架构设计阶段与 AUTOSAR 软件组件在 Simulink 中的功能实施阶段之间的联系。

4.9　总结

自 2003 年问世以来，AUTOSAR 很快成为汽车软件架构开发的全球化标准，被世界上大多数主要汽车制造商所接受。本章中，我们解释了由 AUTOSAR 定义的参考分层系统架构，并在多个 ECU 中将它实例化。我们还介绍了如何根据 AUTOSAR 方法论开发不同的架构组件。我们展示了 AUTOSAR 元模型在架构组件设计中的作用以及架构模型在开发过程中在各组织间的交互。我们还描述了 AUTOSAR 的中间件层（基础软件）的主要组件及其配置方法。

在本章的最后，我们通过分析 AUTOSAR 各版本之间的元模型和需求数量变化的可视化图表，阐释了 AUTOSAR 仍在通过将新特性标准化来不断扩展的事实。我们还解释了 AUTOSAR 推出自适应平台背后的思想，以及自适应平台如何向未来汽车的功能（例如自动驾驶、车对车通信）提供支持。

在未来，我们计划对 AUTOSAR 经典平台和自适应平台在元模型和需求方面的差异做进一步分析并评估在设计汽车软件系统中同时使用两个平台带来的影响。

参 考 文 献

AK03.　　C. Atkinson and T. Kühne. Model-Driven Development: A Metamodeling Foundation. *Journal of IEEE Software*, 20(5):36–41, 2003.

AUT13.　　AUTOSAR, http://www.nhtsa.gov. *National Highway Traffic Safety Administration*, 2013.

AUT16a.　　AUTOSAR, www.autosar.org. *Automotive Open System Architecture*, 2016.

AUT16b.　　AUTOSAR, www.autosar.org. *AUTOSAR Adaptive Platform for Connected and Autonomous Vehicles*, 2016.

AUT16c.　　AUTOSAR, www.autosar.org. *Diagnostic Communication Manager v4.2.2*, 2016.

AUT16d.　　AUTOSAR, www.autosar.org. *Diagnostic Event Manager v4.2.2*, 2016.

AUT16e.　　AUTOSAR, www.autosar.org. *General Requirements on Basic Software Modules v4.2.2*, 2016.

AUT16f.　　AUTOSAR, www.autosar.org. *Generic Structure Template v4.2.2*, 2016.

AUT16g.　　AUTOSAR, www.autosar.org. *Layered Software Architecture v4.2.1*, 2016.

AUT16h.　　AUTOSAR, www.autosar.org. *Methodology Template v4.2.2*, 2016.

AUT16i.　　AUTOSAR, www.autosar.org. *Release Overview and Revision History v4.2.2*, 2016.

AUT16j.　　AUTOSAR, www.autosar.org. *Software Component Template v4.2.2*, 2016.

BFH13.　　C. Briciu, I. Filip, and F. Heininger. A New Trend in Automotive Software: AUTOSAR Concept. In *Proceedings of the International Symposium on Applied Computational Intelligence and Informatics*, pages 251–256, 2013.

BG01.　　Jean Bézivin and Olivier Gerbé. Towards a Precise Definition of the OMG/MDA Framework. In *International Conference on Automated Software Engineering*, pages 273–280, 2001.

BK07.　　M. Brörkens and M. Köster. Improving the Interoperability of Automotive Tools by Raising the Abstraction from Legacy XML Formats to Standardized Metamodels. In *Proceedings of the European Conference on Model Driven Architecture-Foundations and Applications*, pages 59–67, 2007.

BKPS07.　　M. Broy, I. Kruger, A. Pretschner, and C. Salzmann. Engineering Automotive Software. In *Proceedings of the IEEE*, volume 95 of 2, 2007.

Bos12.　　B. Boss. Architectural Aspects of Software Sharing and Standardization: AUTOSAR for Automotive Domain. In *Proceedings of the International Workshop on Software Engineering for Embedded Systems*, pages 9–15, 2012.

DST15.　　D. Durisic, M. Staron, and M. Tichy. ARCA - Automated Analysis of AUTOSAR Meta-Model Changes. In *International Workshop on Modelling in Software Engineering*, pages 30–35, 2015.

DSTH14.　　D. Durisic, M. Staron, M. Tichy, and J. Hansson. Evolution of Long-Term Industrial Meta-Models - A Case Study of AUTOSAR. In *Euromicro Conference on Software Engineering and Advanced Applications*, pages 141–148, 2014.

DSTH16.　　D. Durisic, M. Staron, M. Tichy, and J. Hansson. Addressing the Need for Strict Meta-Modeling in Practice - A Case Study of AUTOSAR. In *International Conference on Model-Driven Engineering and Software Development*, 2016.

ETS16.　　ETSI, www.etsi.org. *Intelligent Transport Systems*, 2016.

Gou10.　　P. Gouriet. Involving AUTOSAR Rules for Mechatronic System Design. In *International Conference on Complex Systems Design & Management*, pages 305–316, 2010.

Kru95.　P. Kruchten. Architectural Blueprints - The "4+1" View Model of Software Architec-
　　　ture. *IEEE Softwar*, 12(6):42–50, 1995.

Küh06.　T. Kühne. Matters of (Meta-) Modeling. *Journal of Software and Systems Modeling*,
　　　5(4):369–385, 2006.

LH09.　J. C. Lee and T. M. Han. ECU Configuration Framework Based on AUTOSAR ECU
　　　Configuration Metamodel. In *International Conference on Convergence and Hybrid
　　　Information Technology*, pages 260–263, 2009.

LLZ13.　Y. Liu, Y. Q. Li, and R. K. Zhuang. The Application of Automatic Code Generation
　　　Technology in the Development of the Automotive Electronics Software. In *Inter-
　　　national Conference on Mechatronics and Industrial Informatics Conference*, volume
　　　321–324, pages 1574–1577, 2013.

MDS16.　C. Motta, D. Durisic, and M. Staron. Should We Adopt a New Version of a Standard?
　　　- A Method and its Evaluation on AUTOSAR. In *International Conference on Product
　　　Software Development and Process Improvement*, 2016.

MLW07.　A. Mjeda, G. Leen, and E. Walsh. The AUTOSAR Standard - The Experience of
　　　Applying Simulink According to its Requirements. *SAE Technical Paper*, 2007.

NDWK99.　G. Nordstrom, B. Dawant, D. M. Wilkes, and G. Karsai. Metamodeling - Rapid Design
　　　and Evolution of Domain-Specific Modeling Environments. In *IEEE Conference on
　　　Engineering of Computer Based Systems*, pages 68–74, 1999.

Obj04.　Object Management Group, www.omg.org. *MOF 2.0 Core Specification*, 2004.

Obj14.　Object Management Group, http://www.omg.org/mda/. *MDA guide 2.0*, 2014.

PB06.　M. Pagel and M. Brörkens. Definition and Generation of Data Exchange Formats in
　　　AUTOSAR. In *European Conference on Model Driven Architecture-Foundations and
　　　Applications*, pages 52–65, 2006.

SH13.　K. Sung and T. Han. Development Process for AUTOSAR-based Embedded System.
　　　Journal of Control and Automation, 6(4):29–37, 2013.

Völ13.　L. Völker. SOME/IP - Die Middleware für Ethernet-basierte Kommunikation. *Hanser
　　　automotive networks*, 2013.

第 5 章 汽车软件的详细设计

摘要：在讨论了架构风格和影响汽车软件系统架构设计的主要标准之一后，我们现在开始讨论下一个抽象层级——详细设计。本章中，我们将继续深入汽车软件架构技术层面的问题，阐述在特定软件组件中进行软件设计的方法。我们展示了使用 Simulink 进行建模的方法，重点介绍了它在汽车行业的应用。接着，我们提供了一个汽车制动算法在 Simulink 中实施的案例（该案例可以在 Matlab. com 网站的 Simulink 教程中扩展），进一步说明了使用 Simulink 进行软件系统建模的必要性。在展示了 Simulink 建模这一最常见的设计方法后，我们将讨论使用 C/C＋＋语言进行安全关键系统设计的原则。我们还将介绍用于在安全关键系统中记录和构建 C/C＋＋代码的 MISRA 标准。

5.1 概述

汽车软件的架构和高层描述通常属于 OEM 的业务范畴。OEM 会决定它们设计的车辆具备哪些功能以及哪些需求是嵌入在软件及电气系统中的。它们还负责将系统层面的需求分解为特定软件组件的需求。

然而，软件组件的详细设计（detailed design）及后续的实施（implementation）则是供应商（包括 Tier－1、Tier－2 和 Tier－3）或 OEM 内部软件开发团队负责的领域。他们需要进行软件组件的需求解读，组件架构设计，软件的实施、集成及测试，然后将软件交付至 OEM。

本章中，我们将介绍汽车软件的详细设计原则。我们首先描述一种广泛使用的方法——Simulink 建模⊖，然后将介绍安全关键嵌入式系统的编程原则，最后依照 MISRA 标准讨论优秀的编程所需遵循的规则。

⊖ 译者注：Simulink 是美国 MathWorks 公司出品的商业软件 Matlab 中的一种可视化工具，被广泛应用于汽车嵌入式系统的建模、仿真和集成。汽车嵌入式系统开发的常用可视化工具还包括 ETAS AS-CET 等。

5.2　Simulink 建模

汽车软件设计中使用的模型通常反映了汽车功能的行为，因此，模型是在能够反映物理世界而非软件世界的形式体系内创建的。

这类设计影响着设计过程和设计师的工作能力。其过程如图 5.1 所示。

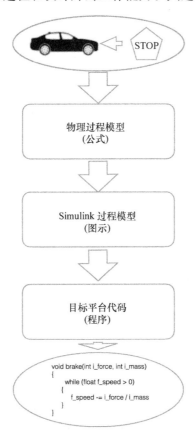

图 5.1　使用 Simulink 模型的过程概览

首先，在设计过程的开始，汽车的功能将被描述为一个数学函数，函数的输入和输出将被定义，关注点是数据流。这表明设计者要使用数学模型来描述汽车功能。比如，为了描述 ABS（一个经典的 Matlab/Simulink 示例），设计者需要将车轮的打滑、力矩和速度的相关物理过程描述为以时间为自变量的函数（或多个函数）。当确定好数学上的描述之后，每个方程都被翻译成一组 Simulink 模块（blocks）。

在将数学方程转换为 Simulink 模块和函数的过程中，设计者主要关注的是数据的流动和反馈回路。例如，在 ABS 示例模型中，车轮的打滑取决于车速，车速反过来又与车轮滑移有关。这些反馈回路存在于模型之中。在更高级的案例中，设计者还需要在 Matlab 中手写代码，以描述一些标准 Simulink 库中不包含的功能。

完成建模和测试之后，模型将被生成为目标语言代码，通常是 C 或者 C++，具体选择取决于系统要求。

接下来，我们将更深入地探讨上述过程。

5.2.1　Simulink 基础知识

Simulink 拥有丰富的函数和模块库，可以帮助设计人员对系统进行建模。下面，我们来介绍 Simulink 中的主要模块和它们的作用。

Simulink 模型搭建的基本原则是从信号源（source）开始并以一个接收器（sink）结束。在该过程中，数据将流过多个中间步骤。

通常使用的信号源是函数模块（function block）或者阶跃信号模块（step block），模型中的接收器通常是示波器模块（scope block）（用来显示输出）或者是模型的输出端口。

5.2.1.1　信号源

模型通常"始于"信号源模块（source），信号源模块为整个模型提供基本输入并允许对输入进行仿真。标准库中的信号源模块如图 5.2 所示。图中仅展示了汽车软件设计领域中最常用的部分。

这些模块的基本功能描述如下：

- 常数模块（Constant）——生成一个常量信号。
- 时钟信号模块（Clock）——提示和显示仿真时间。
- 数字时钟模块（Digital Clock）——以特定的时间间隔生成模拟信号。
- 脉冲发生器模块（Pulse Generator）——按照固定间隔生成方波脉冲，所有的波形参数均可被指定。
- 斜坡信号模块（Ramp）——以特定的频率生成持续上升或下降的信号。
- 随机数模块（Random Number）——生成仿真所需的正态分布随机数。
- 信号源发生器模块（Signal Generator）——生成一些最常用的信号，比如正弦波或者某个特定的函数。
- 阶跃信号模块（Step）——生成特定频率和数值的离散阶跃信号。
- 均匀随机数模块（Uniform Random Number）——在指定的间隔内生成均匀分布的随机数。
- 来自数据文件模块（From File）——加载预先储存在文件中的信号（可以是来自其他模型的仿真结果）。
- 来自工作空间模块（From Workspace）——与从文件加载信号数据类似，但是信号中不存储时间。

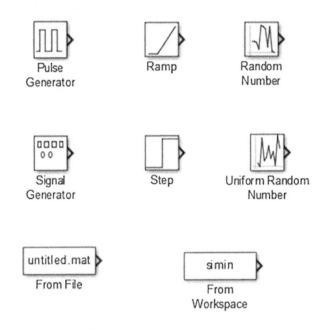

图 5.2　Simulink 基本模块——信号源模块

信号源模块可以提供持续信号（例如正弦波）、离散信号（例如阶跃信号）、随机信号（例如随机数）或者预定义序列（例如来自文件）等形式的信号输入。

5.2.1.2　常用模块

在建模中最常用的模块如下：

● 增益模块（Gain）——将输入乘以一个常量值（增益），乘数由设计者确定。

● 乘法模块（Product）——模块输出为两个输入（信号）的乘积。

● 求和模块（Sum）——类似乘法模块，但是输出为两个信号的和。

● 饱和度模块（Saturation）——设置输入信号的饱和上限和下限。

● 子系统模块（Subsystem）——表示子系统的模块（例如一个嵌入式模型）。这类模块常用于将模型建构至层次结构中，并将一个模型用作另一个模型的一部分。

● 输出端口模块（Out1）——模拟当前模型的输出信号（例如，输出到另一个模型的信号）。

● 输入端口模块（In1）——与输出端口相反，用于将外部信号输入到当前模型中进行仿真。

● 积分模块（Integrator）——输出为输入的积分。

● 选择开关模块（Switch）——根据第二个输入值在第一个和第三个输入值之间进行选择输出。

- 信号终结模块（Terminator）——用于终止无连接的信号输出。

以上模块的图形符号如图 5.3 所示。

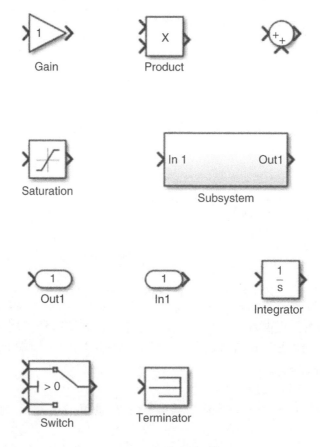

图 5.3　Simulink 常用模块

5.2.1.3　接收器

用作模型的接收器（Sink）的标准模块包括：

- 显示模块（Display）——在仿真过程中的特定位置及特定步骤中显示此刻的输入信号值。

- 示波器模块（Scope）——仿真过程中，将信号值作为时间的函数予以图表化显示。

- 结束仿真模块（Stop）——当信号输入为非零时结束仿真。

- 输出到文件模块（To File）——将其输入信号数据写入到指定文件。

- 输出到工作空间（To Workspace）——将除了时间变量之外的信号数据写入工作空间。

- 二维信号显示模块（XY Graph）——绘制两个信号彼此对应的图表（不是

两者对应于时间的图表）。

以上模块的图形表示如图 5.4 所示。

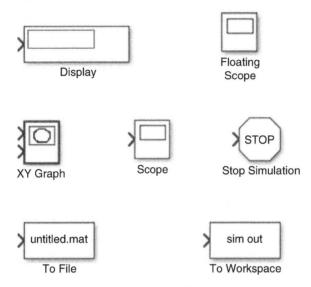

图 5.4 Simulink 接收器模块

在实际物理过程的设计中，我们经常需要将物理过程描述为某种数学函数。Matlab 环境非常适合数学函数的编写，而 Simulink 环境则可以直接利用内置和用户自定义的函数。用于描述数学函数的基本模块如图 5.5 所示。

封装了Matlab函数的功能模块
例如：stddev() 函数用于定义标准差

图 5.5 Simulink 基本模块——封装在 Simulink 模块内的 Matlab 函数

5.2.2 建模实例：信号数字化

现在让我们从一个最简单的 Simulink 模型入手——将模拟信号转换为数字信号。这一过程可以通过方程（5.1）进行说明。

$$f(x) = \begin{cases} 1 & \text{如果 } x > 0 \\ 0 & \text{如果 } x \leqslant 0 \end{cases} \tag{5.1}$$

与方程 5.1 相对应的 Simulink 模型是图 5.6。

图 5.6 Simulink 模型设计——信号数字化

位于图 5.6 中间的模块实现了方程（5.1）的逻辑，它使用了"Compare to constant（常量比较）"模块，被命名为"Digitalize signal（信号数字化）"。

下面，我们需要对 Digitalize signal 这一模块进行设置，如图 5.7 所示的界面，设置主要包含两个填写项——Operator（运算符）和 Constant（常量），其中 Operator 选择大于号（＞），Constant 选择为 0，如图 5.7 所示。这两项信息也会显示在图 5.6 的图标中。

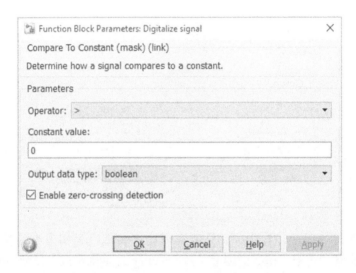

图 5.7　Digitalize signal 模块中的设置

现在，我们已经实现了数字化的功能，我们还需要为其添加两个端口——输入和输出端口。也可以添加一个示例函数来生成用于模块测试的信号，如图 5.8 所示。

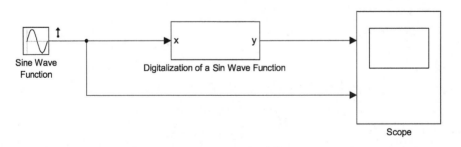

图 5.8　正弦波数字化功能模块创建

图 5.8 展示了 3 个模块：正弦波函数（Sine Wave Function）生成用于数字化的信号；示波器模块（Scope）用于可视化仿真结果；图中间的数字化模块用于功能实现，它将图 5.6 的内容包含其中，被命名为"Digitalization of a Sin Wave Function

（正弦函数数字化）"。示波器模块拥有两个输入，一个来自于正弦波函数，另一个来自数字化模块。仿真结束后，这两个输入将可视化为图 5.9 中的图形。

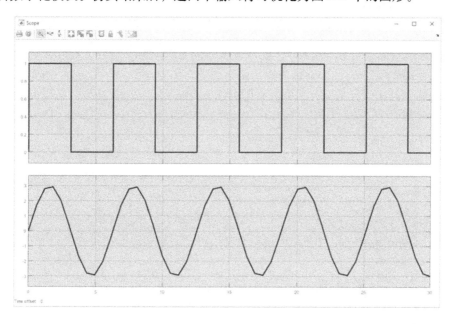

图 5.9　仿真结果被可视化为平行的图像——数字化信号（上）和来自
正弦波信号源模块的原始信号（下）

　　该示例中的模型非常简单。它的方程是关于信号数字化的，这并不是一个实际物理过程。同时，该示例也不包含反馈回路等控制系统设计中重要的元素（将在随后一节中介绍）。但通过它也可以说明使用 Simulink 进行数学建模的便捷性。

　　现在我们已经完成了信号数字化的系统设计，下一步是从模型生成 C/C + +代码。由 Simulink 模型生成的代码可读性较差，因此 Simulink 会提供有关生成代码的报告，如图 5.10 所示。

　　报告会为我们提供所有生成文件的索引（图中左侧的"Model files（模型文件）"），并在主视窗中提供概要总结。

　　而实际中的代码片段和图 5.11 中展示的结构类似。在该图中，代码展示了一段模块初始化的 C 代码结构体（例如，正弦波参数和数字化阈值"0"）。

模型实例讨论

　　我们设法通过上述简单的实例来展示 Simulink 的强大功能。同时，我们还设法遵照图 5.1 所示的流程来执行该设计。在汽车软件的设计中，我们可以借助一些库来完成设计过程。这些库属于汽车软件中最底层的那一部分，可以在 CAN 总线通信的通信层架构图中看到。

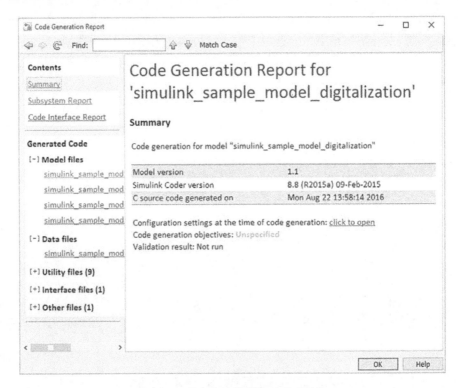

图 5.10　数字化功能的代码生成报告

```
21  #include "simulink_sample_model_digitalization.h"
22  #include "simulink_sample_model_digitalization_private.h"
23
24  /* Block parameters (auto storage) */
25  P_simulink_sample_model_digit_T simulink_sample_model_digital_P = {
26    0.0,                              /* Mask Parameter: Digitalizesignal_const
27                                       * Referenced by: '<S2>/Constant'
28                                       */
29    3.0,                              /* Expression: 3
30                                       * Referenced by: '<Root>/Sine Wave Function'
31                                       */
32    0.0,                              /* Expression: 0
33                                       * Referenced by: '<Root>/Sine Wave Function'
34                                       */
35    1.0,                              /* Expression: 1
36                                       * Referenced by: '<Root>/Sine Wave Function'
37                                       */
38    0.0                               /* Expression: 0
39                                       * Referenced by: '<Root>/Sine Wave Function'
40                                       */
41  };
42
```

图 5.11　生成代码中的模块初始化部分

5.2.3 将物理过程转译为 Simulink 模型

上一节中的信号数字化实例比较简单，它并不是对物理过程的建模。然而在大多数汽车软件的 Simulink 建模过程中，都会涉及物理过程。

为了阐明如何将物理过程建模为数学公式及 Simulink 模块，让我们考察一个基于车轮转速计算车轮线速度（或反向计算）的实例。图 5.12 展示了一个半径为"radius"的车轮中这两类速度的物理关系。

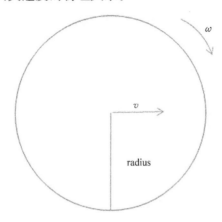

图 5.12 车轮线速度和转速的关系

表示两种速度之间关系的方程如下：

$$v = \omega \text{radius} \tag{5.2}$$

或

$$\omega = \frac{v}{\text{radius}} \tag{5.3}$$

这两个方程并不复杂。现在让我们来构建一个利用两个标量计算车轮线速度的模型，如图 5.13 所示。

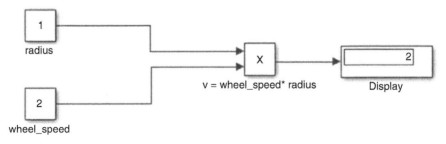

图 5.13 计算车轮线速度的 Simulink 模型

该模型中包含了两个标量的数值——转速（wheel_speed）和半径（radius）。我们还用到了乘法模块（Product）和显示接收器模块（Display）。最终执行的结果将呈现在显示接收器上。

如果我们希望基于线速度来计算车轮转速，则需要将模型中的乘法改为除法，得到如图 5.14 所示的新模型。对乘法模块属性的修改界面如图 5.15 所示，在"Number of inputs（输入数量）"一栏中，我们将原先的乘号（×）改成了除号（÷）。

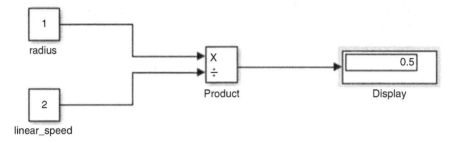

图 5.14　计算车轮转速的 Simulink 模型

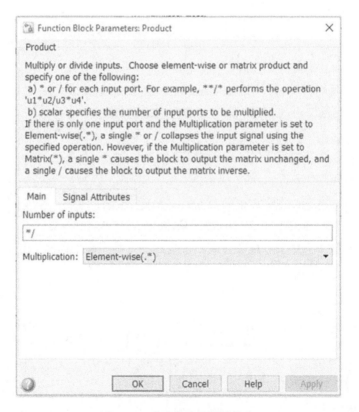

图 5.15　乘法模块的属性修改

在开始下一个例子之前，有必要简要介绍另一个在 Simulink 控制系统建模中用到的重要概念——反馈回路（feedback loop）。反馈回路的概念经常出现在自我调节（self‑regulating）系统的控制设计中。图 5.16 向我们展示了一个简单的反馈回路的示例。

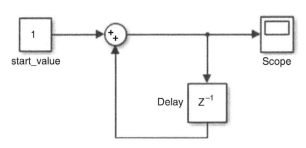

图 5.16　一个简单的反馈回路实例

图中我们可以看到回路直接从符号求和模块（Summation）的输出端得到信号，经过一个延迟模块（Delay）后，将信号送回到符号求和模块中。之所以用到延迟模块，是为了确保仿真在执行首次迭代时，符号求和功能已经具备了初始值。延迟模块（Delay）的属性设置如图 5.17 所示。

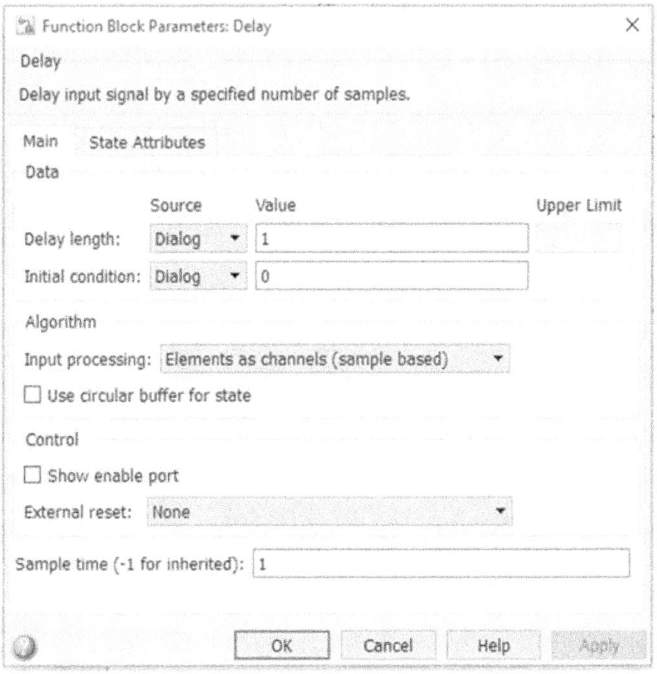

图 5.17　延迟模块的属性

这些属性中最重要的是"Delay length（延迟长度）"，该属性决定输入信号延迟的仿真循环周期数。仿真开始后，我们能够看到求和结果的逐步上升，如图 5.18 所示。

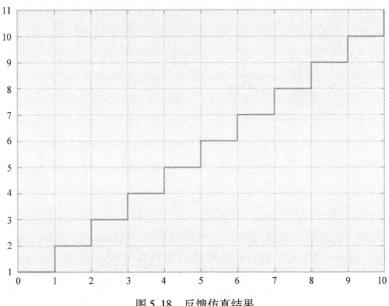

图 5.18　反馈仿真结果

5.2.4　车内加热器模型

让我们再来看一个更复杂的模型——汽车加热器。该模型引入了一个反馈回路，我们从 Matlab Simulink 标准模型库中的房屋加热模型（House Heating Model）得到启发，但设计时进行了适当简化，以便读者可以聚焦在系统中最重要的控制回路的概念上。

整体上看，加热器模型包含三个组件，我们将它们放入相应的模块：

- 车内模块（Car Interior）——描述车内温度，包括车内的热量损失。
- 加热器模块（Heater）——描述加热器的开关状态和加热温度。
- 恒温器模块（Thermostat）——描述加热器状态的切换。

该仿真模型有两个输入——室外温度和室内期望温度。

让我们先从加热器模块开始。加热器具有控制空气流动的切换开关以及加热器元件。这意味着当加热器开启时，它将在给定温度下把热空气吹入建模车辆的内部隔间，加热器模型如图 5.19 所示。

在该模型中，加热器将温度为 30℃ 的热空气以给定的速率（图中通过 Gain（增益）K 实现）吹出。增益模块的属性配置如图 5.20 所示。

增益（Gain）模块中，两个相乘的常数分别为①每小时空气流量，我们假定它保持恒定为 1kg/s，即 3600kg/h；②空气的热容量，室温下为 1005.4J/kg·K（模型中的估计值）。

必须指出的是，我们在模型中使用的值大多是常数，因为该示例的主要目的仅

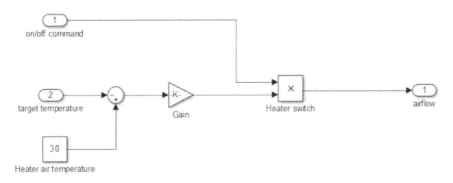

图 5.19　加热器模型

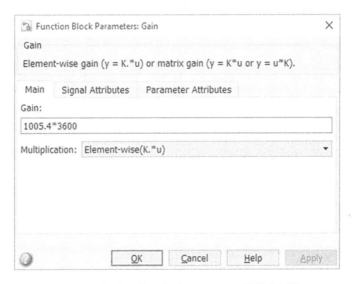

图 5.20　加热器模型中增益（Gain）模块的属性

仅是向读者说明如何在 Simulink 中设计算法。然而在实际工程中，我们经常要将这些常量建模为函数，这也是建模的挑战之一。比如，我们假定空气的热容量为常量，在实际中是不准确的，因为空气的热容量会随着温度的变化而变化。加热器的流量同样也不是恒定的，因为当加热器启动时，风扇需要一些时间来开始旋转，因此流量也会随之改变。在实践中，我们可以用两个方程来建模上述两个过程并将它们用作输入，取代本示例中的常量。

　　接下来，我们要进行加热器开关的建模。加热器开关需要根据车辆外部温度的变化来开启和关闭加热器。让我们将开/关偏差配置为与期望温度相差 3℃，我们可以使用滞环比较器模块（Relay）来实现该功能，如图 5.21 所示。

　　滞环比较器（Relay）模块的属性为：开/关基准（±3℃）以及输出信号（1代表开，0 代表关）。它的配置界面如图 5.22 所示。

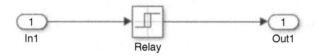

图 5.21 加热器开关的建模

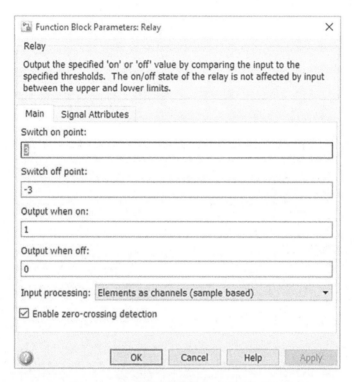

图 5.22 加热器开关建模——滞环比较器

我们将上述两个系统合并，链路将加热器输入端口连接到加热器开关的输出端口，如图 5.23 所示。

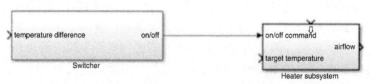

图 5.23 连接加热器和加热器开关模型

现在还剩下车内模块的建模，但在这之前，我们需要对环境和反馈回路进行建模。特别是需要对内部温度和期望温度之间温度差的计算进行仿真，为实现这一功能，可以先添加一个汽车的代理（空的子系统），然后再添加符号求和组件来计算期望温度和当前温度的差值。我们还需要添加一个常量模块，用于模拟需求温度，模型中我们将其设为 21℃。最终模型如图 5.24 所示。

模型中，加热器模块的当前温度（current temperature）端口没有与外部连接，我们后续会将它连接到车内模块（Car's interior）的信号上。

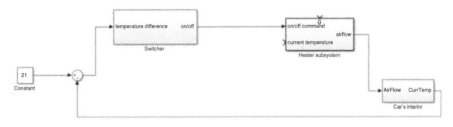

图 5.24　带有反馈回路的空气加热器模型（初版）

现在，我们要对汽车内部的实际温度进行建模。汽车内部温度在初始时与外部温度（也应添加到模型中）相等，但会随着加热器吹入热空气而上升。车内温度随时间的变化可以用下面的方程表示：

$$\frac{\mathrm{d}Temp_{car}}{\mathrm{d}t} = \frac{1}{M_{air} \times 1005.4 \mathrm{J/kg-K}} \times \left(\frac{\mathrm{d}Q_{heater}}{\mathrm{d}t} \right) \tag{5.4}$$

对于一辆普通的汽车而言，空气质量（M_{air}）是汽车内部空间体积和空气密度（常量 1.2250kg/m³）的乘积。为了简化计算，我们将车内容积设为 3m³，再与空气密度相乘后可得空气质量为 3.675kg。由此，我们得到了如图 5.25 所示的车内模块的模型。

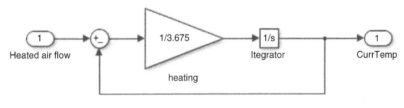

图 5.25　车内模块的建模

在模型中我们采用增益模块（Gain）模拟温升，采用积分器模块（Integrator）设置初始温度。我们还添加了反馈回路来体现温度的升高，类似于编程中的循环语句。在增益模块的属性中，我们设置由方程（5.4）得到的温升计算结果，如图 5.26 所示。

现在，将所有元素连接，可得到如图 5.27 所示的模型。

模型中，车内温度随时间的变化的仿真结果如图 5.28 所示。

可以看到，该模型非常简单，车内温度从初始温度 1℃上升并保持恒温。这是因为我们的车内环境模型只考虑了内部加热过程，忽略了加热器不工作时的冷却过程。为了在解决这一问题的同时不过度将模型复杂化，我们可以在增益模块

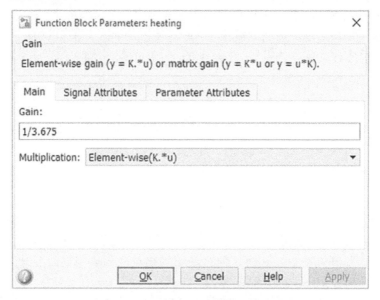

图 5.26　车内模型中的增益模块属性

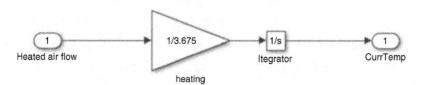

图 5.27　汽车加热器只考虑加热过程的模型

（Gain）后添加一个反馈回路，如图 5.29 所示。

当添加了反馈模块后，我们可以看到车内温度会在加热器未启动时下降，这一过程的仿真结果如图 5.30 所示。

加热器模型总结

本节介绍的加热器模型是一个带有反馈回路的简化模型，这一实例向我们阐明了 Simulink 建模之所以在软件开发中如此受欢迎的一些重要优势。

首先，模型完成之后，设计者可以执行模型并观察仿真结果。示波器模块（Scope）几乎可以用于任何信号的接收显示。这极大地方便了模型的调试工作；如果出现问题，定位也相对容易。

模块化的能力是它的另一项优势。设计者可以在软件开发的早期原型阶段使用一些常量和假设。随着开发工作的深入，设计者对物理过程了解得越来越多，再使用相应的模块和 Matlab 函数来替换常量的部分。这些函数可以根据设计者对物理过程的了解进行模型的分析搭建，也可以使用数学回归和统计建模方法来完成。

最后一项优势是在目标平台上生成可执行的源代码的能力。只要模型可以执行，就一定可以被生成为代码，这让汽车软件工程师受益良多。

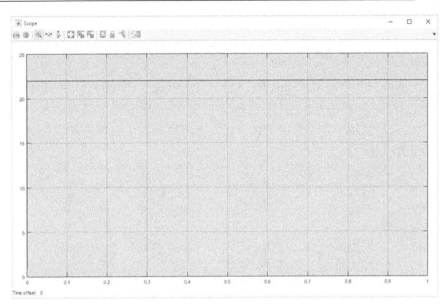

图 5.28 加热器模型仿真结果

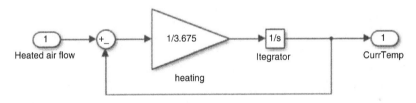

图 5.29 考虑了冷却效果的模型

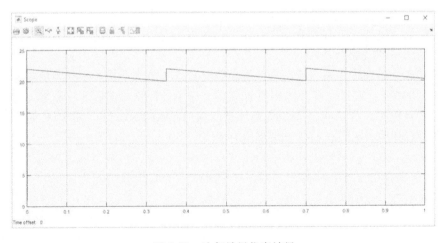

图 5.30 冷却效果仿真结果

5.3 Simulink 和 SysML/UML 语言建模的对比

SysML 是一套基于统一建模语言（UML）的表示法，尽管它与 Simulink 表示法不同，但二者都没有限制特定适用的软件开发过程。在实践中，Simulink 和 SysML/UML 可以适用于各种开发模式。我们将两种表示法在软件开发各阶段的差异概括在了图 5.31 中。

图 5.31 Simulink 和 SysML/UML 在软件开发过程中的对比

在软件开发的分析阶段，两类符号支持不同种类的分析和建模。Simulink 使用数学方程来描述系统（如本章之前所述），而 SysML/UML 则使用概念模型和类图（细节级别较低）。使用 SysML/UML 创建的模型是高层的，不可被执行；而 Simulink 创建的数学模型则需要完备的描述，并将在接下来的设计阶段被使用。

设计阶段的主要目标是开发详细的软件模型。在这一阶段，两类符号出现了明显差异。在 SysML/UML 中，主要的描述实体是类（对应于编程语言中的类或模块（modules））、状态图和序列图。尽管 SysML/UML 有更多的图表类型选择，但这三类实体仍是迄今为止使用最频繁的。而在 Simulink 中，主要实体是模块（blocks）和信号（如本章之前所述）。

同样地，在设计实施阶段，两类表示法也存在巨大差异。Simulink 通常可以实现 100% 的代码生成，生成的代码可被编译和执行。SysL/UML 符号通常无法实现完全的代码生成，而只能生成所谓的框架代码（skeleton code）。框架代码需要设计者使用目标编程语言进行手动编程来补充。

在设计实施后，需要对代码进行测试。在 Simulink 中，测试通过模拟仿真完成（有时会使用测试环境执行仿真）。而对于 SysML/UML 生成的代码，测试还是通过传统手段进行，比如单元测试等。

SysML/UML 语言通常被称为架构语言，因为它们来自于面向对象的设计和分析领域，并关注于现实世界中对象的概念建模。这意味着工作的主要内容集中在模型的设计，目标编程语言的所有细节都必须纳入考虑，否则无法生成代码。因此，我们可以看到在汽车领域，这一语言通常被用于制定逻辑组件架构，而系统的详细设计则使用 Simulink 来完成。

5.4　嵌入式安全关键系统编程准则

与航空航天工业相比，安全关键系统（safety – critical system）这一概念直到最近才在汽车行业内出现［Sto96，Kni02］。航空航天工业的历史上，Ada⊖是最常用的嵌入式软件开发编程语言，这得益于它定义明确的并行编程语义和机制。

在电信行业，尽管安全关键性问题并不突出，工程师仍经常使用 Haskell 或 Er-lang⊖等函数式编程语言。

但是在汽车行业中，编程最常使用的是 C/C++ 代码。C/C++ 的优点在软件工程领域几乎人尽皆知——它相对简单同时具备良好的编译器支持。由于大多数安全关键操作系统都采用了 Unix 内核，上述优势也意味着代码可以在不同的操作系统间轻松移植。

汽车软件中经常使用的操作系统是 VxWorks 和 QNX，它们比较简单，具备较强的调度和任务处理能力。"简单"这一特性使设计人员能够很大程度上保持对编程的掌控，正因为如此，这两个操作系统十分受欢迎。另外，AUTOSAR 的出现也标准化了底层操作系统的许多元件（如本书第 4 章所述）。

由于汽车软件分布在许多 ECU 上，因此 ECU 之间的通信也是另一个重要话题。从设计者的角度来看，通信意味着信号在不同软件组件之间的交换，并且状态机必须同步。通常，在编程语言中，这意味着消息被封装成数据包或者使用 socket接口发送。

从物理层面来看，设计人员可以使用许多不同的通信协议，例如：

● CAN 总线——在 ISO 11898 标准［Sta 93］中定义，它是目前汽车行业中最常用的总线。它允许我们以 1Mbit/s 的速度发送消息，甚至可以在车辆总线中发送视频流（例如来自泊车摄像头的视频信息）。该协议很受欢迎，因为它具有相对简单的媒体访问单元（Medium Access Unit，MAU）和数据链路层（Data Link Layer，DLL）架构及规范。

● Flexray 总线——在 ISO 17458 标准中定义，是汽车行业未来可能的发展方向之一。它允许在与 CAN 总线相似的线束上以高达 10Mbit/s 的速度进行通信，并且具有两个独立的信道（一个用于容错）。

● 以太网（Ethernet）总线——用于互联网通信，速度高达 1Gbit/s，正在被考虑应用到汽车中。在本书编写之时，该协议已被一些汽车制造商用于 ECU 的远

⊖　译者注：Ada 语言由美国国防部于 1979 年完成发布，在世界范围内被广泛地应用于包括军事领域等诸多安全关键系统的开发。其命名为纪念最早的电脑程序编写者、英国数学家 Ada Lovelace 伯爵夫人。

⊖　译者注：Haskell 和 Erlang 语言均为通用性的函数语言，分别于 1990 年和 1987 年发布。

程刷新场景。由于以太网总线容易受到静电失真的影响，大多数制造商仍在等待更成熟的规范以实现它在电子系统中的大规模应用。

- MOST 总线——在汽车行业里用于发送和接收与多媒体相关的内容（例如视频和音频信号）。它的通信速率可高达 25 ~ 150Mbit/s，具体取决于所使用的标准协议版本。

- LIN 总线——用于低成本的车内机械电子节点之间的通信，通信速率约达 20Kbit/s。

在车辆系统的设计过程中，架构师通常在早期就决定了网络拓扑结构以及通信总线类型。如上文所述，不同的总线针对的应用场景和目的各不相同，因此在选型时不太会纠结。

5.5 MISRA 标准

在设计汽车应用软件时，我们需要遵循特定的设计指导。针对详细设计中使用了 C 语言的系统，汽车行业设立了 MISRA – C ［A⁺08］标准⊖作为编程指导。该标准针对如何编写嵌入式 C 代码在命名规范、文档以及某些编程结构的使用方面做了规定。其中的规则包括以下几类：

1. 环境（Environment）——与开发过程中采用的编程环境有关的规则（例如，多种编译器的混合使用）。

2. 语言扩展（Language extension）——规定如何进行代码注释、汇编代码应该封装、删除注释代码等。

3. 文档（Documentation）——规定何种构造的代码应当被文档化及如何文档化。

4. 字符集（Character sets）——只能使用 ISO 标准定义的 C 语言字符集和三字符集的禁用。

5. 标识符（Identifiers）——定义标识符的长度和命名规范，也包括定义类型（typedef）的使用。

6. 类型（Types）——"char"字符串类型的使用，新类型的命名规范以及位域（bit fields）的用法。

7. 常量（Constants）——禁止八进制常量的使用。

8. 声明和定义（Declarations and definitions）——有关函数类型的显式可见性及其声明的规则。

9. 初始化（Initialisation）——关于声明变量时的默认值的规则。

⊖ 译者注：MISRA 是 The Motor Industry Software Reliability Association 的缩写，中文名为汽车工业软件可靠性联会，MISRA C 于 1998 年发布初版，目前官方最新版为 2012 版。

10. 数值类型转换（Arithmetic type conversions）——描述隐式和显式类型转换的规则，以及需要避免的危险转换。

11. 指针类型转换（Pointer type conversions）——关于不同类型指针之间转换的规则。

12. 表达式（Expressions）——关于程序中算术表达式求值的规则。

13. 控制语句表达式（Control statement expressions）——关于 for 循环中使用的表达式的规则，以及规定产生布尔值的表达式中不能使用赋值语句。

14. 控制流（Control flow）——有关执行不到的代码、空语句及它们的位置，以及禁止使用 goto 语句的规则。

15. Switch 语句——关于 switch 语句结构的规则（是 C 语言中可能结构的子集）。

16. 函数（Functions）——关于禁用非安全结构的规则，比如禁用可变参数列表或递归调用。

17. 指针和数组（Pointers and arrays）——关于指针和数组用法的规则。

18. 结构和联合（Structures and unions）——关于联合声明完整性及其在内存中位置的规则，以及禁用联合。

19. 预处理指令（Preprocessing directives）——关于#include 预处理指令以及 C 语言中宏的使用规则。

20. 标准库（Standard libraries）——关于堆内变量的内存分配、函数库参数检查，以及禁用某些标准库函数/变量（例如 errno）的规则。

21. 运行时故障（Run–time failures）——规定采用静态分析、动态分析技术以及编写明确的代码，以避免运行时故障。

MISRA 规则通常使用安全关键系统所采用的 C/C＋＋编译器进行编码。得益于此，它的内容相对简单和直接，因此也得到了广泛的应用。

MISRA 标准分别于 2008 年和 2012 年进行了修订，更多的规则被加入。现在该标准已经包含 200 条内容，其中大多数被归类为"必要性规则（required rules）"。

作为举例，我们选取其中一条规则进行解读——标准中的规则 20.4——"禁止使用动态堆的内存分配（Dynamic heap memory allocation shall not be used）"。这条规则禁止了对变量进行动态内存分配。其背后的根本原因是，动态内存分配可能会导致内存泄漏、溢出错误和随机的失效。仅以内存泄漏为例，与之相关的缺陷通常难以追踪，因此解决漏洞的成本很高。如果这类缺陷出现在代码中，可能导致不确定的行为和软件崩溃。而崩溃又可能进一步造成节点需要重启，这在安全关键系统运行期间是不被允许的。遵循这条规则也意味着需要对可使用的数据结构大小进行限制，并且需要在设计时对系统的内存需求预先确定，因此使得软件的使用更加"安全"。

5.6 NASA 十条安全关键编程准则

美国国家航空航天局（National Aeronautics and Space Administration，NASA）在开发和使用安全关键软件方面有着悠久的传统。事实上，最初的软件可靠性研究大都是在 NASA 的喷气推进实验室完成的，这是由于 NASA 的任务中经常需要采用安全关键软件来控制诸如航天飞机或卫星等设备。

2006 年，NASA 喷气推进实验室首席科学家 Holzmann 提出了 10 条安全关键编程准则。这些准则适用于所有安全关键软件［Hol06］。

1. 严格使用精简的控制流构造编写程序，不要使用 goto 语句、setjmp 或 longjmp 构造，以及直接或间接的递归调用。

2. 给所有的循环设定固定上限。在给定循环次数的情况下，我们可以通过检查工具静态地证明循环次数没有超过预设的上限。如果工具无法以静态方式对循环次数边界加以证明，意味着该规则被违反。

3. 不要在初始化完成之后使用动态内存分配。

4. 对于任何标准格式（每个语句和每个声明各 1 行）的函数，其长度不应超过 1 页纸的范围。在一般情况下，这意味着单一函数的代码不能超过 60 行。

5. 代码中的断言密度（assertion density）应该至少保持每个函数 2 个。断言必须被用于检查实际运行过程中不应该发生的异常情况。断言必须没有副作用，并且应该被定义为布尔测试。当一个断言失败时，应该执行明确的恢复操作，例如将错误情况返回给执行该断言失败的函数调用者。任何能被静态工具证实永远不会失败或永远不能触发的断言都认为违反了该规则。

6. 在可能的最小范围级别声明所有的数据对象。

7. 每次函数调用后必须检查非空函数的返回值，并且每个被调函数必须检查参数的有效性。

8. 预处理程序（preprocessor）的使用必须限于头文件和简单的宏定义。递归的宏调用、记号粘贴以及变量参数列表均不被允许使用。所有的宏必须扩展为完整的语法单元。条件编译指令的使用必须保持在最小限度。

9. 应当限制指针的使用。具体来说，不允许有超过 1 层的解引用。指针解引用不可以被隐藏在宏定义或者是类型定义声明中。另外，不允许使用函数指针。

10. 从开发工作的第一天开始，所有代码都必须被编译，并在最为严格的设置下开启所有编译器警告功能。所有的代码必须至少每天 1 次、每次使用至少 1 个（多个则更好）强静态源码分析器进行检查，并且必须以零警告通过所有分析。

这些准则都包含在了 MISRA 标准中，它们表现出安全关键系统无关于具体应用领域的相似性。这些规则的核心是安全关键系统应当是简单并且模块化的。例如，针对函数代码应小于 60 行（准则 4）这一规则，在大型和复杂代码的可维护性限制中也得到了体现。

这些准则也体现了自动化的违规检查的难度。例如，原则 6（"在可能的最小范围级别声明所有的数据对象"）必须对代码进行解析，以建立"可能的最小范围级别"的边界。

5.7　非安全关键功能的详细设计

在前面的章节中，我们所关注的是一些通常在不同程度上被认为"安全关键"的软件的设计。然而，现代汽车中还有大量的软件并不是安全关键的。其中一个典型代表是车载信息娱乐系统域，其主要关注的是人机交互中的连接性和用户体验。接下来，我们将介绍一个该领域的常用标准——GENIVI［All09，All14］。

信息娱乐应用

GENIVI 标准是基于分层架构建立的，它具有 5 个基础层级，如图 5.32 所示。

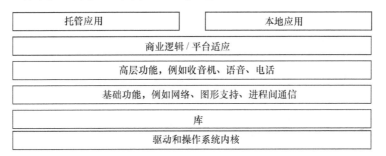

图 5.32　GENIVI 分层架构

在 GENIVI 架构中，最上层分配给了用户应用程序，它们可以互相之间提供服务，该标准本身则侧重于基础功能和上层功能［All15］。GENIVI 的参考架构中包含以下方面：

- 持久性——提供持久性的数据存储。
- 软件管理——支持诸如软件远程更新（Software - Over - The - Air，SOTA）等功能。
- 生命周期——支持系统的启动和关闭。
- 用户管理——支持多用户及其概要文件。
- 内部管理——支持错误管理。
- 安全基础设施——支持加密技术及其和硬件安全模块的交互。
- 诊断——支持 ISO14229 - 1：2013 中定义的诊断。
- 进程间通信（Inter - Process Communication，IPC）——支持进程之间的通信（如消息代理）。

- 网络——支持实现不同的汽车网络技术（如 CAN）。
- 网络管理——支持网络连接的管理。
- 图形支持——提供图形库。
- 音频/视频处理——提供音频和视频播放的编解码器。
- 音频管理——支持流式传输和音频流的优先处理。
- 设备管理——例如通过 USB 提供设备支持。
- 蓝牙——提供蓝牙通信栈。
- 摄像头——提供车载摄像头（例如后视摄像头）所需的功能。
- 语音——支持语音命令。
- HMI 支持——提供处理用户交互的功能。
- 用户边缘（Customer Edge，CE）设备集成——支持 CarPlay 等协议。
- 个人信息管理——支持地址簿和密码等基本功能。
- 车辆接口——提供与其他车辆系统通信的支持。
- 互联网功能——提供对互联网的支持，例如搜索网页。
- 媒体资源——提供对媒体共享的支持，例如数字生活网络联盟（Digital Living Network Alliance，DLNA）。
- 媒体框架——提供媒体播放器的通用逻辑。
- 导航和基于定位的服务——支持导航系统。
- 电话语音——为电话语音栈提供支持。
- 收音机和调谐器——为收音机提供支持。

以上的列表表明，GENIVI 参考架构是构建娱乐信息系统内部标准化的一大进步。这一标准化的建立使得用户可以应用通用的软件生态，而非针对单一 OEM 设计的解决方案。

现在，我们可以在许多汽车平台上看到 GENIVI 的身影，例如宝马汽车使用了玛涅蒂马瑞利集团（Magneti Marelli）提供的信息娱乐系统（根据 GENIVI 官网消息）。GENIVI 应用程序的标准架构描述语言是 Franca 接口定义语言（Interface Description Language，IDL），它被用来定义 GENIVI 软件组件的接口。

5.8 安全关键软件的质量保证

汽车软件的质量保证遵循多个标准，其中之一是 ISO/IEC 25000 系列标准[ISO16]。该标准描述质量的通常方式是将质量分解成一系列特征和一系列视角。其中，软件质量的 3 个视角包括：

1. 外部软件质量（external software quality）——描述与需求有关的软件产品质量（因此分类为"外部的"）。

2. 内部软件质量（internal software quality）——描述与软件构建有关的软件质

量（因此分类为"内部的"）。

3. 使用中质量（quality in use）——从用户视角来描述软件的质量（因此分类为"使用中"）。

本节中，我们将重点介绍软件的内部质量以及监控内部质量的方法——检查软件正确性的形式方法以及检查软件属性（例如复杂度）的静态分析。用于查找软件缺陷的测试技术已经在第 3 章讨论，不再赘述。

5.8.1 形式方法

形式方法（formal methods）指的是，使用与数学逻辑、类型理论和符号类型执行相关的形式体系来集中表示软件规范定义、开发、验证等一系列技术。

在汽车领域，ASIL D 组件（根据 ISO/IEC 26262 标准分级，详见第 8 章）的验证过程需要使用上述形式方法。

形式验证通常遵循严格的流程。在流程中使用正式标记法（formal notation）对软件进行定义，然后逐渐将其细化为程序的源代码。如果过程中的每一步都显示为正确，意味着软件在形式上是正确的。

5.8.2 静态分析

保证汽车软件内部质量的另一种方法是静态分析（static analysis）［BV01，EM04］。静态分析总体上指的是分析软件系统源代码（或者模型代码）的系列技术手段。静态分析旨在发现软件代码中的漏洞和违反编程实践规则的情况。汽车系统中的静态分析通常会检查代码是否违反 MISRA 规则和其他编程规范的情况。

除了 MISRA 规则之外，静态分析通常会检查以下内容（示例）：

- 应用程序接口（API）使用错误，例如，使用私有 API。
- 整数处理的问题，例如，有潜在危险的类型转换。
- 计算期间整数溢出。
- 非法内存访问，例如，采用指针操作。
- 空指针解引用。
- 并发数据非法访问。
- 竞争条件（race condition）。
- 违反最佳安全（security）实践。
- 未初始化。

静态分析技术因为不需要依赖代码的执行，所以非常流行。大多数静态分析工具不需要真正地执行代码，因此在检查时不需要具备完整的、可执行的代码，而形式化的分析（例如符号执行）或动态分析则需要完整和可执行的代码作为前提。

图 5.33 展示了一个静态分析工具（SonarQube）的截图。

在图中，我们可以看到软件中各模块复杂度的变化。复杂度直接影响到可测试

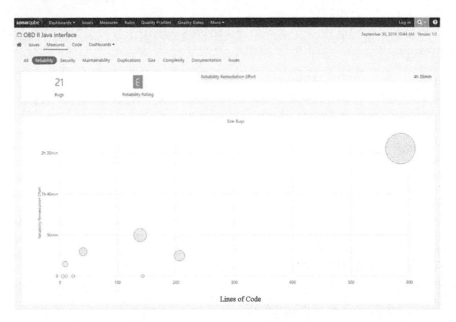

图 5.33　SonarQube 静态分析软件截图

性（复杂度越高，可测试性越低），因此它是软件内部质量的重要参数。

　　图 5.34 展示了 SonarQube 的另一个例子。它是一个关于软件内部质量的自定义视图，显示了软件中每个类的复杂度和重复（duplication）代码的比例。

图 5.34　SonarQube 静态分析软件截图——自定义面板

　　SonarQube 可以在插件的帮助下进行扩展，包括多种编程语言和分析工具；它还可以通过自定义插件进行扩展。

　　但是，在分析期间缺少对软件的执行也存在局限性，它无法检查程序中的死锁（deadlock）、数据竞争条件和内存泄漏等问题。

另一个静态分析工具是开源的 XRadar，它同时具备静态和动态执行分析能力。图 5.35（见彩插）展示了该工具分析结果一个实例的截图。

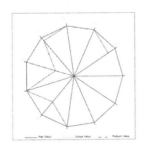

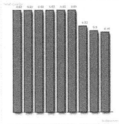

图 5.35　XRadar 静态分析软件截图

如果软件开发是在 Eclipse 环境（www. eclipse. org）中完成的，那么有超过 1000 个插件可以用于软件代码的静态分析，其中许多插件都实现了 MISRA 标准的检查。

5.8.3　测试

测试作为一种非常重要的技术，本应在此介绍。但我们已经在第 3 章对其进行了讨论，这里不再赘述。

5.9　拓展阅读

对汽车系统的软硬件集成及编程感兴趣的读者可以参考 Schauffele 和 Zurawka 的著作［SZ05］。该书中更详尽地阐述了汽车软件详细设计中所用到的概念，例如时序分析和面向硬件的编程等。

对于从其他软件行业转入汽车软件设计领域的工程师，可以阅读 Saltzmann 和 Stauner 的著作［SS04］，该书中阐述了汽车软件开发和非汽车软件开发的详细区别。

对于 Simulink 建模，最好的资料来源就是其官方网站：*www. matlab. com*。网站中包含大量的教程。为了增强大家对将物理世界转译为 Simulink 模型过程的理解，我们建议参考来自 https：//classes. soe. ucsc. edu/cmpe242/Fall10/simulink. pdf 的教程。

希望提升 Simulink 建模水平的进阶读者可以阅读 Han 等人的论文 ［HNZ⁺13］。该论文专注于 Simulink 模型的优化方法，讨论了诸如液压伺服机构等领域的内容。另一个有关该主题参的参考读物推荐 Gerlitz 等人关于模型气味（smells）⊖检测的论文 ［GTD15］。

MISRA 是众所周知的标准，但它是在考虑了 NASA 的十条安全关键编程准则 ［Hol06］的基础上发展而来的。在安全关键系统中使用更小的语言构造集合的理论和经验证据可以在 Hatton 的文章中找到 ［Hat04］。

对于安全关键程序中使用的编程语言和准则的更为详尽的阐述感兴趣的读者，可以参考 Fowler 的概要 ［Fow09］或者 Storey 的经典著作 ［Sto96］。我们还建议读者参考我们以前关于汽车软件复杂度演变历程的工作 ［ASM⁺14］以及它对软件可靠性的影响 ［RSM⁺13］。

事实证明，当某汽车软件的潜在变体数量很大时，在设计中使用形式方法可以有效地验证产品配置。Sinz 等人证明了这方面的一个成功案例 ［SKK03］。Jersak 等人则说明软件集成是另一个形式方法可发挥作用的领域 ［JRE⁺03］。

由于使用形式方法成本较高，研究人员还在不断地寻求降低成本的新方法，比如寻找轻量化方法（lightweight methods），Jackson 所提倡的方法就属于此类 ［Jac01］。

对使用或自定义 UML 进行汽车软件详细设计感兴趣的读者，我建议先看一看我们之前关于不同自定义机制对模型质量的影响的研究 ［SW06］、在工业上实现模型驱动架构（Model Driven Architecture，MDA）的过程 ［SKW04，KS02］，以及关于设计不一致的问题的研究 ［KS03］。

最后，对汽车软件质量感兴趣的读者可以阅读关于缺陷分类方案的研究 ［MST12］，该研究中还对汽车软件中遇到的故障的属性进行了更详细的描述。

5.10 总结

汽车软件包含多个域和多种类型的电子计算机，对应的详细设计也采用了多种不同的范式，这正是本章聚焦的主题。

本章中，我们探讨了软件设计人员如何进行汽车软件的详细设计。我们关注了使用 Simulink 进行基于模型的开发。Simulink 是汽车软件最常用的设计工具和设计方法。

⊖ 译者注：代码气味（或称代码异味）是软件工程领域的术语，指的是可能暴露深层次问题的代码特征。

我们还介绍了安全关键系统的编程准则，这些准则基于 NASA 的原则和 MISRA 标准。简单来说，这些规则要求必须使用简单的编码构造，从而让我们可以在程序代码被执行之前验证软件的有效性，并最大限度地降低软件非预期行为的风险。

我们还介绍了信息娱乐系统的 GENIVI 架构，这在汽车软件中是一个有趣的领域。本章的最后，我们介绍了多种用于汽车软件验证的技术，比如静态分析和形式验证等。

参 考 文 献

A+08.　Motor Industry Software Reliability Association et al. *MISRA-C: 2004: guidelines for the use of the C language in critical systems*. MIRA, 2008.

All09.　GENIVI Alliance. Genivi, 2009.

All14.　GENIVI Alliance. Bmw case study, 2014.

All15.　GENIVI Alliance. Reference architecture, 2015.

ASM+14.　Vard Antinyan, Miroslaw Staron, Wilhelm Meding, Per Österström, Erik Wikstrom, Johan Wranker, Anders Henriksson, and Jörgen Hansson. Identifying risky areas of software code in agile/lean software development: An industrial experience report. In *Software Maintenance, Reengineering and Reverse Engineering (CSMR-WCRE), 2014 Software Evolution Week-IEEE Conference on*, pages 154–163. IEEE, 2014.

BV01.　Guillaume Brat and Willem Visser. Combining static analysis and model checking for software analysis. In *Automated Software Engineering, 2001.(ASE 2001). Proceedings. 16th Annual International Conference on*, pages 262–269. IEEE, 2001.

EM04.　Dawson Engler and Madanlal Musuvathi. Static analysis versus software model checking for bug finding. In *International Workshop on Verification, Model Checking, and Abstract Interpretation*, pages 191–210. Springer, 2004.

Fow09.　Kim Fowler. *Mission-critical and safety-critical systems handbook: Design and development for embedded applications*. Newnes, 2009.

GTD15.　Thomas Gerlitz, Quang Minh Tran, and Christian Dziobek. Detection and handling of model smells for MATLAB/Simulink Models. In *Proceedings of the International Workshop on Modelling in Automotive Software Engineering. CEUR*, 2015.

Hat04.　Les Hatton. Safer language subsets: An overview and a case history, MISRA C. *Information and Software Technology*, 46(7):465–472, 2004.

HNZ+13.　Gang Han, Marco Di Natale, Haibo Zeng, Xue Liu, and Wenhua Dou. Optimizing the implementation of real-time simulink models onto distributed automotive architectures. *Journal of Systems Architecture*, 59(10, Part D):1115–1127, 2013.

Hol06.　Gerard J Holzmann. The power of 10: rules for developing safety-critical code. *Computer*, 39(6):95–99, 2006.

ISO16.　ISO/IEC. ISO/IEC 25000 - Systems and software engineering - Systems and software Quality Requirements and Evaluation (SQuaRE). Technical report, 2016.

Jac01.　Daniel Jackson. Lightweight formal methods. In *International Symposium of Formal Methods Europe*, pages 1–1. Springer, 2001.

JRE+03.　Marek Jersak, Kai Richter, Rolf Ernst, J-C Braam, Zheng-Yu Jiang, and Fabian Wolf. Formal methods for integration of automotive software. In *Design, Automation and Test in Europe Conference and Exhibition, 2003*, pages 45–50. IEEE, 2003.

Kni02.　John C Knight. Safety critical systems: Challenges and directions. In *Software Engineering, 2002. ICSE 2002. Proceedings of the 24th International Conference on*, pages 547–550. IEEE, 2002.

KS02.　Ludwik Kuzniarz and Miroslaw Staron. On practical usage of stereotypes in UML-based software development. *the Proceedings of Forum on Design and Specification Languages, Marseille*, 2002.

KS03.　Ludwik Kuzniarz and Miroslaw Staron. Inconsistencies in student designs. In *the*

Proceedings of The 2nd Workshop on Consistency Problems in UML-based Software Development, San Francisco, CA, pages 9–18, 2003.

MST12.   Niklas Mellegård, Miroslaw Staron, and Fredrik Törner. A light-weight software defect classification scheme for embedded automotive software and its initial evaluation. *Proceedings of the ISSRE 2012*, 2012.

RSM+13.   Rakesh Rana, Miroslaw Staron, Niklas Mellegård, Christian Berger, Jörgen Hansson, Martin Nilsson, and Fredrik Törner. Evaluation of standard reliability growth models in the context of automotive software systems. In *Product-Focused Software Process Improvement*, pages 324–329. Springer, 2013.

SKK03.   Carsten Sinz, Andreas Kaiser, and Wolfgang Küchlin. Formal methods for the validation of automotive product configuration data. *AI EDAM: Artificial Intelligence for Engineering Design, Analysis and Manufacturing*, 17(01):75–97, 2003.

SKW04.   Miroslaw Staron, Ludwik Kuzniarz, and Ludwik Wallin. Case study on a process of industrial MDA realization: Determinants of effectiveness. *Nordic Journal of Computing*, 11(3):254–278, 2004.

SS04.   Christian Salzmann and Thomas Stauner. *Automotive Software Engineering*, pages 333–347. Springer US, Boston, MA, 2004.

Sta93.   ISO Standard. ISO 11898, 1993. *Road vehicles–interchange of digital information–Controller Area Network (CAN) for high-speed communication*, 1993.

Sto96.   Neil R Storey. *Safety critical computer systems*. Addison-Wesley Longman Publishing Co., Inc., 1996.

SW06.   Miroslaw Staron and Claes Wohlin. An industrial case study on the choice between language customization mechanisms. In *Product-Focused Software Process Improvement*, pages 177–191. Springer, 2006.

SZ05.   Jörg Schäuffele and Thomas Zurawka. *Automotive software engineering – Principles, processes, methods and tools*. 2005.

第6章 汽车软件架构的评估

摘要：本章中，我们将介绍评估软件架构质量的方法。我们将首先以 ISO/IEC 25000 系列标准为参考，讨论汽车软件的非功能属性，例如可信任性、鲁棒性和可靠性等，并回顾这些特性的评估方法。在此基础上，我们将会对一种 ATAM 评估方法进行详细介绍。此外，本章也探索软硬件集成方面的挑战及其影响。我们还会提及汽车软件和个人计算机的应用程序之间的区别并给出实例。在最后的总结中，我们将讨论度量这些特性的必要性，并由此引出"软件度量"这一话题。

6.1 概述

本书第2章的内容告诉我们，汽车软件架构的建立是一个多步骤、多版本反复修订迭代的过程。这其中，必然少不了对架构的评估工作。通常，对架构的评估工作是在某些规范原则的指导下完成的。在本章中，我们将对架构评估进行深入解析，依次介绍架构评估工作中的两个重要概念——软件的非功能性需求以及软件架构评估的方法。

在架构设计的过程中，架构师将做出大量决策：从最基本的为架构每个部分制定风格，然后逐渐深入细节，直到最终明确诸如"信号应该如何在汽车通信总线中分布"等具体方案。这些决策逐步积累，最终将决定一个架构设计的"成败"。几乎所有的架构工程师都会问自己：我设计的架构究竟"怎么样"？在本章中，我们将试着找到问题的答案。

这一问题看上去非常简单，但答案却相当复杂。一个架构的"好"与"坏"取决于诸多因素，而对其优劣的评估的复杂性主要在于，评估过程必须要考虑到这些因素之间的平衡。例如：软件的性能需要和系统的成本相平衡；软件的可拓展性需要和软件的可靠性及性能相平衡等。因此，当我们面对一个庞大的软件系统时，如何评估一个架构是"足够好"甚至是"最优"的，往往需要依赖于条理清晰的评估方法。

在第3章中，我们讨论了需求的概念，它包括客户对软件功能的要求，以及实现这些要求所必须满足的软件质量属性。对于架构的评估而言，后者尤为重要。围绕着软件质量属性的概念，我们可以将"如何评估架构的优劣"分解为两个问题：首先，什么样的质量属性对汽车软件架构至关重要？其次，我们该如何评估一个架构是否满足了这些质量属性的标准？

第一个问题关乎软件的质量，为了回答它，我们回顾了产品质量领域最新的软件工程标准——ISO/IEC25023：软件质量需求和评价——产品质量［ISO16b］，我们将了解该标准的构成，并分析该标准中对软件质量，尤其在产品质量维度的描述。

第二个问题关乎架构的评估方法，我们将介绍一种基于场景的软件架构质量评估方法：架构权衡分析方法（Architecture Tradeoff Analysis Method，ATAM），它是诸多软件架构质量评估方法的代表之一。

让我们先从第一个问题开始。

6.2　ISO/IEC 25000 质量特性

ISO/IEC 25000 是软件质量领域最重要的标准族，其全称为：软件产品质量要求和评价（Software Quality Requirements and Evaluation，SQuaRE）［ISO16a］。该标准是在原来的软件质量标准 ISO/IEC 9126［OC01］的基础上演变而来。在 ISO/IEC 9126 标准设立之初，将软件质量这一概念划分为许多子特性，如可靠性或正确性。但逐渐地，业界发现这种划分方式过于严苛——质量这一概念很难脱离产品要求、运行环境以及度量等背景而独立存在。因此，新的 ISO/IEC 25000 系列标准更加宽泛，它被赋予了模块化的结构以便和其他相关标准保持关联和一致。在图 6.1 中，我们列出了新标准中的主要质量属性，这些属性被划分为了若干质量特性及子特性。需要说明的是，图中的虚线并不是 ISO/IEC 25000 的组成部分，而是另一个与道路车辆功能安全相关的标准 ISO/IEC 26262 的内容。并入此图是为了方便读者针对汽车软件架构的质量属性有整体的认识。

这一质量模型中包含的质量特性描述了软件质量的各个方面，例如软件是否正确地满足了软件需求所描述的功能（功能性）或者软件是否易于维护（可维护性）等。具体到汽车领域，安全被普遍视为第一目标，因此其软件系统的最重要质量属性通常是"可靠性"部分（例如，一个软件系统、产品或组件，在某种特定条件和特定期间内，在多大程度上可以执行特定的功能要求等［ISO16b］）。

6.2.1　可靠性

按照常识来理解，软件系统的可靠性可以被定义为：系统在一段时间内按照规范要求保持稳定运行的能力［RSB+13］。这一特性对汽车电子控制系统（包括软件）至关重要。因为在驾驶过程中，为了保证其对车辆动力、制动系统的持续控制并保证车辆持续响应安全机制，我们几乎不可能随意地将汽车软件系统"重启"。

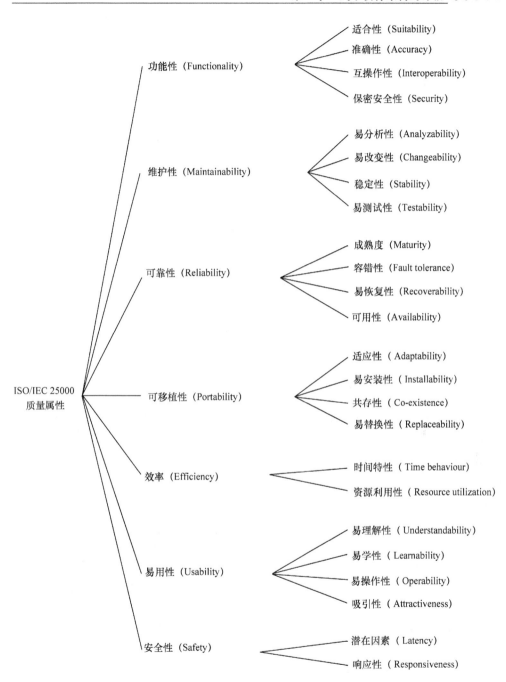

图 6.1　ISO/IEC 25000 质量属性[⊖]

⊖　译者注：图 6.1 更接近原来的 ISO/IEC 9126《软件工程　产品质量　第一部分：质量模型》中的软件质量特性定义。在由其演变而来的 ISO/IEC 25000 标准族中，增加了"兼容性（Compatibility）"和"信息安全性（Security）"两项特性，并对每一项的子特性进行了适当删减和调整。

可靠性是一般的质量特性，它包含四个子特性：成熟度、可用性、易恢复性和容错性。

成熟度（Maturity）被定义为：一个系统、产品或组件，在正常运行下满足可靠性需求的程度。它定义了软件随时间的运行效果，即软件在一段时间内被发现了多少次缺陷。这一特性通常可以通过软件缺陷次数随时间变化的曲线来表示，如图6.2（见彩插）所示［RSM+13，RSB+16］。

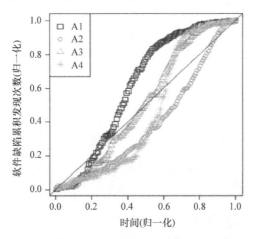

图6.2　汽车领域中三个不同软件系统的可靠性增长曲线

通过该图，我们可以直观地感受到不同的软件在设计和运行期间发现缺陷的规律差异。不同的开发模式、不同的软件功能，以及产品生命周期的不同阶段都可能对曲线的趋势造成影响。以开发模式为例（已在第3章探讨），它决定了软件在何时、以何种方式被测试，后者又决定了软件失效被发现的方式。比如，后期的测试往往会揭露更严重的缺陷，而早期的测试通常会发现更易被隔离和修复的缺陷。该图揭示的另一个规律是，无论开发遵循何种模式，曲线随着时间的推移都会趋于平缓，这也意味着被发现的软件缺陷次数会逐渐降低，即，系统的成熟度越来越高，软件已准备好被释放和部署。

可用性（availability）被定义为一个系统、产品或组件在有使用要求时可运行和可访问的程度。通俗地说，当一个系统被需要的时候，它是否具有被使用的能力，它是一个系统的瞬态属性。高可用性系统不需要在全生命周期保持"待命"状态，在我们需要使用它时，可以即刻"准备就绪"，这也意味着系统可以经常关机重启。相比于需要随时待命的容错性系统（例如在生命周期的99.999%时间都需要开机，每年仅可关机几分钟），"关机时间"这一特性对高可用性系统无足轻重。

易恢复性（Recoverability）被定义为：在一个系统发生中断或失效事件时，受此事件影响的数据可被系统自我修复，同时所期望的系统状态可被重新建立的程度。在研究领域，这一质量属性通常被命名为"自"开头的词语，如自修复、自适应、自管理等。对于软件系统，这意味着软件可以根据自身结构来自我调节，以便系统从失效中恢复如初。然而，在汽车领域，该技术仍处于研究阶段，因为自我修复的机制通常建立在系统状态的恢复被充分证明是安全的基础之上。也许唯一的例外是系统自我重启的能力，它通常被视为解决汽车软件系统失效的"最后一根救命稻草"。

容错性（Fault tolerance）被定义为：一个系统、产品或组件在已知出现软硬件失效的情况下，仍然按要求运行的程度。对汽车而言，软件系统往往包含着数百个功能组件，通过多条总线分布在数十个 ECU 中——架构的复杂性意味着失效几乎不可避免。因此，这一特性在汽车软件领域尤为关键，接下来我们将用整节来单独论述。

6.2.2　容错性

容错性，有时被称为"鲁棒性（robustness）"，可被理解为一个计算机系统带故障运行的能力［SM16］。容错性之所以对汽车软件系统至关重要，是因为在很多情形下，即使车辆出现了问题，出于安全等考虑，也要求软件系统通过限制功能而保持持续运行。

汽车软件容错性的一个最典型的应用是：当车辆诊断系统检测到失效时，限制功能保持持续运行的能力。在许多现代汽车中，诊断系统可以检测排气系统的问题并降低发动机的功率（功能降级），但仍然能够使汽车运行，仅通过仪表板上的故障指示灯通知驾驶员，如图 6.3 所示。该图中，软件系统（诊断）已检测到问题，通过亮灯提醒驾驶员，并采取措施允许驾驶员继续行驶。这意味着汽车软件对故障

图 6.3　沃尔沃 XC70 的发动机电控系统故障报警灯点亮，车辆限转矩运行

具备高鲁棒性[⊖]。

6.2.3 软件可靠性和容错性的保证机制

传统的实现容错性的方法往往作用于系统的底层设计，即硬件层级。比如在计算机、轨道交通或航空领域，操作系统依赖于 CPU（ECU）的硬件冗余（hardware redundancy）和故障-安全接管机制（fail-safe takeover mechanism），确保在系统存在组件故障的情况下仍能维持运行。但是，这种方法在汽车软件中通常是不可行的，因为汽车不会复制多套电气系统，也不太可能实现 ECU 的冗余。相反，汽车的软件确实会从不同的传感器获取相同目标的数据信息，在组件发生故障失效时，通过切换数据的来源来实现冗余。

在现代软件中，一个被广泛使用的机制是"适度降级（graceful degradation）"。Shelton 和 Koopman［SK03］将适度降级定义为：系统提供规定的功能性能和非功能性能的能力度量。当一个系统，其所有组件的功能都在正确地运行时，我们认为其效用（utility）达到最大化。当一个或多个组件没有正确运行时，系统的整体功能将衰减。当系统中的"一个组件失效导致系统效用降低的程度正比于系统整体失效的严重度"时，我们认为该系统经历了"适度降级"。这意味着，在架构设计时我们需要优先考虑以下决策：

• 没有单点故障（single point of failure）：这意味着系统中，没有任何组件可以排他地依赖于另一个组件的正常运行才能运行。面向服务的架构和包含中间件的架构不存在单点故障。

• 问题可以被诊断：汽车诊断应该能够检测到组件的故障，因此应该实施心跳（heartbeat）等机制。分层架构可以满足这一要求。因为它允许我们构建两个单独的层次结构，一个用于处理功能，一个用于监视它。

• 超时（timeout）而不是死锁（deadlock）：在等待来自另一个组件的数据时，正在运行的组件应该能够在一段时间（超时）后中止其操作，并向诊断程序发出通信中存在问题的信号。面向服务的架构通常具有用于监视超时的内置机制。

架构设计优先考虑了上述决策后，可以具备如下能力：在一个组件中的单一故障出现后，系统整体仍然能够保持运行，同时系统会发出信号，请求对出现故障部分的手动干预（如提醒驾驶员去更换失效零件等）。

另一方面，在设计原则上，为实现软件的容错性，应使用可在设计和运行时降低错误风险的编程机制，例如：

• 在编程时使用静态变量——相比于动态分布在堆上的变量，使用静态变量

⊖ 译者注：如今的各国排放法规中，都对软件的"容错"策略有要求。其原则通常为，在软件检测到故障时，软件的功能降级的程度应不会对行车安全和排放造成严重影响。在一些成熟度较高的控制器上（如发动机控制系统），对严重度不同的故障采用分级响应的策略越来越常见。

对元素的读写更有优势。在堆上动态寻址存储器时，读/写操作至少需要两个步骤（寻址，读写），这在使用多线程程序或中断时可能对系统造成威胁。

● 通信中使用安全位——任何类型的通信都应包括安全位（safety bits）和校验和（checksum），以防止软件组件在错误的输入信号基础上运行，进而使错误不断传播扩大。

汽车行业遵循 MISRA – C 标准来指导 C 代码软件的编程［A⁺08］（上一章已经讨论）。然而，由于软件架构是抽象的，无法直接被测试，因此对它的手动评估工作就显得十分必要了。

6.3　架构评估方法

在我们讨论系统质量时，我们强调了平衡不同质量特性对架构设计的重要性。因此，对架构优劣的评估的一个必要工作就是对这一平衡关系的评估。为此，我们挑选了一个软件架构评估技术作为案例。

首先需要理解的是，架构的评估方法多种多样，主要取决于对架构评估的目的。执行评估的目的可以是加深对架构原则的一般理解，还可以是探索与软件架构相关的特定风险等。让我们看一下当今最流行的架构评估技术以及它们流行的原因，这些评估技术摘选自 Olumofin 的调查［OM05］：

● 失效模式和影响分析（Failure Modes and Effects Analysis，FMEA）：从系统失效风险的角度分析软件设计（包括架构）的方法。该方法是最通用的架构评估方法之一，可以是完全定性的形式（基于专家分析），也可以是定性的专家分析和利用数学公式进行失效建模的定量分析相结合的形式。

● 架构权衡分析方法（Architecture Tradeoff Analysis Method，简称 ATAM）：从系统质量目标的角度评估软件架构的方法。ATAM 是一种基于场景、基于专家审核的方法（本章稍后将详细介绍）。

● 软件架构分析方法（Software Architecture Analysis Method，简称 SAAM）：该方法是 ATAM 的前身。它通过比较不同的软件架构来分析架构的可修改性、可移植性和可拓展性。该方法存在多种变体，比如基于复杂场景的 SAAMCS 方法，把 SSAM 通过面向特定领域的集成来进行拓展的 ESAAMI 方法，以及用于演化和可复用性的软件架构分析方法 SAAMER 等。

● 架构级可修改性分析（Architecture Level Modifiability Analysis，ALMA）：一种评估软件架构承受连续修改能力的方法［BL BvV04］。

上述这些评估方法构成了一个架构师重要的"武器库"，利用这些方法，架构师可以在一个架构被实施之前对其进行评估。上面的简介让这些方法看上去似乎很简单直接。但在实践中，只有具备足够的技巧和经验才能让上述方法被正确执行。我们不妨看一个汽车中的案例。

在设计汽车软件系统时，通信通道的性能往往是设计的瓶颈——CAN 总线的带宽是有限的。因此，当我们需要增加一个会占用大量带宽的新组件或新功能时，我们必须要从功能的应用场景乃至整个系统层面进行分析。我们可以看下面的例子，现在大多数高档轿车都装有尾部摄像头，在倒车时通过中控屏显示倒车影像，如图 6.4 所示。

图 6.4　沃尔沃 XC70 的倒车辅助摄像头在倒车时传输到中控台的影像

当我们在原有的电气系统中加入摄像头后，从汽车尾部传输到汽车头部的数据量会急剧增加（取决于摄像头的分辨率，最高可达 1Mbit/s）。同时，为确保倒车期间的安全性，倒车影像数据必须保证实时传输。而在总线上，还有其他安全关键信号也需要保证实时传输，这意味着通信总线不得不持续地在视频信号反馈和诸如驻车辅助等安全关键性传感器之间调整传输的优先级。在这一场景下，架构师需要回答一个问题：我们如何保证摄像头的加入不会对车上原有的安全关键性功能造成负面影响？诸如此类的架构评估，往往需要依靠经验和相当的技巧才能完成。

6.4　架构权衡分析方法

架构权衡分析方法（Architecture Tradeoff Analysis Method，ATAM）诞生于 20 世纪 90 年代，最初是为响应美国国防部在软件系统研发过程中质量评估的诉求。该方法由卡内基梅隆大学的软件工程研究所（Software Engineering Institute，简称 SEI）的 Rick Kazman 等教授在公开出版物中首次发表［KKB⁺98］。Kazman 等人对 ATAM 方法给出了如下描述［KKC00］：

架构权衡分析法是一种用于评估软件架构质量属性的方法。通过 ATAM 评估，我们可以揭示是否存在抑制架构的业务动机达成的风险点。该方法之所以被称为

"权衡分析",是因为它不仅反映了一个架构是否满足特定的质量目标,也向我们提供了这些质量目标如何相互影响、相互权衡的洞察。

这段定义体现了 ATAM 方法中一个重要的特点:建立一个系统和这个系统质量之间的关联。系统的质量,包括前文提到的系统性能、可用性、可靠性(容错性)等非功能需求、ISO/IEC 25000 中的列举的质量属性或其他质量模型。

6.4.1 ATAM 的评估步骤

ATAM 是一个按照规定步骤执行的方法。它类似于软件检查中使用的阅读技术,例如基于透视图的阅读(perspective – based reading)[LD97] 或基于检查表的阅读(checklist – based reading)[TRW03] 等。一个典型的 ATAM 方法的主要步骤描述如下 [KKC00]:

第 1 步:描述 ATAM 方法

这一步中,评估负责人将向架构设计的利益相关者,包括架构师、设计师、测试人员和产品经理介绍 ATAM 方法。负责人将解释评估的原则、评估的方案及目标(例如:哪些质量特性应该被优先考虑等)。

第 2 步:描述业务动机

在介绍完评估目标后,项目负责人将介绍架构背后的业务动机,主题包括:①系统最主要的功能(例如新车功能);②这些功能背后的业务驱动因素及其可选性(例如,哪些功能应包含在所有车型中,又有哪些功能是可选的);③架构背后的商业案例及其主要原则(例如,性能比可扩展性更重要,可维护性比成本更重要)。

第 3 步:描述架构

架构设计负责人将对架构进行介绍,介绍应该足够详细。在 ATAM 方法中,并没有对设计者介绍的细节程度提出要求。但按照惯例,架构设计者应该指导大家阅读架构的方法——从何处入手开始阅读,到何处终止阅读。

第 4 步:确定架构方法

在这一步中,架构设计团队将向分析小组介绍架构设计的方法和流程控制,并解释采用这些方法背后的深层理论基础。

第 5 步:生成质量属性效用树

在这一步,评估小组和架构设计团队将确定系统最重要的质量属性目标,确定优先级并细化。评估团队通过结合相关的质量因子来构建系统效用度量树,这些质量因子通过场景(scenario)、刺激(stimuli)和响应(response)等维度被细化。

第 6 步:分析架构方法

这一步中,评估团队从第 5 步生成的效用树中提取高优先级场景,并找出相应的质量属性的架构方法,以此来对架构进行更深入的分析。在这一步中,我们可以识别出架构的风险、敏感点和权衡点。

第 7 步：头脑风暴并确定场景的优先级

在对架构方法进行初步分析后，评估团队将通过头脑风暴发现很多架构不同的使用场景以及敏感点。然后对这些场景进行合并、排定优先级。这个阶段中，诸如一百美元法（100 dollar）、计划游戏法（planning game），以及层次分析法（analytical - hierarchy - process）等常见的优先级评定方法将被使用。

第 8 步：分析架构方法

该步骤是分析步骤 6 的迭代。评估团队将对步骤 7 中选出的高优先级场景重新进行步骤 6 的评估，再次列出风险、敏感点和权衡点。

第 9 步：展示评估结果

在完成分析后，分析团队将编制关于架构中发现的风险（risk）、无风险（non - risk）、敏感点（sensitivity point）及权衡点（tradeoff）的报告。

需要说明的是，ATAM 是一种定性分析方法，其评估结果的好坏依赖于评估团队的经验，以及评估的输入材料的质量，例如架构文档的质量（完整性和正确性）、场景设置的质量，以及分析使用模板的质量等。

6.4.2 汽车软件在 ATAM 中应用的场景

ATAM 是一种可拓展的方法，评估团队可以利用它识别出软件的应用场景。在本节中，我们将深入汽车软件，展示一些具有启发性的场景，供评估团队参考。这些场景案例对汽车软件评估十分重要，它们节选自 Bass 等人的技术报告［BM⁺01］。我们将以通用术语和简化的格式予以呈现。根据 Bass 提出的方法，我们按照质量特性对这些场景进行了分组。

6.4.2.1 可修改性

第一类场景，让我们先从提出 ATAM 方法的初衷着手。它们所关注的是架构工程师面临的最主要挑战之一——我们的架构设计是如何做到可拓展性和可修改性（Modifiability）的？值得注意的是，某些情景会影响产品的设计（或内部质量），有些会影响外部质量，而可修改性下的场景通常会影响产品的内部质量。

场景一：收到新的系统功能变更请求。变更包括：新增功能、修改已有功能或删减功能［BM⁺01］。

场景二：收到新的组件变更请求（例如，可能由于技术升级导致）。该场景需要考虑这项更改传播至其他组件带来的影响。

场景三：客户希望用同一版软件来满足具备不同性能的多个系统的要求。因此该软件构建的过程必须充分考虑到可变性。

场景四：新的排放法规出台。法规的不断变化要求系统具备较强的适应性，以减少对环境的影响［BM⁺01］。

场景五：更简单的发动机模型。为寻求低市场成本，发动机软件需要尝试对更简单发动机模型的控制［BM⁺01］。

场景六：在车辆总线中增加新的 ECU，现有的网络将收发新的报文。在该场景中，我们需要理解新的报文将如何对整个车辆系统的性能造成影响。

场景七：对已有 ECU 进行软件升级后，增加了新的报文类型：报文的含义不变，但是增加了当前未设置处理的额外字段（基于［BM⁺01］修改）。

场景八：采用新的 AUTOSAR 版本，因此需要更新底层软件。在该场景中，我们需要理解新版本的采纳将给现有的软件组件带来的变更工作量。

场景九：减少内存：在开发发动机控制器过程中，客户为降低成本，要求削减芯片的 Flash - ROM 存储空间，我们需要理解这一决策对系统整体性能的影响。

场景十：在一个月内，将两点开关式执行器更换为连续式执行器（例如：EGR 阀或炭罐电磁阀）。我们需要理解该变更对控制模型的表现的影响。

场景十一：一辆车内多种动力类型的并存，例如将传统的发动机控制系统应用于混合动力车辆。我们需要了解如何调整电子电气架构，并将安全关键和非安全关键功能进行隔离。

6.4.2.2　可用性和可靠性

与可修改性不同，可用性（Availability）和可靠性（Reliability）通常会影响产品的外部质量。它有助于我们推断出未实现的性能需求（非功能需求）带来的潜在缺陷。

场景十二：系统发生故障并通知客户。系统以降级方式继续运行，我们需要考虑是否存在适度降级机制。

场景十三：检测到集成到系统中的第三方或商业成品（Commercial Off - The - Shelf，COTS）软件存在错误，需要执行安全分析。

6.4.2.3　性能

性能（Performance）场景会影响产品的外部质量，我们可以借助这些场景推断出系统满足性能要求的能力。

场景十四：起动汽车并使软件系统在5s 内激活（改编自［BM⁺01］）。

场景十五：启动事件并指定资源需求，同时必须在给定时间内完成事件［BM⁺01］。

场景十六：同时启用所有传感器会造成信号拥挤，从而可能导致安全关键信号的丢失。

6.4.2.4　自定义的场景

在 ATAM 评估期间，评估小组通常会在标准场景之外加入一些自定义场景。有关 ATAM 的文献也鼓励评估者创建自定义场景并在评估中使用它们。在进行场景自定义的过程中，我们有必要对几个重要问题做进一步说明。

首先，场景的设定应该既和质量模型的选择及优先级的评定有关，也和公司的业务模型有关。架构评估的一个重要作用是确保所设计的架构可以满足所开发的产品的界限。我们可以利用产品线评估中的业务 - 架构 - 流程 - 组织模型（Business

Architecture Process and Organization，BAPO）来帮助我们建立架构和产品间的联系
［LSR07］。

其次，评估团队和架构设计者必须明确对自定义场景的评判标准，这一点至关重要。所有的利益相关者都应该了解评估过程中所谓的"好""不好""不足够""足够"的含义。如果没有清晰的度量或检查清单的支持，评估很容易陷入对评估机制的反复讨论。我们可以利用图 6.5 所示的表格来帮助我们完成场景的自定义工作，表格中可以包含如下元素。

方面	具体含义
源(Source)	描述该场景最初是为架构中的哪个组成部分而创建
刺激(Stimulus)	场景中的刺激信号或刺激组件
构件(Artifact)	该场景会影响到架构中的哪些组成部分
环境(Environment)	对刺激发生时的环境的描述
响应(Response)	描述在受到刺激后观察到的系统期望结果
度量(Measure)	确保场景已经被"成功"定义的可量化度量标准

图 6.5　自定义场景模板

6.4.3　ATAM 的评估模板

在评估开始时，我们需要用模板来描述场景，图 6.6 给出了一个场景模板的实例。在评估结束后，我们将会用到风险描述模板来展示评估结果，它们通常包含在结果报告和演讲材料中，图 6.7 给出了实例。在风险点和权衡点的模板中都包含对"敏感点"的设置。这里可以做简要补充，软件工程研究所对敏感点的定义为：

场景编号	一个场景独有的识别编号，在稍后的评估中，将利用该编号表征场景，与质量属性和需求连接
刺激	场景中的刺激，即，一个场景中显著的事件或活动。例如：在CAN总线中新增一个倒车摄像头通信节点
响应	刺激所造成的结果，例如：造成总线信号拥挤，造成来自驻车辅助传感器的安全关键信号的丢失
需求	该场景与架构需求、架构性能或其他非功能属性的关联
质量属性	该场景所连接的某个质量属性，例如：可修改性，可靠性
文字描述变体 (可选)	将刺激和响应汇总成一句话的表述。例如：在CAN总线中新增一个倒车摄像头通信节点，会造成总线信号拥挤，并因此造成安全关键信号的丢失

图 6.6　ATAM 场景描述模板

对取得某质量属性响应至关重要的一个（或多个）组件和（或）组件关系的属性。敏感点是一个架构中，对一个特定的响应度量非常敏感的环节（即，架构方案中一点微小的变化，就会对该质量属性造成很大的影响）。与策略不同，敏感点是特定系统的属性。

图 6.8 给出了一个权衡点的模板。

风险编号	该风险的识别编号
描述	风险的描述，包含风险源
危险源/敏感点	危险源的描述。这一栏应包含该风险源于架构元素之间的关联的详细说明。只有通过详细说明，才可以对软件系统的安全性进行充分评估
风险影响	该风险对场景、系统质量特性以及系统终端用户的影响。对于和系统安全关键功能息息相关的风险，该影响应该与合适的ASIL等级需求关联(例如：源组件要求达到ASIL等级D标准)
风险严重性	风险的严重程度，通常从最轻到最严重以1~5分表征
风险概率	风险在实时系统中出现的概率，通常从难以发生到一定会发生以1~5分表征

图 6.7　ATAM 中发现的风险的描述模板

权衡点编号	权衡点的识别编号
质量属性1	权衡所影响的第一个质量属性
质量属性2	权衡所影响的第二个质量属性
敏感点	软件架构中的权衡决策起作用的敏感点
权衡点描述	权衡背后的基本原理和推理过程的描述。在这一栏中，评估团队应该描述为何将其识别为权衡点，以及当架构中的该点发生变化时，一个质量属性是如何对另一个产生影响的

图 6.8　ATAM 分析后识别到的权衡点的描述模板

6.5　ATAM 在汽车软件中的应用示例

我们回顾了 ATAM 的步骤和组成部分。现在，让我们深入到汽车领域，用案例说明 ATAM 的具体操作。我们设计的案例是：在汽车后保险杠上加装后视摄像头。相比实际车辆的软件架构，该案例做了简化和修改，仅作为 ATAM 的说明。因为上文已经介绍了 ATAM 方法，可以充当 ATAM 分析的第 1 步"描述 ATAM 方法"，让我们从第 2 步"描述业务动机"开始。

6.5.1 描述业务动机

该架构的主要业务动机是使车辆达到高度安全性。

6.5.2 描述架构

我们通过 4 个示例图来描述该架构。首先展示的是汽车的功能架构，如图 6.9 所示。需要说明的是，因为我们关注的是摄像头功能，我们只选取了架构中与之相关的主动安全域、底盘域和车载娱乐域的功能，主动安全域包括紧急制动、制动防抱死（ABS）功能，底盘域包括转向灯、近光灯和刮水器，车载娱乐域包括中控屏和抬头显示设备（Head – up Display, HUD）中的信息显示功能。

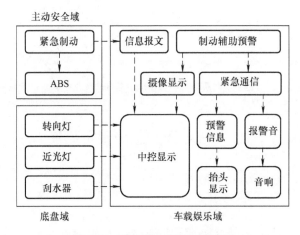

图 6.9 架构中的功能从属示例

接下来，让我们再介绍一下汽车的电子电气架构，即架构的物理视图。在该案例中，一个简化的物理视图如图 6.10 所示。

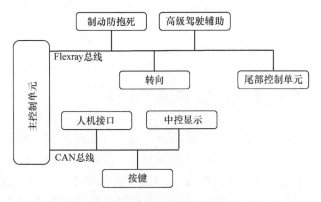

图 6.10 架构物理视图示例

在物理视图中，存在两条总线：

- CAN 总线：连接车载娱乐域中的控制单元。
- Flexray 总线：连接安全域和底盘域中的控制单元。

除此之外，视图中还有如下控制单元节点：

- 主控制单元：汽车的中枢控制单元，控制车辆配置，负责整个电子电气系统的初始化和诊断。该单元是车辆上计算能力最强的控制器，具有最大的内存（注意，此处的架构仅作为示例来说明 ATAM 方法）。
- 制动防抱死控制单元（Anti‒locking Brake System，ABS）：该控制单元负责车辆的制动和相关功能。这是一个高度安全关键的系统，具有车辆上最高的软件安全等级。
- 高级驾驶辅助系统（Advanced Driver Assistance and Support，ADAS）：该控制单元负责主动安全领域更高级别的决策，例如制动防碰撞、紧急制动、防滑等功能。它也负责诸如驻车辅助等功能。
- 转向：该控制单元负责车辆的转向功能，例如电子转向系统；诸如驻车辅助等功能的一部分也通过该控制单元实现。
- 尾部控制单元（Back Body Controller，简称 BBC）：该控制单元负责与车辆尾部相关的非安全关键功能，例如：调节后视镜、行李舱电子开关、后窗除雾等功能。

接下来，我们将展示的是架构的逻辑视图，在该视图中，我们聚焦在车载娱乐系统显示的主要功能组件，以及它对摄像头控制单元的信号输入的处理。该架构视图的示例如图 6.11 所示。

最后，我们将展示增加了摄像头后架构的潜在布置方案。在这种方案中，信号处理的主要工作在尾部控制器节点完成，如图 6.12 所示；

6.5.3　确定架构方法

在该案例中，我们关注的是目标控制单元上的软件组件的划分。从案例中很容易发现，无论采用何种软件架构，系统的物理架构（硬件）都没有变化。因此，架构方法的确定应仅依赖于汽车的电子电气系统。在这里，我们设计了另一种架构的替代方案，不同于将摄像头功能的软件组件划分至主控制器和尾部控制器的方式，我们设想所有的信号处理工作都在主控制器中进行，如图 6.13 所示。因为系统的主要功能是对图像信号的处理，因此我们采用了常见的管道过滤器（pipe‒and‒filter）风格来设计架构。汽车的电气系统应该支持主动安全的先进机制（通过软件控制），并且确保这些机制之间不会互相干扰，从而危及车辆安全。

接着，我们对这两种替代方案都进行了研究，最终将决定选择何种架构来支持我们最初期望的质量目标，即：基于它们的各自生成的质量属性效用树来完成架构的选型。

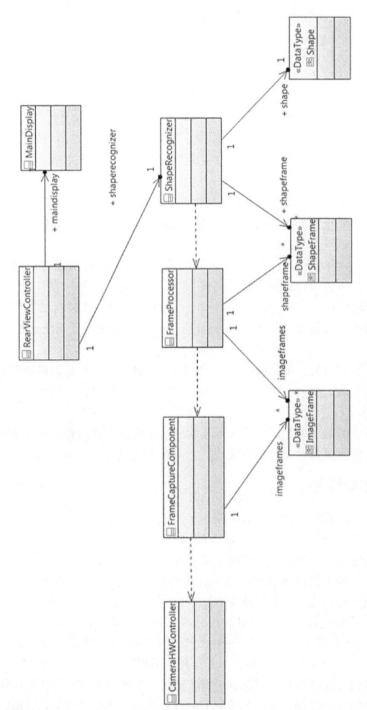

图 6.11 架构的逻辑视图示例

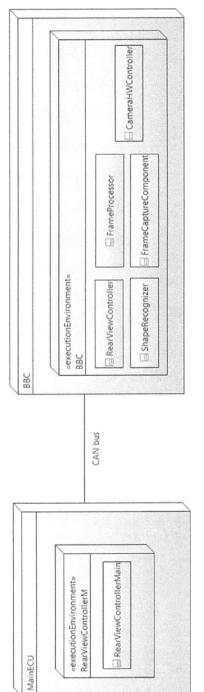

图 6.12 架构的潜在方案示例

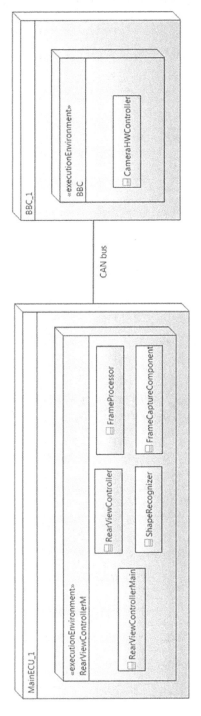

图 6.13 架构的另一种替代方案示例

6.5.4 生成质量属性效用树和确认场景

在该案例中，让我们考虑两个互补的场景。我们自然可以为上文提到的每个质量属性都找到多个场景，但在这里，我们仅关注安全性：场景一，当车辆倒车、倒车影像激活后，CAN 总线出现了信号拥挤；场景二：当恶劣气候下主控制器单元已经过载时，影像信号的计算会对刮水器、近光灯等功能的性能造成干扰。图6.14为所述场景的描述。

方面	详细含义
源	后摄像头
刺激	影像信号
构件	主控制单元，尾部控制单元，CAN总线
环境	倒车过程中
响应	处理影像数据并显示在中控屏上
度量	视频影像可以实时显示，同时来自驻车传感器的安全关键信号不会丢失

图 6.14 场景在刺激、响应、环境、度量方面的描述

接下来让我们完整地描述被确定的两个场景。在第一个场景中，我们所关注的是倒车影像对安全性的影响。我们需要了解视频信号的数据传输会对连接主控制器和尾部控制器的 CAN 总线造成何种影响。因此，我们设计的两种架构布置方案——视频信号处理布置在主控制器单元或布置在尾部控制器中，都需要被纳入分析。我们假设两种架构方案都不会导致硬件的增加，因此它们对电气系统的整体性能没有影响。当然，这一假设是为了简化分析过程，通过这一简化我们将不必分析物理架构，而将关注点全部放在架构的逻辑视图和布置方案上。第一个场景的完整描述如图 6.15 所示。与之互补的第二个场景的描述在图 6.16 中展示。

场景编号	SC1: 倒车过程中的总线信号拥挤阻止了安全关键信号的传输
刺激	该场景中，当车辆倒车时，来自尾部摄像头的倒车视频影像占用了过多的总线容量，导致总线信号无法传播由制动传感器发来的信号 对该场景评估的关键问题是，哪种布置方案会对汽车软件的安全性造成最小的影响
响应	- 分析两种架构布置方案中潜在的信号拥挤 - 列举每种架构方案对功能的限制因素
需求	"该架构应该能让安全关键信号在任何时刻被发出、被接收"
质量属性	安全性：在该场景中，我们需要找到不会造成总线信号拥挤并造成潜在信号丢失的架构
文字描述变体 (可选)	当倒车时，车尾摄像头发出的视频信号削减了制动传感器向主控制单元发送信号的能力，从而导致在潜在碰撞即将发生时，驾驶员没有得到预警提醒

图 6.15 场景：通信总线拥挤

场景编号	SC2：在气候恶劣的情况下，已经满负载的主控制器单元会削减倒车影像信号的质量
刺激	当车辆倒车且遇到下雨/下雪等路况时，主控制单元需要同时负责驱动刮水器工作、点亮近光灯以及处理视频信号，ECU的工作负载可能过大，而不足以同时完成所有的计算工作 对该场景评估的关键问题时：哪种布置方案会对汽车软件的性能造成最小的影响
响应	－ 分析两种架构布置方案中各类信号计算需要占用的ECU资源 － 列举每种架构方案对功能的限制因素
需求	"在任何气候条件下，车辆在倒车时都应该稳定地提供来自尾部摄像头的影像信号"
质量属性	性能：在该场景中，我们需要找到不会造成车辆控制器计算过载并削减视频信号传输质量的架构方案
文字描述变体（可选）	当在恶劣气候条件下倒车时，汽车的控制单元可能会出现计算量过载，从而无法充分应对视频信号传输的任务

图 6.16　场景：主控制器单元的过载

在上述分析中，之所以我们要同时考虑两种方案，是因为它们展示了功能在节点上分布方案背后的不同逻辑可能性。在我们的案例中，基于场景分析得到的质量效用树包含着两种质量属性——安全性和性能。两种场景在效用树中的评级都是高（H）[⊖]，如图 6.17 所示。当我们生产了效用树后，我们就

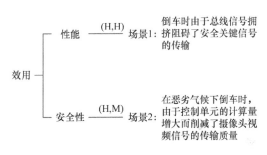

图 6.17　质量属性效用树

以对两种架构进行分析，并找到它们各自的权衡点和敏感点。

6.5.5　分析架构方法和架构决策

现在，我们开始对架构及其两种部署方案进行深入分析。在分析过程中，我们发现了很多风险，这里我们仅以一个风险为例：信号无法传输到另一个控制器的风险。我们可以使用本章上文介绍的风险模板来完成描述，如图 6.18 所示。从图中，我们可以看到该风险会影响到乘客的安全（对业务动机造成威胁），因此需要被消除。进一步分析，消除该风险意味着总线通信不能对安全关键信号造成影响。因

⊖ 译者注：效用树一般采用效用作为根节点，质量属性作为 2 级节点，对质量属性的细化（场景）构成叶节点。最终我们将对每个叶节点的场景进行评估。评估分为两个维度：场景的重要性，高中低分别以 H、M、L 表示；以及实现该场景的难度，高中低分别以 H、M、L 表示。一般而言，我们最关注的分析对象是重要和实现难度较大的场景。

此，我们的第一种架构方案——在尾部控制单元完成视频信号的处理，应该被优先考虑。再进一步，这一方案意味着尾部控制器需要有足够的计算能力完成对视频信号的实时处理，这可能会导致车辆电气系统的成本增加。但既然安全性是业务动机（即，如果安全性可以达到，该车型预计将给公司的业务带来更大的增长），单车成本的增加应该可以被车型销量的增加所平衡。

风险编号	R1_S1
描述	来自制动传感器的信号无法通过总线传输。造成的风险是：当车辆遇到障碍物时将无法有效制动，从而发生碰撞
危险源/敏感点	该风险发生在连接主控制器单元和尾部控制器单元之间的Flexray总线上，如下图所示： 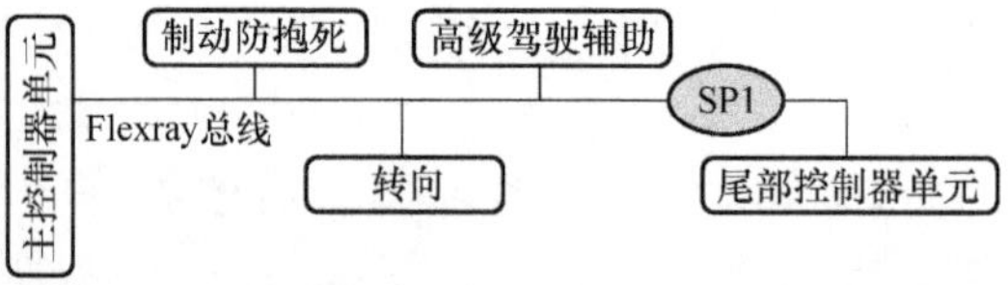
风险影响	功能安全ASIL等级C要求： RQ1：车辆需要在检测到前方障碍物后，在2m之内制动停车 该风险对用户的影响是：车辆无法制动停车从而对系统造成危险。同时也会对乘客的健康造成轻微危害
风险严重性	3
风险概率	5-该现象非常容易在倒车过程中发生(只要安全信号和视频影响信号需要同时传播)

图 6.18　风险描述

6.5.6　案例总结

在上述案例中，我们对汽车软件的一个局部架构进行了简化的评估。通过该案例，我们希望启发读者在执行架构评估过程中该如何思考和推理。在实践中，架构和评估团队会执行与上述类似的完整讨论和展示工作，包括问题的发现，场景、场景优先级的排定以及头脑风暴等。我们将该案例的评估结果在图 6.19 中展示。

ATAM 方法是为软件架构的设计而开发的。但是在汽车领域，汽车软件架构和物理硬件的架构是紧密联系的。正如本例所示，一个软件组件的布置方案与硬件布置方案之间会互相影响。因此，我们强烈建议在对汽车领域的软件架构进行 ATAM 评估时，将硬件专家也纳入评估团队，只有这样才能确保所设计的软件架构完全满足系统的要求。

场景	在倒车过程中捕获来自尾部摄像头的倒车影像信号并将其显示在中控屏上		
属性	安全性		
环境	车辆处于倒车状态		
刺激	倒车影像信号在中控屏显示		
响应	处理视频数据并在中控屏中显示		
架构决策	敏感点	权衡点	风险
将视频信号处理任务放在主控制器单元进行	S1	T1	R1
将视频信号处理任务放在尾部控制器单元进行		T2	R2
推理	主控制器单元的功能对系统至关重要(敏感点S1) 安全性的提升造成成本提升(权衡点T1) 由于主控制器的信号处理负荷过高,安全需求可能存在风险(风险R1)		
架构视图			

图 6.19　ATAM 评估的表格化总结示例

6.6　拓展阅读

读者如果对不同的软件架构评估方法感兴趣,可以阅读 Ionita 等人的文献［IHO02］,该文献对若干重要的基于场景的软件架构评估方法进行了梳理。读者还可以进一步从 Dobrica 和 Niemela 的文献中［DN02］得到更多启发,在这篇论文中,作者的工作侧重于对架构评估方法进行更全面的概述和比较。

Shelton 对"适度降级"(graceful degradation)进行了深入的研究,在他的论文中［She03,SK03］,以一个电梯的安全关键系统作为示例,讲解了适度降级的概念、建模和度量。

读者如果想了解更多其他领域中的 ATAM 评估应用实例,可以参考 Bass 等人的研究成果［BM⁺01］,他们对多个安全关键系统的架构评估场景进行了分析。

ATAM 方法经过多年的演变,被分析的质量属性已在最初的可修改性、可靠性、可用性基础上得到了显著的拓展。Govseva 等人［GTP01］以及 Folmer 等人的文献中［FB04］提供了几个类似的拓展案例。

在汽车领域,我们常将不同的车型称为不同的产品线,从这个层面上对汽车软件架构进行分析会为我们提供另一个视角上的有趣启发,相关的论述可在［OM05］中找到。

读者如果还想了解 ATAM 更多的案例，可以阅读 Bergey 等人的论文
［BFJK99］，其中提到了一个在软件收购过程中应用 ATAM 评估法的经验。读者还
可以阅读 Barbacci 等人的论文 ［BCL⁺03］。

6.7 总结

架构是一门关于高层设计的学科，它通常以图表的形式被描述。对一个系统而
言，在创建架构过程中所做的决策是和后续的详细设计工作同等重要的。这些决策
为设计者的后续工作提供了原则和依据，是软件系统达成目标的重要保障。

最终正确决策的达成往往需要经历一个曲折的过程，在这一过程中，既需要架
构师的专业知识，也需要将设计者后续的活动纳入考量。在本章中，我们介绍了一
种基于第三方评估团队和架构团队的讨论达成架构决策的方法——架构权衡分析法
（简称 ATAM）。通过评估工作，我们理解了架构设计和架构决策背后的原则。我们
理解了一个架构存在着多种替代方案，为什么是现在这个成了最终的选择。

在本章中，我们将重点放在了架构评估中的"人"的方面，显然，这些方法
不可避免地存在一定程度的主观性。在下一章中，我们将从更客观的视角来评估一
个架构：在给定一系列架构的信息的情况下，应该如何通过一些度量以及本章提到
的质量属性来监控架构的质量。这些监控活动是通过一系列的度量和本章中提到的
质量属性完成的。

参 考 文 献

A⁺08.　Motor Industry Software Reliability Association et al. *MISRA-C: 2004: guidelines for the use of the C language in critical systems*. MIRA, 2008.

BCL⁺03.　Mario Barbacci, Paul C Clements, Anthony Lattanze, Linda Northrop, and William Wood. Using the architecture tradeoff analysis method (atam) to evaluate the software architecture for a product line of avionics systems: A case study. 2003.

BFJK99.　John K Bergey, Matthew J Fisher, Lawrence G Jones, and Rick Kazman. Software architecture evaluation with atam in the dod system acquisition context. Technical report, DTIC Document, 1999.

BLBvV04.　PerOlof Bengtsson, Nico Lassing, Jan Bosch, and Hans van Vliet. Architecture-level modifiability analysis (alma). *Journal of Systems and Software*, 69(1):129–147, 2004.

BM⁺01.　Len Bass, Gabriel Moreno, et al. Applicability of general scenarios to the architecture tradeoff analysis method. Technical report, DTIC Document, 2001.

DN02.　Liliana Dobrica and Eila Niemela. A survey on software architecture analysis methods. *IEEE Transactions on software Engineering*, 28(7):638–653, 2002.

FB04.　Eelke Folmer and Jan Bosch. Architecting for usability: a survey. *Journal of systems and software*, 70(1):61–78, 2004.

GPT01.　Katerina Goševa-Popstojanova and Kishor S Trivedi. Architecture-based approach to reliability assessment of software systems. *Performance Evaluation*, 45(2):179–204, 2001.

IHO02.　Mugurel T Ionita, Dieter K Hammer, and Henk Obbink. Scenario-based software architecture evaluation methods: An overview. *Icse/Sara*, 2002.

ISO16a.   ISO/IEC. ISO/IEC 25000 - Systems and software engineering - Systems and software Quality Requirements and Evaluation (SQuaRE). Technical report, 2016.

ISO16b.   ISO/IEC. ISO/IEC 25023 - Systems and software engineering - Systems and software Quality Requirements and Evaluation (SQuaRE) - Measurement of system and software product quality. Technical report, 2016.

KKB+98.   Rick Kazman, Mark Klein, Mario Barbacci, Tom Longstaff, Howard Lipson, and Jeromy Carriere. The architecture tradeoff analysis method. In *Engineering of Complex Computer Systems, 1998. ICECCS'98. Proceedings. Fourth IEEE International Conference on*, pages 68–78. IEEE, 1998.

KKC00.   Rick Kazman, Mark Klein, and Paul Clements. Atam: Method for architecture evaluation. Technical report, DTIC Document, 2000.

LD97.   Oliver Laitenberger and Jean-Marc DeBaud. Perspective-based reading of code documents at robert bosch gmbh. *Information and Software Technology*, 39(11):781–791, 1997.

LSR07.   Frank Linden, Klaus Schmid, and Eelco Rommes. The product line engineering approach. *Software Product Lines in Action*, pages 3–20, 2007.

OC01.   International Standard Organization and International Electrotechnical Commission. Iso iec 9126, software engineering, product quality part: 1 quality model. Technical report, International Standard Organization / International Electrotechnical Commission, 2001.

OM05.   Femi G Olumofin and Vojislav B Misic. Extending the atam architecture evaluation to product line architectures. In *5th Working IEEE/IFIP Conference on Software Architecture (WICSA'05)*, pages 45–56. IEEE, 2005.

RSB+13.   Rakesh Rana, Miroslaw Staron, Claire Berger, Jorgen Hansson, Martin Nilsson, and Fredrik Torner. Evaluating long-term predictive power of standard reliability growth models on automotive systems. In *Software Reliability Engineering (ISSRE), 2013 IEEE 24th International Symposium on*, pages 228–237. IEEE, 2013.

RSB+16.   Rakesh Rana, Miroslaw Staron, Christian Berger, Jörgen Hansson, Martin Nilsson, and Wilhelm Meding. Analyzing defect inflow distribution and applying bayesian inference method for software defect prediction in large software projects. *Journal of Systems and Software*, 117:229–244, 2016.

RSM+13.   Rakesh Rana, Miroslaw Staron, Niklas Mellegård, Christian Berger, Jörgen Hansson, Martin Nilsson, and Fredrik Törner. Evaluation of standard reliability growth models in the context of automotive software systems. In *Product-Focused Software Process Improvement*, pages 324–329. Springer, 2013.

She03.   Charles Preston Shelton. *Scalable graceful degradation for distributed embedded systems*. PhD thesis, Carnegie Mellon University, 2003.

SK03.   Charles Shelton and Philip Koopman. Using architectural properties to model and measure graceful degradation. In *Architecting dependable systems*, pages 267–289. Springer, 2003.

SM16.   Miroslaw Staron and Wilhelm Meding. Mesram–a method for assessing robustness of measurement programs in large software development organizations and its industrial evaluation. *Journal of Systems and Software*, 113:76–100, 2016.

TRW03.   Thomas Thelin, Per Runeson, and Claes Wohlin. An experimental comparison of usage-based and checklist-based reading. *IEEE Transactions on Software Engineering*, 29(8):687–704, 2003.

第 7 章　软件设计和架构的度量

本章内容由本书作者与爱立信公司 Wilhelm Meding 合作撰写

摘要：以定性的方式理解架构可能既费时又费力。因此，在第 6 章中介绍的架构定性评估方法通常只在给定的里程碑节点周期性被触发。但是，架构师对架构质量的监控应该是持续性的，只有这样才能确保所设计架构的特性被限定在产品边界的范围内。在本章中，我们将介绍一系列用于测量软件架构及软件详细设计的测度。我们将探索现有的测度，并选取在工业中常见的测度进行详细介绍。在本章最后，我们利用汽车制造商的公开数据来展示所选测度的限值经验。

7.1　概述

在前一章中，我们探索了一种基于场景的定性分析来评估架构的方法。这种方法有诸多优点，它可以让架构师从一组选出的高优先级方面深入检查架构的细节。但这种定性评估方法也有缺点，它会耗费大量的人力，并且只有当架构在某种程度上成熟后才有意义。

但是，架构设计工作并非一天之内就能完成的，它贯穿于整个设计过程，直到软件停止维护才能结束。更重要的是，架构设计的过程是持续的，所以周期性的评估方法必须和持续性的质量评估方法相辅相成。为了实现连续性，我们需要使用一些基于对架构属性和详细设计属性测量的自动化方法。

软件架构这一领域在过去二十年间获得了越来越多的关注，因为软件行业已经普遍意识到软件架构工作在维持软件产品寿命和可持续性方面发挥的重要作用 [Sta15，LKM⁺13]。尽管这种观念已是老生常谈，但如何找到一种能对软件架构的各个方面进行测量的标准，且测量对象不局限于将软件架构作为一种设计工件的基本结构属性，业界仍未达成共识。在参考文献中，我们可以发现许多研究成果，例如借鉴一些面向对象设计的基本测度 [LTC03]，或者设计一些诸如接口数量等低层级的软件架构测度 [SFGL07]。

　　为了理解软件架构评估中使用的各类测度[⊖]，我们在文献中提炼出一套包含 54 种测度的通用测量组合。这一组合既可以被用于软件架构的测量，也可以被用于软件的设计测量，但是测度的具体解释视其作用对象而异。这一测量组合通过文献调研得到，在文献调研的过程中，我们使用了滚雪球法（snowballing）并遵循了 Petersen 等人提出的系统映射（systematic mapping）原则［PFMM08］。然后我们根据 ISO/IEC 15939 标准［OC07］中的测量信息模型，将它们划分为基本测度（base measures）、派生测度（derived measures）和指标（indicators）。

　　本章将按照如下顺序展开。在接下来的 7.2 节，我们将介绍设计该测量组合的理论基础——ISO/IEC 15939 测量信息模型。在 7.3 节，我们将介绍新的"软件产品质量要求和评价"中提出的标准软件测度。在 7.4 节中，我们将补充在文献中找到的更多测度，然后在 7.5 节中，将上述测度汇总，通过识别指标将它们组织成一个测量组合。在 7.6 节中，我们通过 OEM 公开数据来说明所选测度的极限取值。最后在 7.7 节中，我们提供了拓展阅读材料作为总结。

7.2　软件工程中的测量标准：ISO/IEC 15939

　　ISO/IEC 15939：2007 标准［OC07］是用于定义、收集和分析软件项目或组织内的定量数据的规范化说明[⊖]。该标准中的核心角色是信息产品（information product），它是处理某信息需要（information need）的一个或多个指标及其相应的解释。信息需要是利益相关者为管理测量对象中发现的目标、目的、风险和问题所必需的见解。这些测量对象是诸如项目、组织和软件产品之类的实体，可通过属性来表述其特征。在 ISO/IEC 15939：2007 中，给出了对如下术语的定义：

　　● 基本测度（base measure）：用某个属性及其量化方法定义的测度，一个基本度量在功能上应独立于其他测度。这一定义是基于国际法制计量局的国际通用计量学基本术语［oWM93］给出。

　　● 派生测度（derived measure）：两个或两个以上基本测度的函数的测度。这一定义是基于国际法制计量局的国际通用计量学基本术语［oWM93］给出。

　　● 指标（indicator）：对由规定信息需要的相关模型导出的指定属性提供估算

　　⊖　译者注：对本章最高频出现的两个词"测度"和"度量"做特别说明，尽管两者存在概念上的细微差别，但通常在文献中可被互换使用。即 measure 可被翻译为测度或度量，被美国 IEEE 协会使用；metric 可被翻译为度量，被国际或欧盟标准使用。本文中对两者的表述遵循了 GB/T 20917－2007《软件工程　软件测量过程》，将 measure 统一翻译为测度，在本文语境内，将其翻译为度量也不影响理解。

　　⊖　译者注：中华人民共和国国家标准 GB/T 20917－2007《软件工程　软件测量过程》与 ISO/IEC 15939：2002 等同。因此，在本章中使用的相关术语及其定义的翻译参考了 GB/T 20917－2007 国家标准。

或评价的测度。

- 决策准则（decision criteria）：用于确定是否需要行动或进一步调查的或者用于描述给定结果的置信度的阈值、目标或模式。
- 信息产品（information product）：处理一个信息需要的一个或多个指标及其相应解释。
- 测量方法（measurement method）：用于以给定的标度来量化属性的一个逻辑序列或操作。
- 测量函数（measurement function）：为组合两个或以上的基本测度而执行的算法或计算。
- 属性（attribute）：可由人或自动化工具定量或定性辨别的实体特征或特性。
- 实体（entity）：通过测量其属性来表述其特性的对象。
- 测量过程（measurement process）：在一个完整项目、企业或组织测量机构中建立、计划、执行和评价软件测量的过程。

ISO/IEC 15939 中给出的测度的定义与其他工程领域一致。在标准中多处提到，其内容是基于其他国际标准给出的，例如：ISO/IEC 15288：2007（系统与软件工程——测量过程），ISO/IEC 14598 - 1：1999（信息技术——软件产品评价），ISO/IEC 9126 - x，ISO/IEC 25000 标准族，以及国际通用计量学基本术语（简称 VIM）[oWM93] 等。从概念上看，测量过程中使用的元素（不同种类的度量）的关系可以通过图 7.1 展示。

该模型对测度进行了非常好的抽象和分类——从最基本的到最复杂的均包含在内。基本测度通常与其测量的实体（例如：架构设计）更接近，因此可以相对较好地反映实体的情况，尽管两者使用的是不同领域的数学符号和数字。而在另一端，指标通常用于满足测量活动的利益相关者的信息需要，因此它更接近利益相关者想获取的信息概念，例如：架构的质量、架构的稳定度或复杂度等。

由于指标可用来深入了解利益相关者想要测量什么、看到什么或观察什么，我们通常很容易画出指标值的分析模型，图 7.2 提供了一个分析模型的示例。

我们可以用该模型来描述参与量化软件架构特性的测度。从概念上说，我们也可以考虑一个事实：模型中测度的抽象程度越高，信息需要可被满足的程度也就越高。在图 7.3 中，我们将一系列的测度划分为三个水平，底部的水平最基础，越往顶部则测度越复杂。

信息需要越高级，与架构师的工作关联越紧密，而更基本的信息需要则与仅将架构作为软件开发中的一个工件的特性相关。现在有了分析模型，让我们再来看看定义了软件测度的标准之一的 ISO/IEC 25000 标准。

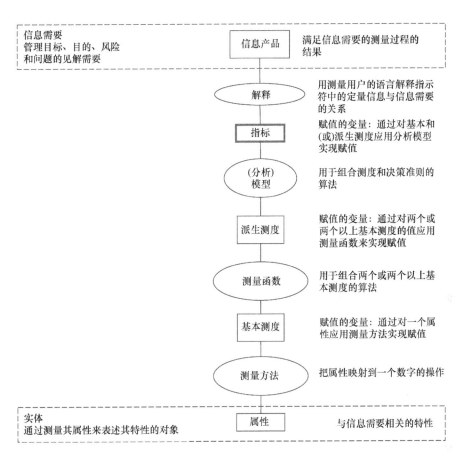

图 7.1　测量信息模型（选自 ISO/IEC 15939 标准）

图 7.2　架构测度的概念水平

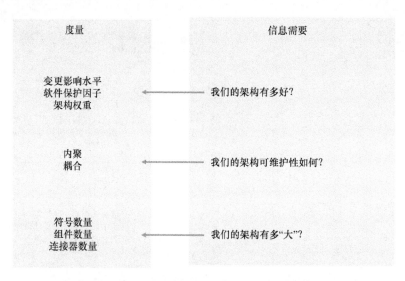

图 7.3 更高水平的测度对应更高水平的信息需要的一个案例

7.3 ISO/IEC 25000 中的可用测度

ISO/IEC 25000 软件质量要求和评价标准（简称为 SQuaRE）为软件设计及架构提供了一系列的参考测度。直到本书撰写时，该标准尚未被完全采用，但主要部分已经获得批准。其中关于软件测度以及其定义和用法的制定工作仍在进行中。我们可以从该标准族中的 ISO/IEC 25023：软件及软件产品的质量测量［ISO16］内找到如下与软件产品、设计以及架构相关的测度：

- 功能适合性的测度，例如：功能实施覆盖率，用以处理功能完整性的信息需要。
- 性能效率的测度，例如：响应时间，用以处理时间特性的信息需要。
- 兼容性的测度，例如：与外部系统的连接性，用以处理互操作性的信息需要。
- 易用性的测度，例如：用户手册的完备性，用以处理产品的易学性的信息需要。
- 可靠性的测度，例如：测试覆盖率，用以处理可靠性评价的信息需要。
- 信息安全性的测度，例如：信息损毁的预防，用以处理数据完整性的信息需要。
- 维护性的测度，例如：修改复杂性，用以处理可修改性的信息需要。
- 可移植性的测度，例如：安装时间效率，用以处理软件产品易安装性的信息需要。

如上列表及对应的示例向我们展示了国际标准是如何解释与软件质量相关的测度的。我们可以发现，这些测度都与产品的执行相关，而并没有聚焦于诸如软件规模（例如组件数量）或复杂度（例如：控制流图的复杂度）等软件产品内部质量，而后者恰恰与架构的质量评价密切相关。因此，我们需要进一步通过学术文献来理解与软件架构相关的测度及指标。我们找到了如下一些架构师可能感兴趣的测度。

7.4　测度

让我们从可以量化软件架构的基本测度开始。在表 7.1 中，我们列出了部分基本测度的实例。我们很容易发现，这些测度是与它们测量的实体相匹配的。这些测量方法（计算基本测度的算法）非常相似，它们都是基于对某特定类型的实体的计数。

表 7.1　软件架构的基本测度

测度	描　述
组件数量［SJZ14］	通过软件架构的基本构建块——组件来量化架构规模的基本测度
连接件数量［SJZ14］	通过软件架构的基本连接件来量化架构内部连接性的基本测度
处理单元数量［LK00］	通过软件架构的处理单元来量化架构实际规模的基本测度
数据存储库数量［LK00］	通过数据存储库来量化架构规模的补充测度
持久化组件数量［LK00］	通过持久性需要来量化架构规模
链接数量［LK00］	架构复杂度的量化测度，类似于圈复杂度（McCabe Cyclomatic Complexity）测度。有时通过链路类型来细分（例如：异步－同步，数据－控制等）
通信机制类型数量［LK00］	通过多种通信机制的实施来量化架构的复杂度
外部接口数量［KPS⁺98］	量化架构组件和外部系统之间的耦合
内部接口数量［KPS⁺98］	量化架构组件之间的耦合
服务数量［KPS⁺98］	通过架构可提供多少种服务来量化架构内聚力
并发组件数量［KPS⁺98］	该测度用来计数具备并发计算行为的组件的数量
架构变更［DNSH13］	该测度量化了架构中更改的数量（例如：更改类、更改属性等）
从最简单结构的扇出（Fanout）［DSN11］	该测度量化了架构耦合的最低复杂度

收集上表中提供的度量有助于架构工程师理解架构属性，但架构工程师仍然需要为这些数字提供一个上下文语境才能完成对架构的推算。比如，"组件的数量"这一测度本身并不能提供太多的洞察，但是将其和时间轴放在一起并标绘为趋势图，就可以用来推断信息，架构工程师也得以判断架构是否过大并且应该重构。

除了架构的测度外，我们还可以找到许多与软件设计相关的测度，例如：面向对象的测度或复杂度测度［ASM⁺14，SKW04］。类似的例子列在了表7.2中。

表7.2 软件设计的基本测度

测度	描述
每个类中的方法数加权值［CK94］	通过复杂度来衡量方法的数量
继承树的深度［CK94］	从当前类到它在继承树中的第一个前驱的最长路径
圈复杂度［McC76］	通过程序中独立的执行路径的数量来量化控制路径的复杂度。该测度同样是ISO/IEC26262中的安全评估的组成部分
块、组件和类之间的相关性［SMHH13］	量化系统中类或组件之间的相关性
Simulink 块的抽象度［Ols11］	量化软件所包含的抽象块和包含的总块数量之间的比例

这些例子再次表明，这些测度与软件设计的特性的量化相关。其中，诸如Simulink模块的抽象度等度量是由多个其他度量组成的，应该被归为派生测度，因此也更接近于架构师的信息需要。在文献中，我们可以找到大量与软件设计相关的测度及其组合，这意味着当我们选择合适的测度时，必须要从架构工程师的信息需要入手［SMKN16］。通过信息需要，我们可以有效地排除一些可以收集到、但是与架构的业务动机无关的测度（可以被视为浪费）。

在下一节中，我们将识别上述两个表中的哪些测度应该被放入测量方法组合，并对这些测度进行分类总结。

7.5 架构工程师的度量方法组合

本章到目前为止提及的测度都可以放入架构师的度量方法组合，但正如测量标准所指出的，它们必须对利益相关者的决策过程起到帮助［Sta12，OC07］。因此，我们按照软件架构工程师的信息需要，将这些测度划分为三个组别。我们意识到架构是一个涉及软件架构工件的过程，因此这些指标的划分既考虑了产品，也考虑了过程。

7.5.1 组别的划分

在我们的度量方法组合中，我们将指标分为三个与设计基本属性、稳定性和质量相关的组别：

• 组别一，架构的度量：这一组别汇集了与产品相关的指标，用以处理如何监控诸如组件耦合等架构的基本特性的信息需要。

• 组别二，设计稳定性的度量：这一组别汇集了过程相关的指标，用以处理如何确定架构设计在受控情况下演进的信息需要。

● 组别三，技术负债⊖及风险的度量：这一组别汇集了产品相关的指标，用以处理如何确定架构正确地实施的信息需要。

在以下小节中，我们将分别介绍这三个组别中的度量和建议使用方法。在我们研究的过程中，我们遵循的一个重要原则是：每个组别中指标的上限不超过 4 个。这一上限是基于对测量认知方面的经验研究得到的（例如，利益相关者可接受信息的能力［SMH⁺13］等）。

7.5.2 组别一：架构的度量

在我们的度量方法组合中，我们可以识别出 14 项适用于测量架构基本属性的测度。然而，在和架构工程师讨论时，我们发现其中大多数测度似乎是对软件设计的基本特性的量化。经过研究，我们识别出如下 4 种指标：

● 软件架构变更：为了监控架构在一段时间内的变化，架构工程师应该能够在最高级别监控软件架构的变化趋势［DNSH13］。根据我们的文献研究以及和从业者的讨论，我们识别出的一个较好的指标：在单位时间内（例如 1 周）架构变更的次数［DSTH14a，DSTH14b，DSN11］。

● 复杂度：为了管理模块的复杂度，架构工程师需要理解组件之间的耦合程度，因为在架构长期演进的过程中，耦合被认为是高成本且容易出错的。我们识别出的指标是：从最简单结构的扇出⊖的平均平方偏差。

● 外部接口：为了控制接口层级的耦合程度（即所有类型的耦合的子集），架构工程师需要观察内部接口的数量，我们选出的指标是：接口数量。

● 内部接口：为了控制产品的外部依赖性，架构师需要监控产品与外部软件产品间的耦合，我们选出的指标是：接口数量。

在图 7.4 中，我们给出了这些测度的建议表现形式。

7.5.3 组别二：设计稳定性的度量

另一个与架构工程师息息相关的组别与监控大型代码库的稳定性有关。通常，在这一组别范畴内，我们建议使用之前对代码稳定性研究［SHF⁺13］中发现的可视化测度。我们识别出如下三种可以有效监控稳定性并可以将监控结果可视化的指标：

● 代码稳定性：为了监控代码成熟度，架构工程师需要查看随着时间的推移，有多少代码发生了改变。通过监控，架构工程师可以识别出哪些代码区域由于近期

⊖ 译者注：技术负债（technical debt），是软件工程领域的一种概念，指的是软件开发者为了满足短期的效率要求而采用了非最优的架构方案，从而导致未来不得不花费更大的代价重新将架构完善。这种短期的妥协和"债务"类似，短期带来了好处，日后必要偿还。

⊖ 译者注：扇出（Fanout）是数字电路中的表征逻辑门带负载能力的量度，在软件学科中，扇出指的是该模块直接调用的下级模块的个数，扇出越大通常意味着架构复杂度越高。

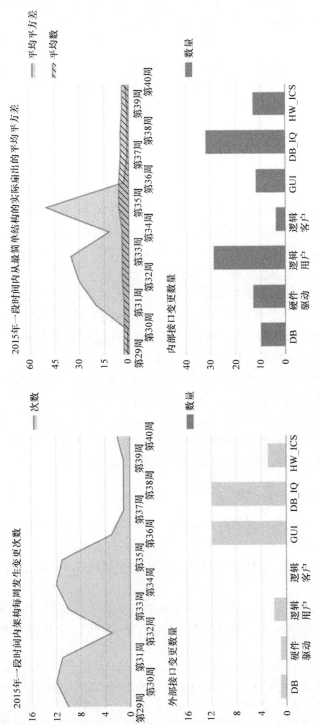

图 7.4　架构度量组别的测度的可视化表现形式

的变更而需要进行更多的测试。用于该目的的测度是：单位时间内，单位模块的代码变化次数。

- 单一模块缺陷数：为了监控代码的老化，架构工程师需要监控单位时间内每个组件的缺陷倾向。这里可以使用与代码稳定性类似的测度：单位时间内（例如 1 周）单位模块的缺陷个数。
- 接口稳定性：为了控制架构在其接口上的稳定性，架构工程师需要测量接口的稳定性，所使用的测度可以是：单位时间内的接口更改次数。

在过往的研究中，我们意识到对整个代码或产品库通过一个视图进行可视化的重要意义。为此，在该组别中，我们选择以热力图的方式来描述设计过程的稳定性［SHF⁺13］，如图 7.5 所示。该可视化示例中包含三个热力图，分别对应着上述三个稳定性指标。每个热力图反应的是稳定性的不同方面，但表现的形式又是相同的——列代表时间，行代表单一代码模块或接口，每个单元格的着色密度代表在某周时间内模块或接口发生的变更次数。

a) 代码稳定性热力图

b) 模块缺陷数热力图

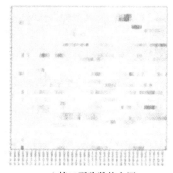

c) 接口更改数热力图

图 7.5　设计稳定性组别的度量可视化表达

7.5.4　组别三：技术负债及风险的度量

我们的测量组合中的最后一个组别与一段较长时间内的架构质量有关。我们识别得到两个指标：

● 耦合（coupling）：为了使设计负责度具备可管理性，架构工程师需要找到一种快速概览架构中组件间耦合的方法。我们可以通过测量架构的显式依赖（explicit dependencies）的数量来实现。显性依赖性指的是架构工程师定义的两个组件间的链接。

● 架构的隐式依赖（implicit dependencies）：为了监控代码从架构中的偏离，架构工程师需要观察是否在软件详细设计阶段引入了额外的依赖关系。这一目的可以通过测量架构的隐式依赖数量来决定。隐式依赖指的也是两个组件间的链接，但这种链接仅通过代码中的关联来实现，并没有在架构的拓扑图中表现出明显的链接关系［SMHH13］。

架构依存的可视化显示了耦合程度，如图 7.6（见彩插）和图 7.7（见彩插）所示的圆形图中，圆圈边界上的每个区域代表一个组件，一条线表示两个组件之间的依赖关系。

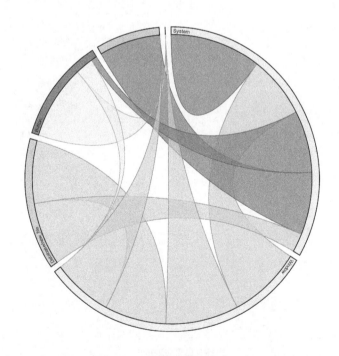

图 7.6　架构技术负债/风险组别的度量可视化表达：隐式

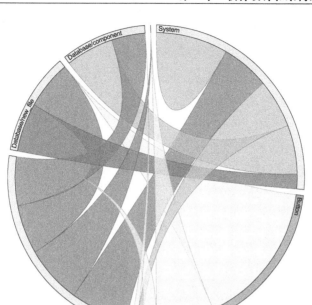

图 7.7 架构技术负债/风险组别的度量可视化表达：显式

7.6 软件设计的工业测量数据

软件架构工程师的度量组合还应该补充一些软件设计的度量，例如表 7.2 中所展示的。这其中一个重要的测度是软件复杂度（Software Complexity），通过程序中独立执行的路径的数量来测量，也被称为圈复杂度（McCabe Complexity）。在本节中，我们将通过一个公开可用的相关汽车工业数据，来探究汽车软件系统的复杂程度［ASD⁺15］。

一般而言，软件复杂度可通过多种方式测量，其中有少量的测度是彼此之间关联的，例如：圈复杂度以及代码行数等。为了便于讨论，我们利用这些内在的关联性［ASH⁺14］来将问题简化到一种测度上——我们选择得到广泛运用的圈复杂度来进行分析。简单来说，这一度量测量了源代码中独立执行的路径数量。

在汽车领域的公开数据中，我们发现软件模块的复杂度（执行路径数）已经超过了理论的上限值 30，如图 7.8 所示。

通过数据可以发现，有的组件的执行路径已经超过了 160 条，这意味着如果仅对每一条执行路径进行一次测试，就需要准备 160 多个测试案例。然而，我们通常要求测试对代码的全覆盖，这意味着一个组件的测试案例将达到 500 余条。如果我们再考虑每条路径上正负两个极限案例，我们需要的测试案例数又要翻倍。研究同一组数据的其他度量也可以得到相同的趋势——软件的复杂度远超复杂度的理论

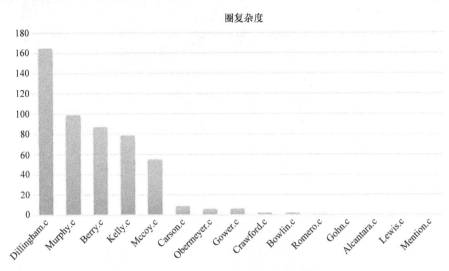

图 7.8　软件模块的复杂度（C 代码）——以圈复杂度为度量

极限。

这些数字表明，为了确保软件系统的安全性，提供软件功能的完整验证将变得越来越困难。我们在测试的基础上必须要找到新的验证方法。

在第 5 章中，我们探索了基于 Simulink 建模的软件详细设计。在我们选取的公开资料［ASD⁺15］中也包含了这类模型的数据，数量非常庞大，如图 7.9 所示。

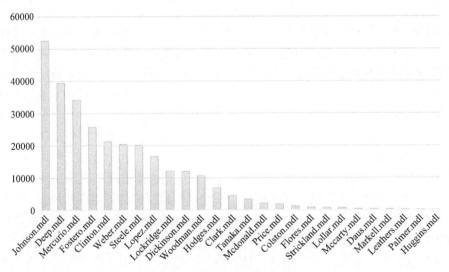

图 7.9　公开数据中的模型规模

如图 7.9 所示，一些模型（例如 Johnson. mdl）包含了超过 50000 个 Simulink 模块，而还有诸多模型使用了超过 10000 个 Simulink 模块。需要注意的是，这些数据仅仅来自一个汽车制造商的一个软件域，但它的数据规模已经足够体现现代汽车内软件系统的庞大以及相应带来的庞大的开发和测试工作量。

7.7 拓展阅读

一些最普及的软件架构评估方法通常都采用定性分析的方式，例如上一章提到的 ATAM［KKC00］就是一种基于场景的架构定性分析方法。这些方法适合对架构的质量进行最终评估，但是因为它们都需要人工分析，耗费精力，所以难以在一个持续过程中被实施。更重要的是，当代的很多项目使用了敏捷开发、精益软件开发［Pop07］或最小化可行产品方法［Rie11］，架构工程师通常希望权衡架构评估的质量和对架构的质量反馈的速度，这导致那些定性分析方法在实践中变得不再可行。取而代之的，基于度量的软件架构评估方法有了更广阔的应用空间。

在之前的研究［DNSH13，DSN11］中，我们探索了用于监控架构变化的度量。结果表明，使用一种改良的耦合度量可以非常好地评估架构的两个不同版本之间变更的影响。

一种流行的支持架构工程师完成测量的工具是 Metric Viewer［TLTC05］。这一工具增加了用 UML 表达的软件架构图，其中包括耦合、内聚和继承树深度等度量。尽管这些度量的增加并不会直接关联利益相关者的信息需要，但它们可以帮助架构工程师更好地进行设计推理。拥有这样的链接有助于利益相关者监控其目标的完成情况，否则他们也需要手动进行同样的分析。

与 Tameer 等人的研究类似，Vasconcelos 等人［VST07］提出了一组基于低层级软件架构属性测量的测度，例如可能的操作系统数量，或安全组件数量等。我们的研究关注于与设计相关的内部质量特性而非使用中的质量，是对上述材料的补充。

与之类似的，Dave［Dav01］所申请的专利中，利用诸如进程和任务分配的度量来进行软硬件的合成。这一测量方法是对我们本章归纳的度量组合的补充。它和我们度量组合的最大不同之处在于，我们的度量组合关注三个不同组别并将它们与信息需要相结合，而该专利的方法则关注于特定的目标——集成。

此外，［ABC⁺97］提供了架构评估的技术建议，尽管发表于十年前，但至今仍然能为选择正确的测量方法提供有用的指导。特别是其中提到的：应该为某个特定的质量属性或目标的评估量身定做测量方法。在本章的语义内，这一特定目标指的是利益相关者的一系列信息需要。

架构评估中规定的具体视图、信息需要或目标是测量的计量属性中的一个特殊话题［Abr10］。在软件工程领域，尤其是在软件架构方面，目前仍未对测度的一般性取值达成共识（例如：两个实体间的耦合究竟该多强？）。因此，利益相关者只能通过自身经验以及他在产品开发组织中的授权来估算这些度量［RSB⁺13，

RSB$^+$14，RSM$^+$13]。

读者如果对软件度量的信息需要感兴趣，可以通过一份微软集团完成的调查研究［BZ12］找到更多例子。该调查的发起者采访了超过 100 位工程师、经理以及测试工程师，并收集了他们现在及将来的信息需要。

读者如果对战略层面的决策感兴趣，可以阅读商业智能和公司绩效的测量，例如［Pal07，RW01，KN98］。

读者如果对有效可视化和测量数据处理的机制感兴趣，可以进一步探索可视分析领域的文献，例如［VT07，Tel14，BOH11］。

与可视分析领域接近的另一个领域是遥测（telemetry），这一领域侧重于所选软件度量的在线可视化；读者可以进一步探索：

- 类似 Hackystat 等的工具是该领域的一个例子［Joh01，JKA$^+$03］。
- SonarQube 工具套件，用于在开发过程中监控软件产品的内部质量［HMK10］。
- 用于可视化产品开发的仪表板，作者描述了为单个团队引入仪表板的经验［FSHL13］。

对测量系统（measurement system）这一概念感兴趣的读者可以阅读以下出版物：

- ISO/IEC 15939，定义了与测量系统相关的概念［OC07］。
- 软件测量实践［McG02］
- Fenton 和 Pfleeger 关于软件度量的经典著作［FB14］。
- 工业中设计测量系统的过程［SMN08］。
- 设计测量系统的图形化方法，重点关注利益相关者的信息需要［SM09］。

在软件行业中，一个可观察到的明显趋势是对客户的关注与日俱增，即使在内部质量属性的测量上也有所体现。读者如果对如何使用客户数据感兴趣，如下文献将带来启发：

- 部署后数据（post – deployment data）［OB13］。
- 开发客户档案［AT01］。
- 客户数据的挖掘和可视化［Kei02］

在客户数据收集的背景内，理解汽车软件中的缺陷也很重要。我们在之前的工作中设计了一种基于缺陷的严重度对其分类的方法。这一方面专门针对汽车软件设计［MST12］，它和如何理解设计中不一致性的研究［KS03］紧密相关。

7.8　总结

在本章中，我们聚焦于持续监控架构质量和软件设计特性的挑战。我们关注两个方面的问题：我们在文献中可以找到哪些测度来应对这种挑战，而这些测度中又有哪些可以被用作测量指标。

在本章中，我们使用了软件工程的现代测量标准——ISO/IEC 15939 和 ISO/IEC 25000 中设定的方法。其中 ISO/IEC 15939 为我们提供了构建测量的方法，而 ISO/IEC 25000 则为我们提供了一系列的测度。基于我们和工业合作伙伴的探讨〔SM16〕，我们识别出了三个架构工程师感兴趣的度量组别。在这些组别中，我们又进一步找出了一系列的测度和指标，以此来满足利益相关者对架构的诉求。最后，我们为这些指标的可视化表达给出了参考。

参 考 文 献

ABC⁺97.　Gregory Abowd, Len Bass, Paul Clements, Rick Kazman, and Linda Northrop. Recommended best industrial practice for software architecture evaluation. Technical report, DTIC Document, 1997.

Abr10.　Alain Abran. *Software metrics and software metrology*. John Wiley & Sons, 2010.

ASD⁺15.　Harry Altinger, Sebastian Siegl, Dajsuren, Yanja, and Franz Wotawa. A novel industry grade dataset for fault prediction based on model-driven developed automotive embedded software. In *12th Working Conference on Mining Software Repositories (MSR)*. MSR 2015, 2015.

ASH⁺14.　Vard Antinyan, Miroslaw Staron, Jörgen Hansson, Wilhelm Meding, Per Osterström, and Anders Henriksson. Monitoring evolution of code complexity and magnitude of changes. *Acta Cybernetica*, 21(3):367–382, 2014.

ASM⁺14.　Vard Antinyan, Miroslaw Staron, Wilhelm Meding, Per Österström, Erik Wikstrom, Johan Wranker, Anders Henriksson, and Jörgen Hansson. Identifying risky areas of software code in agile/lean software development: An industrial experience report. In *Software Maintenance, Reengineering and Reverse Engineering (CSMR-WCRE), 2014 Software Evolution Week-IEEE Conference on*, pages 154–163. IEEE, 2014.

AT01.　Gediminas Adomavicius and Alexander Tuzhilin. Using data mining methods to build customer profiles. *Computer*, 34(2):74–82, 2001.

BOH11.　Michael Bostock, Vadim Ogievetsky, and Jeffrey Heer. D³ data-driven documents. *IEEE transactions on visualization and computer graphics*, 17(12):2301–2309, 2011.

BZ12.　Raymond PL Buse and Thomas Zimmermann. Information needs for software development analytics. In *Proceedings of the 34th international conference on software engineering*, pages 987–996. IEEE Press, 2012.

CK94.　Shyam R Chidamber and Chris F Kemerer. A metrics suite for object oriented design. *Software Engineering, IEEE Transactions on*, 20(6):476–493, 1994.

Dav01.　Bharat P Dave. Hardware-software co-synthesis of embedded system architectures using quality of architecture metrics, January 23 2001. US Patent 6,178,542.

DNSH13.　Darko Durisic, Martin Nilsson, Miroslaw Staron, and Jörgen Hansson. Measuring the impact of changes to the complexity and coupling properties of automotive software systems. *Journal of Systems and Software*, 86(5):1275–1293, 2013.

DSN11.　Darko Durisic, Miroslaw Staron, and Martin Nilsson. Measuring the size of changes in automotive software systems and their impact on product quality. In *Proceedings of the 12th International Conference on Product Focused Software Development and Process Improvement*, pages 10–13. ACM, 2011.

DSTH14a.　Darko Durisic, Miroslaw Staron, Milan Tichy, and Jorgen Hansson. Evolution of long-term industrial meta-models–an automotive case study of autosar. In *Software Engineering and Advanced Applications (SEAA), 2014 40th EUROMICRO Conference on*, pages 141–148. IEEE, 2014.

DSTH14b.　Darko Durisic, Miroslaw Staron, Milan Tichy, and Jorgen Hansson. Quantifying long-term evolution of industrial meta-models-a case study. In *Software Measurement and the International Conference on Software Process and Product Measurement*

(IWSM-MENSURA), 2014 Joint Conference of the International Workshop on, pages 104–113. IEEE, 2014.

FB14.   Norman Fenton and James Bieman. *Software metrics: a rigorous and practical approach*. CRC Press, 2014.

FSHL13.   Robert Feldt, Miroslaw Staron, Erika Hult, and Thomas Liljegren. Supporting software decision meetings: Heatmaps for visualising test and code measurements. In *Software Engineering and Advanced Applications (SEAA), 2013 39th EUROMICRO Conference on*, pages 62–69. IEEE, 2013.

HMK10.   Hiroaki Hashiura, Saeko Matsuura, and Seiichi Komiya. A tool for diagnosing the quality of java program and a method for its effective utilization in education. In *Proceedings of the 9th WSEAS international conference on Applications of computer engineering*, pages 276–282. World Scientific and Engineering Academy and Society (WSEAS), 2010.

ISO16.   ISO/IEC. ISO/IEC 25023 - Systems and software engineering - Systems and software Quality Requirements and Evaluation (SQuaRE) - Measurement of system and software product quality. Technical report, 2016.

JKA+03.   Philip M Johnson, Hongbing Kou, Joy Agustin, Christopher Chan, Carleton Moore, Jitender Miglani, Shenyan Zhen, and William EJ Doane. Beyond the personal software process: Metrics collection and analysis for the differently disciplined. In *Proceedings of the 25th international Conference on Software Engineering*, pages 641–646. IEEE Computer Society, 2003.

Joh01.   Philip M Johnson. Project hackystat: Accelerating adoption of empirically guided software development through non-disruptive, developer-centric, in-process data collection and analysis. *Department of Information and Computer Sciences, University of Hawaii*, 22, 2001.

Kei02.   Daniel A Keim. Information visualization and visual data mining. *IEEE transactions on Visualization and Computer Graphics*, 8(1):1–8, 2002.

KKC00.   Rick Kazman, Mark Klein, and Paul Clements. Atam: Method for architecture evaluation. Technical report, DTIC Document, 2000.

KN98.   Robert S Kaplan and DP Norton. Harvard business review on measuring corporate performance. *Harvard Business School Press, EUA*, 1998.

KPS+98.   S Kalyanasundaram, K Ponnambalam, A Singh, BJ Stacey, and R Munikoti. Metrics for software architecture: a case study in the telecommunication domain. In *Electrical and Computer Engineering, 1998. IEEE Canadian Conference on*, volume 2, pages 715–718. IEEE, 1998.

KS03.   Ludwik Kuzniarz and Miroslaw Staron. Inconsistencies in student designs. In *the Proceedings of The 2nd Workshop on Consistency Problems in UML-based Software Development, San Francisco, CA*, pages 9–18, 2003.

LK00.   Chung-Horng Lung and Kalai Kalaichelvan. An approach to quantitative software architecture sensitivity analysis. *International Journal of Software Engineering and Knowledge Engineering*, 10(01):97–114, 2000.

LKM+13.   Patricia Lago, Rick Kazman, Niklaus Meyer, Maurizio Morisio, Hausi A Müller, and Frances Paulisch. Exploring initial challenges for green software engineering: summary of the first greens workshop, at icse 2012. *ACM SIGSOFT Software Engineering Notes*, 38(1):31–33, 2013.

LTC03.   Mikael Lindvall, Roseanne Tesoriero Tvedt, and Patricia Costa. An empirically-based process for software architecture evaluation. *Empirical Software Engineering*, 8(1):83–108, 2003.

McC76.   Thomas J McCabe. A complexity measure. *Software Engineering, IEEE Transactions on*, (4):308–320, 1976.

McG02.   John McGarry. *Practical software measurement: objective information for decision makers*. Addison-Wesley Professional, 2002.

MST12.　Niklas Mellegård, Miroslaw Staron, and Fredrik Törner. A light-weight software defect classification scheme for embedded automotive software and its initial evaluation. *Proceedings of the ISSRE 2012*, 2012.

OB13.　Helena Holmström Olsson and Jan Bosch. Towards data-driven product development: A multiple case study on post-deployment data usage in software-intensive embedded systems. In *Lean Enterprise Software and Systems*, pages 152–164. Springer, 2013.

OC07.　International Standard Organization and International Electrotechnical Commission. Software and systems engineering, software measurement process. Technical report, ISO/IEC, 2007.

Ols11.　Marta Olszewska. Simulink-specific design quality metrics. *Turku Centre for Computer Science*, 2011.

oWM93.　International Bureau of Weights and Measures. *International vocabulary of basic and general terms in metrology*. International Organization for Standardization, Genève, Switzerland, 2nd edition, 1993.

Pal07.　Bob Paladino. Five key principles of corporate performance management. *CMA MANAGEMENT*, 81(8):17, 2007.

PFMM08.　Kai Petersen, Robert Feldt, Shahid Mujtaba, and Michael Mattsson. Systematic mapping studies in software engineering. In *12th international conference on evaluation and assessment in software engineering*, volume 17, pages 1–10. sn, 2008.

Pop07.　Mary Poppendieck. Lean software development. In *Companion to the proceedings of the 29th International Conference on Software Engineering*, pages 165–166. IEEE Computer Society, 2007.

Rie11.　Eric Ries. *The lean startup: How today's entrepreneurs use continuous innovation to create radically successful businesses*. Random House LLC, 2011.

RSB+13.　Rakesh Rana, Miroslaw Staron, Christian Berger, Jörgen Hansson, Martin Nilsson, and Fredrik Törner. Increasing efficiency of iso 26262 verification and validation by combining fault injection and mutation testing with model based development. In *ICSOFT*, pages 251–257, 2013.

RSB+14.　Rakesh Rana, Miroslaw Staron, Christian Berger, Jörgen Hansson, Martin Nilsson, Fredrik Törner, Wilhelm Meding, and Christoffer Höglund. Selecting software reliability growth models and improving their predictive accuracy using historical projects data. *Journal of Systems and Software*, 98:59–78, 2014.

RSM+13.　Rakesh Rana, Miroslaw Staron, Niklas Mellegård, Christian Berger, Jörgen Hansson, Martin Nilsson, and Fredrik Törner. Evaluation of standard reliability growth models in the context of automotive software systems. In *Product-Focused Software Process Improvement*, pages 324–329. Springer, 2013.

RW01.　R Ricardo and D Wade. Corporate performance management: How to build a better organization through measurement driven strategies alignment, 2001.

SFGL07.　Cláudio Sant'Anna, Eduardo Figueiredo, Alessandro Garcia, and Carlos JP Lucena. On the modularity of software architectures: A concern-driven measurement framework. In *Software Architecture*, pages 207–224. Springer, 2007.

SHF+13.　Miroslaw Staron, Jorgen Hansson, Robert Feldt, Anders Henriksson, Wilhelm Meding, Sven Nilsson, and Christoffer Hoglund. Measuring and visualizing code stability – A case study at three companies. In *Software Measurement and the 2013 Eighth International Conference on Software Process and Product Measurement (IWSM-MENSURA), 2013 Joint Conference of the 23rd International Workshop on*, pages 191–200. IEEE, 2013.

SJZ14.　Srdjan Stevanetic, Muhammad Atif Javed, and Uwe Zdun. Empirical evaluation of the understandability of architectural component diagrams. In *Proceedings of the WICSA 2014 Companion Volume*, page 4. ACM, 2014.

SKW04.　Miroslaw Staron, Ludwik Kuzniarz, and Ludwik Wallin. Case study on a process of industrial MDA realization: Determinants of effectiveness. *Nordic Journal of Computing*, 11(3):254–278, 2004.

SM09.   Miroslaw Staron and Wilhelm Meding. Using models to develop measurement sys-
           tems: a method and its industrial use. In *Software Process and Product Measurement*,
           pages 212–226. Springer, 2009.

SM16.   Miroslaw Staron and Wilhelm Meding. A portfolio of internal quality measures for
           software architects. In *Software Quality Days*, pages 1–16. Springer, 2016.

SMH⁺13.   Miroslaw Staron, Wilhelm Meding, Jörgen Hansson, Christoffer Höglund, Kent
           Niesel, and Vilhelm Bergmann. Dashboards for continuous monitoring of quality
           for software product under development. *System Qualities and Software Architecture
           (SQSA)*, 2013.

SMHH13.   Miroslaw Staron, Wilhelm Meding, Christoffer Hoglund, and Jorgen Hansson. Identi-
           fying implicit architectural dependencies using measures of source code change waves.
           In *Software Engineering and Advanced Applications (SEAA), 2013 39th EUROMICRO
           Conference on*, pages 325–332. IEEE, 2013.

SMKN10.   M. Staron, W. Meding, G. Karlsson, and C. Nilsson. Developing measurement
           systems: an industrial case study. *Journal of Software Maintenance and Evolution:
           Research and Practice*, page 89–107, 2010.

SMN08.   Miroslaw Staron, Wilhelm Meding, and Christer Nilsson. A framework for devel-
           oping measurement systems and its industrial evaluation. *Information and Software
           Technology*, 51(4):721–737, 2008.

Sta12.   Miroslaw Staron. Critical role of measures in decision processes: Managerial
           and technical measures in the context of large software development organizations.
           Information and Software Technology, 54(8):887–899, 2012.

Sta15.   Miroslaw Staron. Software engineering in low-to middle-income countries. *Knowl-
           edge for a Sustainable World: A Southern African-Nordic contribution*, page 139,
           2015.

Tel14.   Alexandru C Telea. *Data visualization: principles and practice*. CRC Press, 2014.

TLTC05.   Maurice Termeer, Christian FJ Lange, Alexandru Telea, and Michel RV Chaudron.
           Visual exploration of combined architectural and metric information. In *Visualizing
           Software for Understanding and Analysis, 2005. VISSOFT 2005. 3rd IEEE Interna-
           tional Workshop on*, pages 1–6. IEEE, 2005.

VST07.   André Vasconcelos, Pedro Sousa, and José Tribolet. Information system architecture
           metrics: an enterprise engineering evaluation approach. *The Electronic Journal
           Information Systems Evaluation*, 10(1):91–122, 2007.

VT07.   Lucian Voinea and Alexandru Telea. Visual data mining and analysis of software
           repositories. *Computers & Graphics*, 31(3):410–428, 2007.

第8章　汽车软件功能安全

本章由 Per Johannessen 撰写

摘要：在前面的章节中，我们探讨了评估软件架构和软件设计质量的一般方法。在本章中，我们将继续探讨另一个与之相关的话题——汽车软件功能安全（Functional Safety）。在产品研发的最后阶段，功能安全评估通常是为项目"盖棺定论"的活动之一。在本章中，我们将会展示汽车行业是如何使用功能安全的，这部分内容大多基于 2011 年发布的 ISO 26262 标准展开。这一版本的 ISO 26262 适用于重量不超过 3.5t 的汽车，但之后的版本（预计 2018 年发布[⊖]）将适用范围覆盖到了绝大多数的道路车辆，包括公交车、摩托车以及货车。ISO 26262 标准所涉范畴远远超过了软件开发，为便于读者更好理解，我们在本章中给出了该标准的概览。但之后的讨论仍将限定在软件开发的范畴内，包括：软件计划、软件安全需求、软件架构设计、软件单元设计和实现、软件集成和测试，以及软件验证工作[⊖]。

8.1　概述

在 ISO 26262 中，功能安全被定义为"不存在由电子电气系统（E/E systems）的功能异常表现（malfunctioning behaviour）引起的危害（hazards）而导致不合理的风险"。简单地说，电子或软件的故障（fault）不会对人造成任何伤害（harm）；

⊖　译者注：在 2018 年发布的功能安全标准中，已将此要求拓展至所有能上牌照的车辆，包括货车、公共汽车及摩托车等。

⊖　译者注：本章中，有大量表述直接引用自 ISO 26262：2011 Road vehicles – Functional safety – Part 6：Product development at the software level。为兼顾一致性并确保理解通畅，翻译参考了与之对应的《中华人民共和国国家标准 GB/T 34590.6—2017 道路车辆　功能安全　第 6 部分：产品开发：软件层面》以及《中华人民共和国国家标准 GB/T 34590.1—2017 道路车辆　功能安全　第 1 部分：术语》中的内容，并按行业习惯进行了微调，例如前述章节中的"需求（requirement）"在 GB/T 34590 中表述为"要求"，但在本章中仍将表述为"需求"。

同时，对于汽车产品，该软件和电子系统是安装在车内的。因此，在使用功能安全时，我们必须同时考虑自身车辆以及包括其他车辆和道路使用者在内的交通情况。

ISO 26262 定义了一个完整的汽车安全生命周期，始于产品开发的规划，继而覆盖了产品开发、生产、运行和维护等过程，最后终止于报废车辆。在 ISO 26262 中，产品开发的基础是"相关项（item）"。ISO 26262 中将相关项定义为"在适用于 ISO 26262 的车辆层面执行功能的系统或系统组"。这里的关键术语是"车辆层面的功能"，它不仅定义了标准中的组件（component）类型，还表明了一个适用于 ISO 26262 标准的车辆包含着众多相关项。

ISO 26262 的诞生可追溯到 2000 年德国牵头制定的另一个标准 IEC 61508——电气/电子/可编程电子安全相关系统的功能安全。但是 IEC 61508［IEC10］源自过程控制行业，必须加以改变才能适用于汽车行业。因此，ISO 标准化组织于 2005 年开始了专门用于汽车行业的 ISO 26262 标准的撰写，并于 2011 年发布了第 1 版。

尽管功能安全的概念在汽车行业存在已久，但 ISO 26262 的出现仍是整个行业为工作标准化迈出的重要一步。作为一个通用标准，它最大的贡献是简化了不同组织间的合作方式。另外，它还可以被视为一本如何通过电子和软件在车辆级别开发安全功能的指导手册。只要遵循，开发结果就可以达到行业统一的安全级别，并因此被视为可接受的。

ISO 26262 包含十个不同的部分，如图 8.1 所示。在本章中，我们将重点放在第 6 部分——产品开发：软件层面。同时，为了理解软件开发及应用的上下文语境，我们也会简要介绍标准中的其他部分。

图 8.1　ISO 26262 标准的十个组成部分，摘自［ISO11］

正如我们在图 8.1 中看到的，标准中的第 4～6 部分建立在产品开发的 V 模型基础上。V 模型作为汽车行业的事实标准，在第 3 章已经给出了描述。以 V 模型为基础，ISO 26262 在实践中可以被应用于多种开发方式下，例如跨多个组织的分布式开发（Distributed Development）、迭代开发（Iterative Development）以及敏捷方法（Agile Approach）等。独立于所使用的开发方式，安全标准化的基本阐述是认为标准中的需求已在产品中得到适当处理。

在接下来的部分中，我们将简要描述标准的第 2 ~ 8 部分。第 1 部分包含标准中使用的定义和缩写，不做单独介绍。第 9 部分中描述的安全分析方法参考了第 3 ~ 6 部分中的活动，将随着其他部分附带介绍。此外，第 10 部分也不会在本章展开，因为它是关于如何应用第 2 ~ 6 部分的指导信息集合。

8.2　功能安全的管理和支持

当一个组织决定执行功能安全标准时，必须要建立一些其他的相关流程作为支持。ISO 26262 标准的第 2 部分提出以下要求：建立质量管理体系，如 ISO 9001［ISO15］或 ISO/TS 16949［ISO09］等；以足够的能力和经验为基础，在管理体系中建立包括功能安全过程在内的相关过程；以及，建立现场监控（field monitoring）等。从功能安全的角度，现场监控对于识别电子和软件在车辆使用过程中的潜在故障尤为重要。

在产品开发过程中，也要求根据功能安全分配适当的职责、计划相关的活动，并监督所计划的活动是否正常进行。

在标准的第 8 部分中，要求开发组织进行以下工作：

● 分布式开发接口。通常被称为工作声明（Statement of Work），以明确共同承担开发工作的不同组织——例如汽车制造商与其供应商——之间的职责。

● 需求管理。确保需求，尤其是安全需求被合理地管理，其中包括需求的识别、需求的追溯性以及需求的状态。

● 配置管理。确保相关项在整个生命周期中的变化是可控的。另外，还有其他配置管理标准，例如参考自 ISO 26262 的 ISO 10007。

● 变更管理。在 ISO 26262 中，确保当相关项发生变更时功能安全可被维护。该工作应基于对变更的分析和控制完成。变更管理和配置管理通常是相辅相成的。

● 文档管理。ISO 26262 要求，所有文档都是可获取的，并且需要包含编号、作者和批准者在内的特定信息。

● 使用软件工具的置信度。为符合 ISO 26262 标准，需要确保产品开发过程中所使用软件工具是安全可靠的，例如代码生成器和编译器。该工作的第一步是对工具进行分类以确定所考虑的工具是否是关键的。如果是关键的，则需要对该工具进行资质确认。

上述这些要求意味着，ISO 26262 对第 3 章所述的产品开发数据库提出了需要被维护的元素之间连接和相互关系方面的要求。

8.3 概念以及系统开发

根据 ISO 26262，产品开发从标准的第 3 部分"概念阶段"开始。在此阶段，一个相关项的车辆层级功能将被开发。同时，该相关项的上下文需要被描述，即车辆以及诸如机械和液压元件等其他技术。在概念阶段后进行的是系统开发阶段，对应于 ISO 26262 的第 4 部分。在 ISO 26262 中的系统只包含了电子硬件和软件组件，不包含机械组件，后者的开发并不在 ISO 26262 的范畴内。

"概念阶段"的第一步是定义相关项。相关项的定义中包含功能性和非功能性的需求、相关项的使用及上下文，以及所有与之相关的接口及交互。相关项的定义是后续工作的基础，所以非常重要。

下一步是危害分析及风险评估，包括危害识别及危害分类。在 ISO 26262 中，一项"危害（hazard）"是一个潜在伤害源，即相关项的一个对人造成伤害的故障。例如，在没有安装安全气囊的情况下，驾驶员有意或无意地锁住转向柱。这些危害将在相关场景中被进一步分析。例如，对于"意外锁住转向柱"，在面对对面来车时驾驶车辆曲线行驶就是一个相关场景。对于可能造成伤害的危害和相关驾驶场景的组合被称为危害事件（Hazardous Event）。

在危害分类过程中，危害事件按照 ASIL 等级被分类。"ASIL"是 ISO 26262 的专用术语，全称是汽车安全完整性等级（Automotive Safety Integrity Level）。ASIL 共有四个等级，用 ASIL A 到 ASIL D 编号。其中 ASIL D 被定义为所有需要按 ISO 26262 管理的危害事件中风险最高的，ASIL A 则被指定为风险最低。如果一个事件没有 ASIL 等级要求，则被归入 QM 等级，即质量管理（Quality Management）。一个危害事件的 ASIL 等级由 3 个参数导出，分别为"可控性（Controllability）""暴露概率（Exposure）"以及"严重度（Severity）"。这些参数分别预估了一个危害会对人员造成伤害的场景出现概率的数量级（暴露概率），在给定场景和危害中一个人员能够避免伤害的概率（可控性），以及伤害的严重度（严重度）。表 8.1 展示了不同 ASIL 等级的简要解释及实例。

表 8.1 不同 ASIL 等级的简要描述及实例（实例依赖于车辆类型）

风险分类	风险描述	危害事件实例
QM	事故的概率（可控性和暴露概率）以及对人员伤害的严重度（严重度）的组合被认为是可接受的 对于 QM 分类，ISO 26262 不对其开发过程做要求	停车后离开车辆时没有锁住转向柱 不能打开天窗

（续）

风险分类	风险描述	危害事件实例
ASILA	较低的事故概率及危害发生时对人员伤害的严重度的组合	事故中满足安全气囊展开的条件下，气囊未展开
ASILB	…	车辆在行驶过程中非预期地急加速
ASILC	…	车辆行驶状态下，在维持车辆稳定性的过程中，发生了非期望的强制动
ASILD	最高的事故概率及危害发生时对人员伤害的严重度的组合	行驶过程中，转向柱非预期地锁定

ASIL 等级除了作为一种风险的度量，还对为将风险降低到可接受等级所需采用的安全措施提出了要求。ASIL 等级越高，所需的安全措施越多。安全措施的例子包括分析、评审、验证和确认、实施在电子硬件和软件中用于探测和处理故障的安全机制，以及独立的安全评估。如果是 QM 等级，就意味着在 ISO 26262 中没有相关的安全需求及安全措施。但即便如此，也需要遵照常规的汽车开发流程，这其中自然也包含了适当的质量管理、评审、分析、验证和确认，以及更多措施。

对于一个指定了 ASIL 等级的危害事件，应定义一个安全目标（Safety Goal）。安全目标是最高层面的安全需求，用来规定危害事件应该如何避免。表 8.2 展示了一个简化版的危害分析和风险评估。

表 8.2　简化的危险分析和风险评估

功能	危害	场景	危害事件	ASIL	安全目标
锁住转向柱	非预期的转向柱被锁住	车辆曲线行驶且伴随迎面交通	车辆在驾驶员失去对转向柱控制的情况下进入行驶车道且伴随迎面交通	D	车辆行驶过程中转向柱不能被锁定
驾驶员安全气囊	驾驶员安全气囊未展开	应该展开安全气囊的交通事故	在交通事故中驾驶员没有得到安全气囊的保护	A	安全气囊在交通事故中，在满足开启标准的情况下被展开

概念阶段的第 3 步是功能安全概念，每个具有 ASIL 等级的安全目标将被分解为一组功能安全需求，并进行相关的安全设计。另外，对功能安全需求为何满足安全目标提供论证也很重要。论证可以用故障树分析（Fault Tree Analysis）支持。

在功能安全概念阶段以及后续的细化阶段中，如果存在与要求有关的冗余度（redundancy），则 ASIL 等级可能被降低。是否使用冗余始终是一个需要取舍的话题。使用冗余组件无疑会增加成本，但由此带来的 ASIL 等级降低同样会降低成本。如何决策需要具体问题具体分析。

图 8.2 展示了功能安全概念的一个案例。图中的逻辑设计由传感器要素 S、决策要素 D 和执行要素 A 三部分组成。传感器要素被细化为两个冗余的传感器要素 S1 和 S2。对于所有的要素，都被分配了功能安全需求（用 FSR 加序号的形式表

示）以及 ASIL 等级。为了论证上述功能安全需求确实满足安全目标 SG1，我们使用了故障树分析，并使用"违背安全目标 SG1"作为最高层事件。

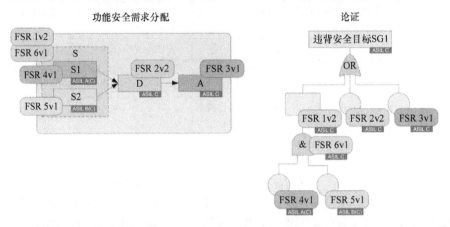

图 8.2　功能安全概念的三个组成部分，即功能安全需求（图中表示为 FSR）、功能安全需求所分配的逻辑设计，以及功能安全需求是否满足安全目标（图中表示为 SG）的论证过程

接下来是系统开发，对应图 8.1 中的第 4 部分，功能安全概念细化为技术安全概念（Technical Safety Concept）。这一阶段处理的是实际的系统和组件，包括交互信号。一个技术安全概念通常包含接口、分区和监控。技术安全概念由被分配的技术安全需求和对该技术安全概念是否满足功能安全概念的论证组成。一个技术安全概念的设计层面案例如图 8.3 所示。图中，决策要素的设计被细化到了一个包含了微控制器和专用集成电路（ASIC）的 ECU 上。这两个要素被分配了相应的技术安全需求（以 TSR 加序号表示）以及 ASIL 等级。

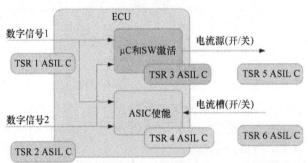

图 8.3　技术安全概念是比功能安全概念更详细的层面，在该例中由包括软件（SW）的微控制器和专用集成电路（ASIC）组成，以确保正确的 ECU 激活

在实际开发过程中，技术安全概念通常是有层级（hierarchy）的。此外，每个指定了 ASIL 等级的安全目标都有对应的功能安全概念和技术安全概念。不同层级的安全概念之间的关系如图 8.4 所示。在该例中，最上层的技术安全概念将技术安全需求分配给包含了软件和硬件的要素，例如一个 ECU。而在最下层的技术安全

概念也包含软硬件接口。明确了技术安全需求，我们将开始具体的硬件和软件开发工作。在本章中，我们只考虑了软件部分，而硬件开发与软件开发具有类似的结构。

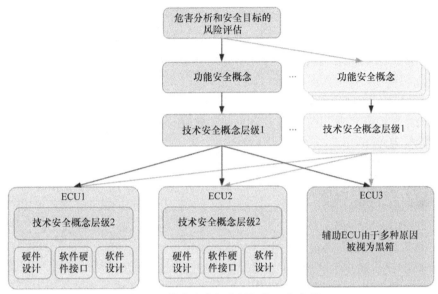

图 8.4 技术安全概念层级的一个实例

8.4 软件开发计划

软件开发从计划阶段开始。在该阶段除了要计划所有的软件活动（例如指定资源和设置时间表等）外，还需要选择所使用的方法和工具。同时，所使用的建模或编程语言也需要在此阶段明确。需要计划的软件活动如图 8.5 所示，在后文中将给出更详细的描述。

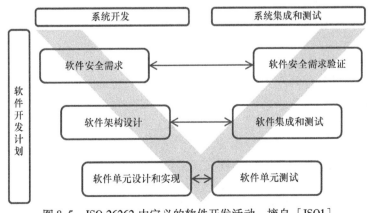

图 8.5 ISO 26262 中定义的软件开发活动，摘自［ISO1］

尽管 ISO 26262 是根据瀑布模型（Waterfall Model）以手工编写代码的传统背景来描述的，但它也支持自动代码生成和敏捷开发方法。

为了给开发提供支持并避免常见错误，开发过程应具备建模和编码指南。指南涉及以下方面内容：

- 强制低复杂性：ISO 26262 并未给出低复杂度的定义，使用者可自行定义"什么是足够低"。这可能需要与 ISO 26262 第 6 部分中的其他方法进行恰当的折中。一种常见的方法是测量圈复杂度（Cyclomatic Complexity）并对取得的结果提供指南。

- 语言子集的使用：编程时会使用不同的编程语言，如果某语言的结构可能会导致语义不清或容易犯错，应该避免使用这种语言结构。例如，在使用 C 语言编程时需要遵照 MISRA – C 标准［A⁺08］。

- 强制强类型：强类型（Strong Typing）要么是编程语言本身固有的，要么则需在编程指南中添加一些支持强类型的原理。由于软件的行为必须是明确的，这就体现了强类型编程的优点——它让软件的行为在设计和评审阶段更容易被理解。在本身固有强类型的编程语言中，每个值都具备一个类型，该值可被执行的行为取决于该值的类型，例如，不能向文本串中添加数字。

- 防御式实现技术的使用：防御性实现的目的是增加代码鲁棒性，使它在出现故障或不可预知的情况下仍能继续运行。例如，通过捕捉或预防异常。

- 已建立的设计原理的使用：目的是复用已被证明有效的原理。

- 无歧义图形化表示的使用：当使用图形表示内容时，应该不需要对图形进行解释。

- 风格指南的使用：良好的编码风格通常使代码具有可维护性、秩序性、可读性和可理解性，从而达到降低出错概率的目的。［DV94］是 C 代码［A⁺08］的一个风格指南的实例。

- 命名惯例的使用：通过使用相同的命名惯例，代码更容易阅读，例如，使用"名称＋案例"作为函数名。

8.5 软件安全需求

当我们将技术安全需求分配到软件并制定好软件开发计划后，需要进一步定义软件安全需求。软件安全需求来源于技术安全概念和系统设计规范，同时也需要考虑软硬件接口。在该步骤的最后，我们将验证包括硬件－软件接口在内的软件安全需求是否实现了技术安全概念。

在一个安全关键的上下文中，软件安全需求定义了若干期望软件提供的服务，包括：

- 预期功能性的正确和安全执行。

- 监控系统是否可以进入安全状态。
- 将系统过渡到功能性减少或无功能性的降级状态并保持。
- 故障探测和处理硬件故障，包括设置诊断故障码。
- 通过故障自诊断（Self – Testing），确保故障被及时发现。
- 与生产、维护以及报废相关的功能性，例如标定相关的需求以及报废过程中需要释放安全气囊等。

8.6　软件架构设计

软件的架构设计既需要实现软件安全需求，也需要同时实现软件的非安全性需求。软件架构的设计必须以识别出所有软件单元为目标。由于不同软件单元被分配的软件安全需求不同（可能具有不同的 ASIL 等级），所以必须要考虑这些要求是否会在同一个软件单元中共存。ISO 26262 中定义了一些措施和准则来保证不同安全等级的软件共存。如果无法符合这些准则，则软件必须按照分配给它的多个安全需求中 ASIL 等级最高的来进行开发和测试。这些标准包括存储保护和保证执行时间等。

软件架构包括静态和动态两个方面。静态方面与软件单元之间的接口有关，而动态方面与时间有关，例如执行时间和顺序。图 8.6 展示了一个软件架构的简单实例。为了规范软件架构设计，架构的标记法可以是非正式的、半正式的或者正式的。但 ASIL 等级越高，符号就越需要正式化。

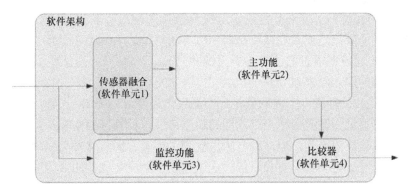

图 8.6　一个具有 4 个软件单元的简单软件架构

软件架构的可维护性和可测性也很重要。因为汽车的生命周期非常长，所以应用在汽车上的软件必须是可维护的。同时，测试在 ISO 26262 中也扮演着重要角色，架构中的软件必须方便测试。在设计架构时使用可配置软件也是可行的，但这种方式优缺点并存。

为了避免由于高复杂性导致的软件系统性故障，ISO 26262 定义了一系列应用于不同软件要素的原则，包括：

- 组件应具有层次结构，每个组件内应具有高内聚性，并在软件规模上加以限制。

- 减少并简化软件单元之间的接口。可以通过限制软件单元之间的耦合来支持，通过分隔关注点的方法来实现。

- 软件单元的调度（Scheduling）应视软件的情况而定，应避免使用中断（Interrupt）。如果不得不使用中断，则它必须是基于优先级的。这样规定的目的是确保软件单元的及时执行。

在软件架构层面，有很大的概率会探测到不同软件单元之间的错误[⊖]（Errors）。一般情况下，软件单元的 ASIL 等级越高，需要采取的防错机制就越多。在 ISO 26262 中提到了如下的机制，它们之间可能存在重叠：

- 数据的范围检查（Range Check）：这个简单的机制可以确保从接口读取或写入接口的数据位于规定的范围内。任何超出这个范围的值都将被视为故障，例如低于绝对零度的温度。

- 合理性检查（Plausibility Check）：一种完备性检查（Sanity Check）的类型，被用于软件单元之间的信号。例如，系统捕捉到一辆普通汽车在 1s 内从静止加速到 100km/h 的速度信号，显然这种加速是不合理的。合理性检查可以使用期望行为的参考模型或不同来源的比较信息来探测故障信号。

- 数据错误探测：检测数据错误的方法有很多种，例如校验和（Checksum）等检错码或多重数据存储（Redundant Data Storage）。

- 外部监控设备：外部监控设备对探测执行中的故障非常有效。外部监控设备可以是在一个看门狗或其他微控制器中执行的软件。

- 控制流监控：通过监控软件单元的执行流，可以探测到某些故障，比如跳过的指令或软件陷入无限循环。

- 多样化的软件设计：在软件设计中使用多样性（Diversity）是一种有效的软件防错机制。这种方法是设计两个不同的软件单元，让其互相监视；如果行为出现差异，意味着有故障产生。但这种方法也受到过质疑，因为软件工程师未必不可能在两套软件中犯了相同错误。为了解决这个问题，可以将软件的功能进一步多样化处理。

一旦探测到错误，应该立即进行处理。在 ISO 26262 中定义了如下在软件架构层面的错误处理机制：

- 错误恢复机制（Error Recovery Mechanism）：目的是将损坏后的状态恢复到

⊖ 译者注：在 ISO 26262 中，故障（fault）、错误（error）以及失效（failure）是三个不同的概念，简单来说，三者是串行的关系，故障发展为错误，而错误进一步发展为失效，最终相关项层面的失效将部分成为危害（hazard）。具体解释可以参见标准的第 10 部分：指南。

可以继续正常操作的状态。

- 适度降级（Graceful Degradation）：当检测到故障时，该机制将系统从正常操作模式变为安全操作模式。在汽车软件中一个常见的应用是通过警示灯来警告驾驶员某些元件失效，例如用安全气囊警示灯来提醒驾驶员安全气囊不可用。

- 独立并行冗余（Independent Parallel Redundancy）：该机制可能需要借助冗余的硬件，因此成本可能相当高。这一概念背后的假设是：两个冗余件同时发生故障的概率很低，因此无论何时都可以保证至少有一条冗余通道正在安全运行。

- 数据纠错码（Correcting Code for Data）：目前有一些机制可以纠正数据错误。这些机制都是通过添加冗余数据来提供不同级别的保护。使用的冗余数据越多，可以纠正的错误就越多。这一机制最常应用于 CD、DVD 和 RAM 中，但也在其他场合被使用。

软件架构设计完成后，需要根据软件需求对架构进行验证。ISO 26262 定义了一系列的验证方法：

- 设计走查（Walk‐Through）：该方法采用同级评审的形式，软件架构设计人员向评审员团队描述架构设计结果，目的是探测任何潜在的问题。

- 设计检查（Inspection）：与走查相比，检查更正式。它包括制订计划、离线检查、检查会议、返工和跟踪变更等几个步骤。

- 仿真（Simulation）：软件架构仿真是一种有效的验证方法，尤其针对动态部分的故障。

- 原型测试（Prototype Test）：与仿真一样，原型测试对于动态部分的故障非常有效。针对这一测试，一个非常重要的工作是分析原型和预期目标之间的所有差异。

- 形式验证（Formal Verification）：这是一种用数学来证明或推翻正确性的方法，但是很少在汽车行业中使用。它可以用来保证系统的预期行为，排除意外行为并证明安全需求。

- 控制流分析（Control Flow Analysis）：这类分析可以在静态代码分析期间完成。其目的是在架构层面上找到软件执行时的任何安全关键路径。

- 数据流分析（Data Flow Analysis）：这类分析也可以在静态代码分析期间进行。其目的是在架构层面上找到软件中变量的安全关键数值。

8.7　软件单元设计与实现

如果软件安全需求被确定，软件架构设计也细分到了软件单元层面，接下来就可以进行软件单元的设计和实现工作了。ISO 26262 既支持手工代码也支持自动生成代码。如果代码是自动生成的，那么对软件单元的要求就可以忽略，因为之前的工具分类工作已经决定了代码生成工具的可信性，否则需要检查工具的质量。在本节中，我们将基于手工代码进行介绍。

与软件架构的规格说明一样，ISO 26262 规定了软件单元设计使用的标记法。ISO 26262 要求使用适当的符号组合，自然语言是最被推荐的，此外，标准还推荐了非正式标记法、半正式标记法和正式标记法。其中，正式标记法现在还不要求使用。

在 ISO 26262 中有很多关于软件单元实现的设计原则。一些原则可能并不适用于特定的开发方式。同时，许多原则可能已经被编码指南覆盖。但是为了保证介绍的完整性，下面我们将列出所有的设计原则：

- 子程序和函数采用一个入口和一个出口：该规则提升了代码的易理解性。多个出口会增加代码控制流的复杂性，因此导致代码难以被理解和维护。

- 无动态对象或动态变量：动态对象和变量有可能产生不可预测的行为和内存泄漏，两种情况都可能对安全产生负面影响。

- 变量初始化：如果不初始化变量，变量会被赋值为任何数值，包括不安全或非法的数值，两种情况都可能对安全产生负面影响。

- 不能重复使用变量名称：使用名称相同的不同变量是有风险的，而且会使代码的可读性变差。

- 避免全局变量：全局变量（Global Variables）的缺点是，它们可以被任何其他软件单元读和写。使用与安全相关的代码时，强烈建议从读写两方面对变量进行控制。但是在某些情况下，全局变量可能是首选的变量类型。如果能合理控制风险，ISO 26262 仍然允许使用全局变量。

- 限制使用指针：使用指针（Pointers）的风险是变量值的损坏和程序的崩溃，两者都是必须避免的情况。

- 无隐式类型转换（Implicit Type Conversion）：即使某些编程语言的编译器支持这种类型转换，也应该避免使用它，因为它可能导致包括数据丢失在内的意外情况发生。

- 无隐藏数据流或控制流：隐藏的流使代码难以被理解和维护。

- 没有无条件跳转（Unconditional Jump）：无条件的跳转好处有限，却使代码难以被分析和理解。

- 无递归：递归虽然是一种强大的方法，但是它使代码变得复杂，进而难以被理解和验证。

在软件单元设计和实现阶段，需要对软硬件接口和软件安全需求是否满足进行验证。此外，还应确保开发过程符合编码指南，并确保软件单元设计与预期的硬件兼容。为了达到这个目标，可以使用如下方法：

- 走查（Walk – Through）（见 8.6 节）。
- 检查（Inspection）（见 8.6 节）。
- 半正式验证（Semi – Formal Verification）：这类方法介于非正式验证（例如

评审）和正式验证（与验证结果的易用性和强度相关）之间。

- 正式验证（Formal Verification）（见 8.6 节）。
- 控制流分析（见 8.6 节）。
- 数据流分析（见 8.6 节）。
- 静态代码分析：一种不必执行源代码就可以对程序进行检查的方法，有很多功能强大的工具可以辅助完成。这些功能通常包括语法和语义分析，检查编码准则（比如 MISRA – C）［A⁺08］、变量估计（Variable Estimation）以及控制和数据流分析等。
- 语义代码分析（Semantic Code Analysis）：这是静态代码分析方法中的一种，考虑源代码的语义方面。这种分析方法可以检测到未正确定义的变量或者函数，以及错误使用变量或者函数的情况。

8.8 软件单元测试

如图 8.7 所示的是软件单元测试，软件单元测试发生在软件单元的实现完成后，目的是证明软件单元已经满足了它的软件安全需求，且不会导致任何非期望的行为。软件单元测试包含三个步骤：确定恰当的测试方法组合、定义测试案例，以及对测试是否具有足够的覆盖率提供论证。需要注意的是，用于软件单元测试的测试环境要尽可能地贴近目标环境，例如，第 3 章介绍的模型在环测试和硬件在环测试环境等。

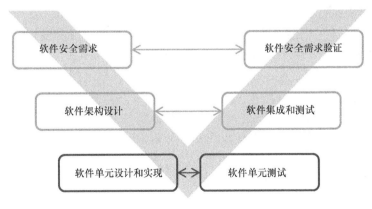

图 8.7 软件单元测试是在软件单元设计和实现的级别进行的

ISO 26262 提供了一系列的测试方法。在实践中，测试人员根据应用的软件安全需求的 ASIL 等级来组合使用这些方法：

- 基于需求的测试：这种测试方法的目标是确保被测试的软件满足应用的需求。

- 接口测试：此测试方法的目标是确保与被测软件相关的所有交互全部按照预期工作。它还应该探测所有针对被测接口所做的错误假设。由于这些交互是由需求定义的，因此该测试与基于需求的测试存在重叠。

- 故障注入测试（Fault Injection Test）：一种非常有效的与安全相关的测试方法。它的关键是通过测试，检查测试目标是否有遗漏。通过向软件测试单元中注入不同类型的故障，并对软件行为进行监控和分析，就有可能发现漏洞。例如，通过添加新的安全机制等。

- 资源使用测试：该测试的目的是验证控制器资源——例如通信带宽、计算功率和内存等——是否足够支持软件的安全运行。对于这类测试，明确测试目标尤为重要。

- 模型和代码的背靠背对比测试：对比模型和被实现的软件的行为差异。方法是将软件和模型以相同的方式执行仿真，因此任何结果行为上的差异都是潜在的需要解决的故障。

类似地，ISO 26262 提供了一组用于为软件单元测试得出测试案例的方法，包括：

- 需求分析：是得出测试案例最常用的方法。通常的做法是，先分析需求然后制定一组合适的测试案例。

- 等价类的生成和分析（Generation and Analysis of Equivalence Classes）：目的是减少测试案例的数量，以达到良好的测试覆盖率。测试方法是识别测试相同条件的输入和输出数据的等价类。接着使用目标制定测试案例，以达到合适的覆盖率。

- 边界值分析：该方法是等价类方法的补充。通过选择测试案例来模拟输入数据的边界值。方法中建议考虑边界值本身、接近边界值、跨越边界值以及超出范围的值等情况。

- 错误推测（Error Guessing）：该方法的优点是测试案例可以基于之前的经验及教训产生。

软件单元测试的最后一步是分析执行的测试案例是否具有足够的测试覆盖率。如果覆盖率不足，则需要进行更多的测试。根据 ISO 26262，覆盖率的分析通过以下三个指标完成：

- 语句覆盖率（Statement Coverage）：目标是保证所有的语句均在软件中被执行，例如，printf（"Hello World！n"）。

- 分支覆盖率（Branch Coverage）：目标是保证软件中每个决策语句的所有分支均被执行，例如，if 语句中的 true/false 分支。

- 修改条件/决策覆盖率（Modified Condition/Decision Coverage，MC/DC）：该指标的目标是满足四个不同的标准，分别是：执行每一个入口点和出口点；每个决策执行所有可能的结果；决策中的每个条件将执行每个可能的结果；以及，决策中的每个条件独立地影响决策的结果。

8.9　软件集成与测试

当所有软件单元的实现、验证和测试都完成后，我们需要对这些软件单元进行集成并对集成后的软件进一步测试。如图 8.8 所示，集成测试呼应的是软件架构设计层面。它和软件单元测试非常相似，共由三个步骤组成：选择测试方法、确定测试用例和分析测试覆盖率。此外，测试环境也应该尽可能地具有代表性。

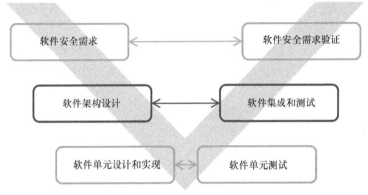

图 8.8　软件单元集成与测试在软件架构设计的层面进行

软件集成测试的测试方法与软件单元测试相同，如 8.8 节所述，即：

- 基于需求的测试。
- 接口测试。
- 故障注入测试。
- 资源使用测试。
- 背靠背对比测试。

软件集成测试的测试案例得出方法也与软件单元测试相同，如 8.8 节所述，即：

- 需求分析。
- 等价类的生成和分析。
- 边界值分析。
- 错误推测。

集成软件测试的最后一步是分析测试覆盖率。同样，如果覆盖率太低，就需要进行更多的测试。ISO 26262 给出了如下覆盖率分析的方法如下：

- 函数覆盖率（Function Coverage）：该方法的目标是执行软件中的所有函数。
- 调用覆盖率（Call Coverage）：该方法的目标是执行软件中的所有函数调用。

由于一个函数可以从许多不同的地方被调用，因此该指标与函数覆盖率不同。在理想情况下，所有这些调用都要在测试期间被执行。

8.10 软件安全需求验证

在软件集成完成之后，需要根据软件安全需求对软件进行验证，如图 8.9 所示。ISO 26262 定义了可以使用的测试环境。最终执行验证的测试环境高度依赖于开发模式。它们可能包括以下内容的组合：

- 硬件在环（Hardware – in – the – Loop，HIL）：这种方法将真实的目标硬件与虚拟车辆相结合，是一种性价比较高的测试方法。由于它使用了虚拟车辆，所以验证的结果应该由其他环境做进一步补充。

- ECU 网络环境：这种方法使用面向外部环境的真实硬件和软件，是一种较为常用的方法。它的优点是比虚拟车辆更准确，但是在运行测试时效率会更低。

- 整车环境：基于整车环境的测试非常有效，对已经完成修改、已经在运行的软件尤其有益。但这种测试环境的成本也最高。

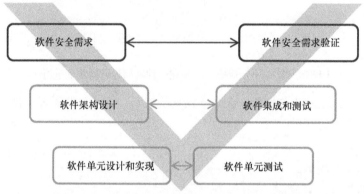

图 8.9　软件安全需求验证针对软件安全需求而执行

8.11 软件设计实例

在本节中，我们将选取前面的小节中提及的一些简化实例，以展示 ISO 26262 如何影响了软件设计工作。在图 8.10 的例子中，我们假设安全目标覆盖了 ASIL D 等级的故障行为，且不再有其他的安全目标。同时，该案例使用 ASIL 分解将 ASIL D 分解为两个独立的 ASIL B 等级。但由于比较器是单点故障，它仍需要满足 ASIL D 的要求。

如图 8.10 所示，在计划的早期阶段就会提出对所使用的编程语言的要求。当使用 C 语言时，通常采用 MISRA C ［A⁺08］标准。图中比较器软件安全需求的一个例子是在探测到错误时将比较器切换到安全状态。在本例中，安全状态可能是非功能性的，即所谓的故障沉默（Fail – Silent）状态。图 8.10 也体现了软件架构设计的重要性。在该例中，我们可以看到在传感器端使用了数据合理性检查和范围检查机制，同时还使用了多样化软件作为外部监控。为了充分发挥这段监控软件的作用，还需要将它分配至独立的硬件。而对于主功能的测试，使用满足 ASIL B 等级要求的测试方法即可。

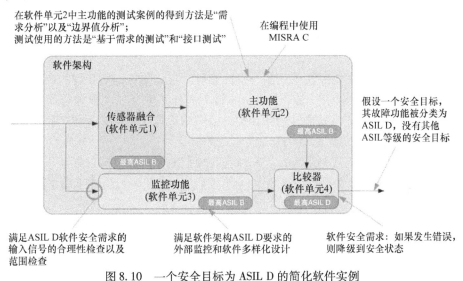

图 8.10　一个安全目标为 ASIL D 的简化软件实例

8.12　集成、测试、确认、评估和发布

如果软件和硬件的设计和实现满足了技术安全需求，同时通过测试证明被导出的需求也得到了满足，接下来就可以将硬件和软件集成了。在 ISO 26262 中，该工作在软硬件、系统和车辆这三个不同的层面上完成，且每个层面上都需要进行集成和测试。在实际开发中，集成的层面可能会变得更少或者更多，特别是当开发工作的不同层面分散到汽车制造商和供应商时更为凸显。在每一层面上都有得到测试用例和测试方法的特定手段。这些工作都是为了证明被集成的元素是按规定的方式工作的。

当我们把相关项整合到一辆车上，还需要执行最后一项工作——安全确认（Safety Validation）。安全确认的目的是证明相关项的安全目标和功能安全概念是适当且达标的。至此，开发工作全部完成。接下来要做的是评估并总结开发的产品是安全的。

为了记录安全性达标的结论和论证过程，需要编写安全档案（Safety Case）。安全档案包含了论证过程，并可以索引到作为证据的不同文档。典型的证据包括危害分析和风险评估、安全概念、安全需求、评审报告、分析报告和测试报告。我们建议安全档案的撰写和产品开发同步进行，尽管后者的完成是前者完成的前提条件。

在完成安全档案后，需要对具备高 ASIL 等级的相关项进行功能安全评审。这一步骤有很多细节，我们不妨简化一下。通常情况下，为了满足独立性，需要有第三方来评审被开发的系统、开发过程中的重要文档（尤其是安全档案），以及开发期间的工作方式。如果评估结果是达标的，才能发布产品并进行生产。

8.13 生产和运行

功能安全是一门主要关注于产品开发的学科。与此同时，所开发的产品也需要进行生产进而被消费者使用。ISO 26262 的第 7 部分是整个标准中内容最少的，它描述了产品生产和运行的要求。此外，制订生产和运行计划也一项和产品开发同步进行的活动。

对生产的要求可以被总结为：生产出符合预期的产品，包括稳定生产过程的维护，对生产过程进行记录（如果对追溯性有要求），以及执行诸如下线检测和校准等必要的活动。

标准中对操作中驾驶员和维修人员须知的信息提出了明确的要求，例如驾驶员手册中的指导说明、维修指导和报废指导等。现场监控流程（Field Monitoring Process）也是运行中的关键部分，这一流程的目的在于探测和分析潜在故障，并在必要情况下为运行车辆启用适用的活动。

8.14 拓展阅读

在本章中，我们给出了 ISO 26262 的概览并重点介绍了其中的软件部分。如果想要了解标准和软件部分更多细节内容，ISO 26262 标准本身［ISO11］就是很好的参考。同时，可以参与一些基础培训来掌握标准的全貌及背后的逻辑。关于安全相关软件的更多细节，［HHK10］也有很好的参考价值。

如果想深入了解功能安全的细节，一些书籍值得推荐。［Sto96］是一本经典著作，虽然内容较为陈旧，但给出了安全关键系统的概览。读者也可以阅读年代更近的著作，例如 Smith 的［SS10］，这本书俯瞰了功能安全标准，并介绍了 IEC 61508 和 IEC 61511 标准的细节。尽管这些标准不同于 ISO 26262，但是书中仍不乏可以应用到汽车领域的洞察。

当工程师在实践中应用功能安全时，许多工作都涉及不同的安全分析。Ericson ［E⁺15］写过一本书，概述了在汽车领域中常用的安全分析方法。

此外，对安全的论证是 ISO 26262 和许多其他安全标准的关键部分。这部分内容通常记录在安全档案中。［WKM97］对安全档案进行了概述，有助于读者加深对这一概念的理解。在论证部分，目标结构表示法（Goal Structuring Notation）是一种公认的有效方法，这一方法可以参考［KW04］。

8.15 总结

在本章中，我们描述了汽车工业——特别是在软件开发方面——如何在功能安全标准下运行。正如本节所述，ISO 26262 标准是汽车工业的基础。这是一个非常重要的标准，无论对于个人还是组织，它都是从事汽车开发的先决条件。

这并不是一份可以容易学习的标准，但其中的某些部分（例如软件工程）也比较直白。正如本章中介绍的，ISO 26262 中软件部分的细节是依附于常规软件开发实践上的一系列附加规则。

读者还应该了解 ISO 26262 的典型特征，这里我们无法给出统一的答案。该标准描述了在汽车工业中使用功能安全的简化方法。面对不同的开发模式，必须对该标准加以调整。因此，ISO 26262 的应用具有很大的灵活性，但同时，使用者也必须论证所选择的方法是否合理，例如在测试软件单元时所选择的测试方法等。另外，由于国家、车辆类型和供应链水平的区别，如何解释该标准也存在着一些差异。

目前，ISO 26262 的修订工作正在进行中 ［ISO16］⊖，新标准中最大的变化将是标准的适用范围，它拓展到了除轻便摩托车外的所有道路车辆。此外，新版标准还将增加两个新的部分，分别是信息指南部分的半导体相关内容以及规范部分的摩托车相关内容。此外，ISO 26262 委员会也在进行更进一步的工作，目的是让标准涵盖无故障的车辆级功能的安全性（Safety of Fault – free Vehicle – Level Function）以及汽车的信息安全（Security）。目前这些内容还没有写入 ISO 标准。

参 考 文 献

A+08. Motor Industry Software Reliability Association et al. *MISRA-C: 2004: guidelines for the use of the C language in critical systems.* MIRA, 2008.

DV94. Jerry Doland and Jon Valett. C style guide. *NASA*, 1994.

E+15. Clifton A Ericson et al. *Hazard analysis techniques for system safety.* John Wiley & Sons, 2015.

HHK10. Ibrahim Habli, Richard Hawkins, and Tim Kelly. Software safety: relating software assurance and software integrity. *International Journal of Critical Computer-Based Systems*, 1(4):364–383, 2010.

IEC10. IEC. 61508:2010 – functional safety of electrical/electronic/programmable electronic safety-related systems. *Geneve, Switzerland*, 2010.

ISO09. ISO. Quality management systems – particular requirements for the application of iso 9001:2008 for automotive production and relevant service part organizations. *International Standard ISO/TS*, 16949, 2009.

ISO11. ISO. 26262–road vehicles-functional safety. *International Standard ISO*, 26262, 2011.

ISO15. ISO. 9001: 2015 quality management system–requirements. *Geneve, Switzerland*, 2015.

ISO16. ISO. 26262–road vehicles-functional safety. *International Standard ISO*, 26262, 2016.

KW04. Tim Kelly and Rob Weaver. The goal structuring notation–a safety argument notation. In *Proceedings of the dependable systems and networks 2004 workshop on assurance cases.* Citeseer, 2004.

⊖ 译者注：截至本书翻译时，2018 版的国际功能安全标准已经发布。

SS10.　David J Smith and Kenneth GL Simpson. *Safety Critical Systems Handbook: A Straightfoward Guide To Functional Safety, IEC 61508 (2010 Edition) And Related Standards, Including Process IEC 61511 And Machinery IEC 62061 And ISO 13849.* Elsevier, 2010.

Sto96.　Neil R Storey. *Safety critical computer systems.* Addison-Wesley Longman Publishing Co., Inc., 1996.

WKM97. SP Wilson, Tim P Kelly, and John A McDermid.　Safety case development: Current practice, future prospects. In *Safety and Reliability of Software Based Systems*, pages 135–156. Springer, 1997.

第9章　汽车软件架构的当前趋势

摘要：汽车自诞生之日起，已经经历了巨大的发展变革，而且这种趋势仍将持续。一辆现代汽车想要工作，已经很难离开嵌入汽车的电子器件中的软件的作用了。尽管汽车中的很多物理过程仍与 20 世纪 90 年代相同（比如内燃机、伺服转向等），但却内嵌了电子系统，已然成为能够独立"思考"和自动驱动的计算机平台。本章中，我们将介绍几个汽车软件工程趋势，并探讨这些趋势将如何塑造汽车软件工程的未来。它们是：自动驾驶、"自主"系统、大数据以及新的软件工程范式。

9.1　概述

汽车软件随着时间在不断演变，它的研发方法也需要与时俱进地改变。软件的演变一方面意味着我们需要更多软件来实现新的功能，另一方面也意味着我们可以使用更先进的软件开发方法。

站在汽车电子历史长河的视角来看，我们发现一些重大的技术变革正在悄然发生。现代汽车已经成为复杂的计算平台，可以实现多种多样的功能。车用动力技术也已经从传统内燃机技术变为电驱动或混合动力技术（例如，氢技术）。

这个有趣的时代给软件工程师和架构师带来了无限的可能性和潜在机遇。我们不妨来探索一下未来可能重塑汽车软件工程的趋势，特别是以下这些方面：

- 自动驾驶——引入的自动驾驶将如何塑造汽车行业和车辆控制软件。
- 自主（Self - *）系统——开发的自我修复和自适应系统的能力将如何影响现代汽车软件的设计。
- 大数据——传输和处理大规模数据的能力将如何改变我们看待汽车决策的方式。
- 新的软件工程范式——新的软件工程方法将如何影响汽车系统软件的开发方式。

在本章接下来的部分，我们将针对上述四大趋势进行介绍。

9.2 自动驾驶

毫无疑问，自动驾驶技术已成为现代汽车软件的主要趋势。自动驾驶软件可以使驾驶员无须操控汽车或汽车上的部分功能。美国国家公路安全管理局（National Highway Safety Traffic Administration，NHSTA）将汽车的自动驾驶功能划分为以下几个等级［A+13］：

- L0级（Level 0），无自动化：汽车中没有可直接驱动汽车或能够辅助驾驶员的功能。

- L1级（Level 1），特定功能的自动化：根据定义"该级别的自动化涉及一个或多个特定控制功能"，这意味着某些功能可以自动化地运行；例如，自适应巡航控制。

- L2级（Level 2），组合功能的自动化：存在着某一组功能可以实现自动化及主动化，但驾驶员仍然要对车辆的控制负责，并且必须准备好在短时间内接管车辆；例如，在高速公路上进行的自动驾驶。

- L3级（Level 3），有限的自动驾驶：车辆能够在限定场景条件下自动驾驶并且能够监控场景条件是否符合自动驾驶要求，驾驶员偶尔需要介入操控车辆，但切换手动驾驶的用时允许比L2级更长。

- L4级（Level 4），完全自动驾驶：车辆能够在行驶的全程实现自动驾驶，驾驶员只需要输入相关约束条件和行程目的地。该级别同时适用于载人车辆和非载人车辆。

我们可以看到，现代汽车已经能够提供L2级自动驾驶功能（组合功能的自动化），甚至某些可以达到L3级（例如，特斯拉的Autopilot功能［Pas14，Kes15］）。这类功能给汽车软件的开发施加了大量约束。

首先，自动驾驶会增加软件的复杂性，从而增加其开发、检查、验证和认证的成本。由于自动驾驶属于安全关键功能，其本身要求特殊的验证工作。此外，自动驾驶还需要在非常抽象的层面上进行交通情境的复杂推理（例如交通事故中优先挽救车内乘客生命还是其他行人的生命）。

其次，自动驾驶功能推动了大数据处理，从而催生了现代汽车对计算处理能力的需求。强大的计算处理能力必须依靠高效的CPU及高通量电子总线来保证；而CPU和电子总线的性能又易受车辆自身的振动、湿度、环境温度等因素的影响，又进一步需要先进的设备来保障（例如冷却风扇等）。以上这些都意味更多的组件开发，因此也会导致更高的成本。

第三，我们必须认识到，现在的传感器性能并不足以应付高级别的自动驾驶场景。例如摄像头，尽管能够在一些特定条件下看清物体，但与之相比，人眼不仅在几乎所有条件下可看清物体，还可以始终跟大脑协同并更好地完成任务。同时，摄像头还无法在低光照或者气象恶劣的环境下有效工作［KTI⁺05］，而使用高端摄像头或其他先进设备会大幅增加成本——可即便如此，它仍难达到和人眼相同的水准。

最后，自动驾驶功能需要在更高的抽象层次上运行。有关最近障碍物的距离信息需要转化到世界坐标系当中，从而和地图进行匹配，以确定特定情况下的最佳行驶方案［BT16］，这需要更为先进的启发式算法——可即便如此，也无法证明启发式算法可以在所有交通场景内都正确工作，这使得车辆的安全认证成为一大挑战。

9.3　自主系统

自修复（self‑healing）是系统为保持行为不变而主动改变其构架的能力。Keromytis 等人［Ker07］将自我修复定义为从错误执行中主动恢复的能力。

自修复系统最突出的一个机制是 MAPE‑K，即测量（Measure）、分析（Analyse）、计划（Plan）和执行（Execute）＋知识（Knoweldge）［MNSKS05］，图 9.1 给出了一个实例——用于实现自适应巡航功能的 ECU 监控算法。

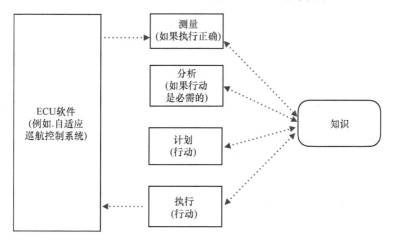

图 9.1　ECU 软件的 MAPE‑K 实现

简单来说，这是一套监督自适应巡航算法是否正确执行的算法。在该例中，我们可以监督雷达的活动以确保它能提供可靠的探测结果（例如，不存在失真）。分析组件（Analysis）将检查是否检测到了某种失效情况（例如，雷达噪声太多），并向计划组件（Plan）发送信号，后者将根据信号读取和分析，计划适当行动。这里的行动可以是禁用自适应巡航控制并通知使用者。一旦组件做出了修复策略的决定，执行组件（Execute）将开始执行修复任务（例如：通知使用者并禁用自适应巡航算法）。

另一方面，在安全关键系统中，使用自适应（Self‑Adaptation）机制的趋势在上升，因为该机制允许我们在出现错误和故障时改变组件的运行，让系统具备功能主动降级（Self – Degrade）的能力（例如第6章中临时改变发动机运行状态的案例）。

然而，自适应机制要想符合汽车系统的要求，还面临着众多挑战。其中最主要的挑战是，自适应工作的过程必须要被证明是（在 ISO/IEC 26262 语义下）"安全的"。另一个挑战是，自适应算法有时非常复杂，在某些真实场景下的失效模式难以被复现，导致算法的验证困难。例如，我们很难在车速 150km/h 的条件下"安全地"复现雷达失效的场景。

尽管如此，我们还是可以看到越来越多的自主（Self – *）算法被应用在了汽车系统中。随着现代汽车复杂决策算法的增多（例如自动驾驶相关功能的集成），自主算法可为我们提供安全的保障。

9.4 大数据

现代汽车的互联通信能力以及在决策中引用传感器信息的能力导致了车内数据量呈指数增长。而与此同时，计算机也在不断进化以应对存储、分析和处理大数据的挑战 [MCB+11, MSC13]。

大数据系统通常被认为具备以下 5 种特征，即所谓的 5V：

- 大量（Volume）：大数据系统拥有大量的数据（TB 或者 PB 级），这使得数据的存储和处理成为一项需要挑战的艰巨任务，必须使用新的算法来应对挑战。
- 多样（Variety）：数据来自多样化的数据源，具有不同的格式和多个语义模型，数据在传递给分析算法前必须进行预处理。
- 高速（Velocity）：数据获取速度极快，且需要实时处理（例如，从多个车内传感器获取数据并使用这些数据做出安全关键决策）。它所需要的超强处理能力很可能是汽车软件系统所不具备的。
- 价值（Value）：收集的数据具有一定的商业价值（例如关于车辆行驶路径的数据），这会给存储、隐私和信息安全带来挑战，特别是同时需要满足处理速度和准确性要求的场景。
- 准确性（Veracity）：数据具有不同的质量等级，例如，在准确性和可信度方面。数据准确性的差异给系统的使用带来很大的挑战。

上述 5V 特征对大数据在汽车系统中的应用都带来了挑战。大量的来自车辆自身传感器的数据需要被处理并通常需要被存储。在过去，用硬盘来存储数据面临着由于振动引起的耐久问题。直到固态硬盘流行，更大量的数据存储和处理才成为可能。

高速处理需要更高的处理功率、更高效的处理器以及更好的连接能力。由于汽车环境（湿度、振动等）相对其他应用场合而言更为恶劣，高效处理器就需要更好的辅助硬件（比如，稳定装置、冷却系统等），进而带来了汽车硬件成本的增加。硬件价格对于汽车行业而言非常重要（与其他硬件相对便宜的领域相比）。通常根据经验，每个 ECU 的成本增加 1 美元，可能会导致汽车总成本增加 100 美元。

数据准确性也是一大挑战，因为很多情况下，"真实的"数据并不是直接测量得到，而是计算得到的。例如，冬天时车辆打滑无法直接测得，而需要通过 ABS 或轮胎转向附着力的数据计算得到。而在另一些情况下，还会通过数据混淆（Obfuscate）来保护隐私数据（例如，三角测量法会混淆车辆的真实位置），这使得算法也无法"知道"数据点的真实坐标值 [SS16]。

未来，我们将看到大数据在车辆上更多的应用场景，它是自动驾驶和避免碰撞等先进算法得以实现的基础。

9.5　新的软件工程范式

汽车软件工程正在引领着汽车工业的发展步伐。所以，让我们再来了解一些正在重塑汽车软件工程领域的潜在新趋势。

开发中的敏捷方法：敏捷软件开发在除汽车外的其他领域已经得到了广泛应用，而目前有证据表明它在汽车领域也正在不断普及。特别是在 V 模型开发的中间环节，供应商正在越来越多地使用敏捷方法进行需求工程和软件开发 [MS04]，并且正在逐渐拓展到整个车辆的开发过程中 [EHLB14，MMSB15]。这一趋势让我们在未来可以具备更强的需求定义和软件开发能力，这对于汽车电子行业正在集成越来越多的商业成品组件的趋势而言尤为有益。AUTOSAR 标准也将软硬件的开发解耦，并规定了一种使迭代开发原则更易应用的标准化方法。

对可追溯性的关注加强：汽车软件规模在不断增加，并且越来越多地出现在了安全系统中，这就需要更为严格的流程对安全关键系统的需求进行追溯。ISO 26262（道路车辆功能安全）标准就是一个例子。这里的逻辑是：更为复杂的软件模块势必需要颗粒度更小的追溯管理流程来保证 [SRH15]。而使更强的追溯性成为可能的驱动力之一是工具链的更紧密集成 [BDT10，ABB⁺12]。

对非功能属性的关注加强：随着软件被越来越多地用于主动安全系统，它的非功能属性得到了更多关注。车内通信总线的通信量以及容量增加都对软件的数据同步和校验能力提出了更高要求。而诸如控制路径监控、安全位及数据复杂性控制等安全分析仅仅是部分解决方案 [Sin11]。在过去，汽车行业需求工程的关注在功能需求方面，而在未来，人们对非功能需求的研究和关注可能会增加。

对安全（Security）需求的关注加强：安全需求是一种专项需求，车辆越来越多地与外界互联，也因此更易遭到黑客的攻击 [SLS⁺13，Wri11]。最近发生的对吉普牧马人越野车进行远程操控事件说明这种威胁是真实存在的，并且事关车辆和交通系统的安全。因此，我们认为抵抗黑客攻击的能力将成为汽车软件开发在未来十年的重点之一。

敏捷软件开发时代的架构设计

软件架构开发通常由经验丰富的架构师完成，且产品越复杂，对经验的要求就越高。由于每种系统都有其独特的需求，架构设计往往都有特殊的关注点，比如系统的实时性或者可扩展性等。在电信领域，软件开发重点关注系统的可扩展性及性能，然而在汽车领域，安全性才是首要关注点。架构开发某种程度上还依赖于公司所采取的软件开发流程，例如 V 模型和敏捷方法论在架构开发方法上就有所不同。在 V 模型中，架构工作大多是规定性的（Prescriptive），并且以架构师为核心；而在敏捷方法中，架构工作可以偏向描述性的（Descriptive），并且分散到多个自行组织的团队中完成。

随着敏捷软件开发原理在工业界不断普及，架构开发也在演变。由于敏捷开发团队更具有自组织性，架构开发工作变得更分散，难以集中管控［Ric11］。造成这种困难的主要原因在于，敏捷团队重视独立性和创造力［SBB⁺09］，而架构开发则需要稳定性、控制力、透明度和积极性［PW92］。图 9.2 概述了如何将功能需求（Functional Requirements，图中表示为 FR）和非功能需求（Non‐functional Requirements，图中表示为 NFR）打包为工作包（Work Package，图中表示为 WP）并交给团队进行特性（Feature）开发。每个团队都将代码交付到主分支，每个团队还可以将代码交付给产品的任何组件。

在图 9.2 中，需求首先来自客户，并通过产品管理（Product Management，PM）进行优先级排序并打包成特性（Feature），然后和系统管理（System Manage-ment，SM）就这些特性对产品架构的影响进行技术方面的交互。在将特性交付给主分支之前，系统管理需要与负责设计、实施和测试（功能测试）的团队（包括设计维护团队（Design and Maintenance，DM）和测试团队（Test））进行充分交流。在发布之前，主分支中的代码要由专用的测试单元进行全面测试［SM11］。

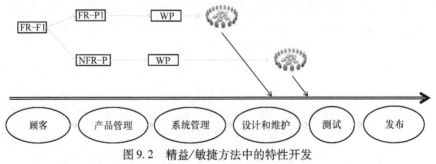

图9.2　精益/敏捷方法中的特性开发

9.6　其他趋势

2016 年，Jan Bosch 提出了 3 个重塑软件工程的趋势［Bos16］：软件开发速度、生态系统和数据驱动的开发。他预测，占据市场先机的公司将会比其他公司成功，因为该行业的创新模型已经不再是传统的技术推广曲线（Technology Adoption Curve），而是鲨鱼尾式（Shark's Tail）的。大多数新的软件创新产品都会以极快的速度被市场接受，公司需要提前为市场做好准备。市场的跟随者很难再去吸引客户［DN14］。生态系统的理念（例如苹果公司的 App 商店或谷歌公司的 Play 商店）其实很早以前就出现在了汽车硬件上（例如，宝马的客户必然会从制造商那里购买备件），但软件领域还未成型。最后，数据驱动的开发和精益创新思维［Rie11］意味着客户会向公司提供有关产品开发的数据。基于网联技术和远程无线软件更新的能力，我们可能会在未来十年看到更多汽车行业的数据驱动型开发。

来自 Gartner 公司的 Burton 和 Willis 提出了未来技术的 5 大趋势⊖，这些趋势有可能影响软件工程领域未来几十年的发展［BW15］，分别是：

- 数字化业务即将到达"过高期望峰值（Peak of Inflated Expectations）"。
- 物联网、移动和智能机器的发展将会迅速接近"峰值（Peak）"。
- 数字营销和数字化工作平台将会快速增长。
- 数据分析正在"峰值（Peak）"。
- 大数据和云技术将逼近"泡沫化低谷期（Trough of Disillusionment）"。

简言之，这些趋势将产生更多需求，从而推动在汽车上开发出更加先进的功能，同时还会促进大数据在决策中乃至车辆开发中的应用（需求的发现不再通过焦点小组访谈，而是通过数据分析）。但他们也认为可穿戴设备（例如智能手表）的热潮将会迅速消退，客户可能会变得对于其发展不再感兴趣。

在他们 2016 年的报告中，Gartner 更加关注的是人工智能、机器学习和自动化方面的发展。而我们发现这些新技术也正在逐渐浸入汽车软件工程领域，尤其是当它们与不同级别的自动驾驶和自适应算法结合时。这也意味着未来汽车软件将变得更加复杂。

9.7　总结

总结前文，让我们来做一个大胆的构想：未来汽车将会作为一个计算平台，不同的第三方公司可以基于这样一个计算平台构建应用软件。我们可以看到谷歌的自动驾驶汽车就是这样一个趋势的运用［Gom16］。

电信领域已经从 20 世纪 90 年代的移动电话专有解决方案演变成为 2010 年的智能手机标准化平台和生态系统——以 Android 和 iOS 移动操作系统为代表。购买新手机的客户，本质上就是购买一台可以随意安装自选应用软件的设备，这些软件

⊖　译者注：Gartner 公司是一家美国的技术咨询公司，该公司会定期发布各项技术的成熟度曲线（Gartner Hype Cycle），该曲线将所有世界热门技术的曝光度在时间轴上分为 5 个阶段：科技诞生期（Technology Trigger）、过高期望峰值期（Peak of Inflated Expectations）、泡沫化低谷期（Trough of Disillusionment）、稳步爬升的光明期（Slope of Enlightenment）以及实质生产高峰期（Plateau of Productivity），被社会广泛引用。

有的免费，有的则需付费。可以预见，未来的汽车软件安装和更新也会与之类似（信息娱乐域已经有应用）。

汽车向第三方软件开放的可能性将改变未来汽车工业的面貌。商品化平台和供应商在应用程序间的可移植性将使汽车更加安全，也更加有趣。我们可以期待汽车变成各类设备的集成平台，与可穿戴设备集成来向驾驶员及乘客提供越来越好的驾驶体验。汽车软件究竟能给我们怎样的未来，让我们拭目以待。

参 考 文 献

A⁺13.   National Highway Traffic Safety Administration et al. Preliminary statement of policy concerning automated vehicles. *Washington, DC*, pages 1–14, 2013.

ABB⁺12.   Eric Armengaud, Matthias Biehl, Quentin Bourrouilh, Michael Breunig, Stefan Farfeleder, Christian Hein, Markus Oertel, Alfred Wallner, and Markus Zoier. Integrated tool chain for improving traceability during the development of automotive systems. In *Proceedings of the 2012 Embedded Real Time Software and Systems Conference*, 2012.

BDT10.   Matthias Biehl, Chen DeJiu, and Martin Törngren. Integrating safety analysis into the model-based development toolchain of automotive embedded systems. In *ACM Sigplan Notices*, volume 45, pages 125–132. ACM, 2010.

Bos16.   Jan Bosch. Speed, data, and ecosystems: The future of software engineering. *IEEE Software*, 33(1):82–88, 2016.

BT16.   Sagar Behere and Martin Törngren. A functional reference architecture for autonomous driving. *Information and Software Technology*, 73:136–150, 2016.

BW15.   Betsy Burton and David A Willis. Gartner's Hype Cycles for 2015: Five Megatrends Shift the Computing Landscape. *Recuperado de:* https://www.gartner.com/doc/3111522/gartners--hype--cycles--megatrends--shift, 2015.

DN14.   Larry Downes and Paul Nunes. *Big Bang Disruption: Strategy in the Age of Devastating Innovation*. Penguin, 2014.

EHLB14.   Ulf Eliasson, Rogardt Heldal, Jonn Lantz, and Christian Berger. Agile model-driven engineering in mechatronic systems-an industrial case study. In *Model-Driven Engineering Languages and Systems*, pages 433–449. Springer, 2014.

Gom16.   Lee Gomes. When will Google's self-driving car really be ready? It depends on where you live and what you mean by "ready" [News]. *IEEE Spectrum*, 53(5):13–14, 2016.

Ker07.   Angelos D Keromytis. Characterizing self-healing software systems. In *Proceedings of the 4th international conference on mathematical methods, models and architectures for computer networks security (MMM-ACNS)*, 2007.

Kes15.   Aaron M Kessler. Elon Musk Says Self-Driving Tesla Cars Will Be in the US by Summer. *The New York Times*, page B1, 2015.

KTI⁺05.   Hiroyuki Kurihata, Tomokazu Takahashi, Ichiro Ide, Yoshito Mekada, Hiroshi Murase, Yukimasa Tamatsu, and Takayuki Miyahara. Rainy weather recognition from in-vehicle camera images for driver assistance. In *IEEE Proceedings. Intelligent Vehicles Symposium, 2005.*, pages 205–210. IEEE, 2005.

MCB⁺11.   James Manyika, Michael Chui, Brad Brown, Jacques Bughin, Richard Dobbs, Charles Roxburgh, and Angela H Byers. Big data: The next frontier for innovation, competition, and productivity. 2011.

MMSB15.   Mahshad M Mahally, Miroslaw Staron, and Jan Bosch. Barriers and enablers for shortening software development lead-time in mechatronics organizations: A case study. In *Proceedings of the 2015 10th Joint Meeting on Foundations of Software Engineering*, pages 1006–1009. ACM, 2015.

MNSKS05.   Manoel, E., Nielson, M.J., Salahshour, A., KVL, S.S. and Sudarshanan, S., 2005. *Problem determination using self-managing autonomic technology*. IBM International Technical Support Organization.

MS04.   Peter Manhart and Kurt Schneider. Breaking the ice for agile development of embedded software: An industry experience report. In *Proceedings of the 26th international Conference on Software Engineering*, pages 378–386. IEEE Computer Society, 2004.

MSC13.   Viktor Mayer-Schönberger and Kenneth Cukier. *Big data: A revolution that will transform how we live, work, and think*. Houghton Mifflin Harcourt, 2013.

Pas14.   A Pasztor. Tesla unveils all-wheel-drive, autopilot for electric cars. *The Wall Street Journal*, 2014.

PW92.   Dewayne E Perry and Alexander L Wolf. Foundations for the study of software architecture. *ACM SIGSOFT Software Engineering Notes*, 17(4):40–52, 1992.

Ric11.   Eric Richardson. What an agile architect can learn from a hurricane meteorologist. *IEEE software*, 28(6):9–12, 2011.

Rie11.   Eric Ries. *The lean startup: How today's entrepreneurs use continuous innovation to create radically successful businesses*. Random House LLC, 2011.

SBB[+]09.   Helen Sharp, Nathan Baddoo, Sarah Beecham, Tracy Hall, and Hugh Robinson. Models of motivation in software engineering. *Information and Software Technology*, 51(1):219–233, 2009.

Sin11.   Purnendu Sinha. Architectural design and reliability analysis of a fail-operational brake-by-wire system from iso 26262 perspectives. *Reliability Engineering & System Safety*, 96(10):1349–1359, 2011.

SLS[+]13.   Florian Sagstetter, Martin Lukasiewycz, Sebastian Steinhorst, Marko Wolf, Alexandre Bouard, William R Harris, Somesh Jha, Thomas Peyrin, Axel Poschmann, and Samarjit Chakraborty. Security challenges in automotive hardware/software architecture design. In *Proceedings of the Conference on Design, Automation and Test in Europe*, pages 458–463. EDA Consortium, 2013.

SM11.   Miroslaw Staron and Wilhelm Meding. Monitoring Bottlenecks in Agile and Lean Software Development Projects–A Method and Its Industrial Use. *Product-Focused Software Process Improvement*, pages 3–16, 2011.

SRH15.   Miroslaw Staron, Rakesh Rana, and Jörgen Hansson. Influence of software complexity on iso/iec 26262 software verification requirements. 2015.

SS16.   Miroslaw Staron and Riccardo Scandariato. Data veracity in intelligent transportation systems: the slippery road warning scenario. In *Intelligent Vehicles Symposium*, 2016.

Wri11.   Alex Wright. Hacking cars. *Communications of the ACM*, 54(11):18–19, 2011.

第 10 章 总 结

摘要：在本书中，我们介绍了汽车软件中架构的概念并概述了在现代汽车软件中可能会遇到的架构风格。在本章中，我们将总结全书要点，便于读者快速定位到各章内容中。

10.1 第 1 章：软件架构及其在汽车软件工业的发展概述

软件架构是一种软件系统的高层设计和结构。它为软件及其组件的详细设计以及软件的部署提供了指导。软件架构文档中通常会包含一系列的视图，例如功能视图、逻辑视图或部署视图等。

软件架构还提供了软件系统高层建构的原则，因此它也包含不同的架构风格。总体上看，我们可以观察到超过 20 种不同的架构样式。但这其中只有一部分样式是适用于汽车软件设计的。

在本书中，我们汇总了汽车软件设计中最重要的方法及工具。这些方法不仅局限在架构层面，也涵盖了详细设计的范畴。在本书的第 1 章中，我们提供了每章的内容提要并总结了架构设计之所以对未来的汽车软件工程意义非凡的原因。

10.2 第 2 章：软件架构

在本书的第 2 章中，我们介绍了软件架构作为软件系统的高层设计结构的概念、创建这种结构的原则，以及记录这种结构的文档。我们介绍了软件组件的概念并讨论了一系列在汽车软件系统设计中常用的结构视图，例如：

- 功能视图：描述车辆功能的架构以及它们之间依赖关系。
- 物理视图：描述物理节点（ECU）以及节点之间的连接。
- 逻辑视图：描述软件组件和构造。
- 部署视图：描述软件组件在 ECU 中的部署。

我们还列举了汽车中出现的主要架构风格

- 分层架构风格。
- 基于组件的架构风格。
- 单体架构风格。
- 微内核架构风格。
- 管道与过滤器架构风格。
- 事件驱动架构风格。
- 中间件架构风格等。

这些内容让我们为软件系统的高层设计做好了知识储备。但在开始具体工作前，我们还有必要理解汽车软件开发是如何完成的。对此，我们在下一章中展开了介绍。

10.3　第 3 章：汽车软件开发

本章中，我们关注的是汽车软件工程中的实践，我们先从需求开始，这部分内容某种程度上是汽车行业独有的。我们讨论了如下的需求类型：

- 文本需求：以文本和表格形式呈现的规格说明。
- 用例需求：基于 UML 用例和相应的序列图来呈现的规格说明。
- 基于模型的需求：以模型的形式呈现的规格说明，这些模型后续将由供应商实现。

我们理解了制定软件需求的方法，还需要进一步理解软件验证和确认的方法。软件的验证和确认以测试的形式完成，这些内容在后续章节将详细展开，它们包括：

- 单元测试：单一软件模块的功能验证。
- 组件测试：一组软件模块（即组件）的验证。
- 系统测试：完整系统的验证（包括开发完成后的完整功能以及开发中的某单一功能）。
- 功能测试：对照规格说明，对终端用户功能的确认。

当我们介绍了不同的测试方法以及汽车软件集成的不同阶段后，我们探讨了这些元素是如何在所谓的"产品数据库"中存储的。

10.4　第 4 章：AUTOSAR 标准

AUTOSAR 标准的引入是当今汽车软件领域的主要趋势之一。该标准定义了汽车软件是如何被建构以及它的组成部分之间是如何交互的。某种意义上，AUTO-SAR 标准也被视为汽车的"操作系统"。

本章内容由 Darko Durisic 撰写，他是 AUTOSAR 联盟中瑞典汽车制造商的领军人物之一，具备丰富的实践经验，因此也能从软件设计者的角度对 AUTOSAR 系统进行精彩的介绍。本章内容关注的是 AUTOSAR 参考架构及其应用。

这一章中我们还从 AUTOSAR 中"概念"的角度探讨了 AUTOSAR 标准的演化，我们分析了 AUTOSAR 规范中的哪些内容发生了变化、标准中"概念"的数量是如何演化的，以及这些演化对汽车软件的设计意味着什么。

在本章的最后，我们给出了一些基于 AUTOSAR 进行汽车软件组件设计的实例。

10.5　第 5 章：汽车软件的详细设计

对汽车软件架构的介绍只有包含了软件的详细设计方法才算完整。因此在第 5 章中，我们对如下汽车软件详细设计的方法进行了介绍：

- Simulink 建模：汽车软件算法的详细设计最常用的方法，通常用于动力总成域、主动安全域或底盘域。

- SysML：一种基于 UML 语言的方法，关注软件定义中的编程语言方面的概念。

- EAST – ADL：另一种基于 UML 语言的方法，专门用于汽车软件的设计，将问题领域的概念和编程层面的概念相结合。

- GENIVI：一种专用于信息娱乐系统的编程标准，目前在市场上正受到越来越多的关注。

知道这些术语和真正理解安全关键系统的设计原则是不一样的。因此我们还介绍了设计安全关键系统的原则，这些原则来自对 NASA 及其空间项目的研究。

10.6　第 6 章：汽车软件架构的评估

在介绍了软件的详细设计后。我们将探讨评估软件架构的方法。在第 6 章中，我们关注了一种定性评估的方法——架构权衡分析法（ATAM）。

我们首先介绍了基于国际标准 ISO/IEC 25000 的架构评估的基本原理。然后我们提供了一系列评估安全关键系统的典型场景。

最后，我们展示了一个简单架构设计的评估实例。

10.7 第 7 章：软件设计和架构的度量

作为第 6 章中定性方法的补充，我们在第 7 章中关注了对软件设计的定量测量方法。我们介绍了软件测量过程的国际标准 ISO/IEC 15939，然后对不同度量在抽象层级上进行了描述。

我们为架构工程师提供了一系列的度量组合以及它们的可视化表达。我们也同样为汽车软件的详细设计提供了一系列的测度。

在本章的最后，我们展示了一份关于汽车软件测量的公开工业数据。在测量结果的基础上，我们讨论了诸如软件规模和圈复杂度等软件属性，并分析了它们对软件验证和车辆安全性的影响。

本章内容由作者和来自爱立信公司的 Wilhelm Meding 合著完成。Wilhelm Meding 在软件测量领域已经深耕十余年，是资深的程序员。

10.8 第 8 章：汽车软件功能安全

在上一章的最后，我们提到了由于复杂度提升带来的软件无法被充分验证的风险。在本章中，我们进一步介绍了汽车软件领域的最重要的标准之一——ISO/IEC 26262（功能安全）。

这一章的作者是来自 Volvo AB 公司的 Per Johannessen，他曾成功地在某乘用车制造商建立了该标准，目前正在重型车辆和公交车领域从事相同的工作。

在本章中，我们提供了一个包含了不同 ASIL 等级的微控制器架构的实例。

10.9 第 9 章：汽车软件架构的当前趋势

最后，我们展望了汽车软件开发的趋势，这些趋势包括：

- 自动驾驶：需要以更复杂的软件和更高层级的连接为支撑。
- 自修复、自适应、自组织系统：可以让软件更可靠、更智能；但在软件安全性评估上面临着挑战。
- 大数据：基于外部资源的可用信息，让汽车软件做出更智能的决策；但与此同时，对软件系统的处理能力、存储以及一些其他特性提出了更高的要求。
- 软件开发流程的新趋势：例如软件持续集成技术，可以让软件持续改进，但也对软件的安全性评估以及快速验证提出了挑战。

10. 10 结语

现在，我们已经走完了这段汽车软件开发的旅程。我们生活在一个动态的时代，而汽车软件工程才刚迎来自己的蓬勃发展。

我们希望这本书能帮助我们的读者成为更优秀的软件工程师，为世界造出更智能、更有乐趣、更安全的汽车。

图书在版编目(CIP)数据

汽车软件架构/（瑞典）米罗斯拉夫·斯塔隆（Miroslaw Staron）著；王驷通，欧阳紫洲译.—北京：机械工业出版社，2020.9（2023.3重印）

（汽车先进技术译丛.汽车创新与开发系列）

书名原文：Automotive Software Architectures

ISBN 978-7-111-66280-8

Ⅰ.①汽…　Ⅱ.①米…　②王…　③欧…　Ⅲ.①汽车－电子系统－应用软件　Ⅳ.①U463.6

中国版本图书馆 CIP 数据核字（2020）第 143186 号

机械工业出版社（北京市百万庄大街22号　邮政编码100037）

策划编辑：孙　鹏　责任编辑：孙　鹏

责任校对：王　欣　封面设计：鞠　杨

责任印制：单爱军

北京虎彩文化传播有限公司印刷

2023 年 3 月第 1 版第 6 次印刷

169mm×239mm·14.25 印张·4 插页·295 千字

标准书号：ISBN 978-7-111-66280-8

定价：149.00 元

电话服务	网络服务			
客服电话：010-88361066	机	工 官	网：www.cmpbook.com
010-88379833	机	工 官	博：weibo.com/cmp1952
010-68326294	金	书	网：www.golden-book.com
封底无防伪标均为盗版	机工教育服务网：www.cmpedu.com			